続 卓球 戦術ノート

高島規郎
75年世界選手権シングルス3位
元全日本男子チーム監督・近畿大学教授

The Tactic Note

卓球王国ブックス

目次

第1章 打法と戦術 7

第2章 戦型別攻略法 45

第3章 打法の賢い使い方……83

第4章 試合で困らないための「対処法」……123

第5章 戦型別 これからの戦術……161

第6章 実戦での戦術の使い方……195

カバーデザイン　永丘邦弘

※本書は、『月刊 卓球王国』に連載された「続・戦術ノート」(2003年1月号~2007年5月号)をまとめたものです

※文中の表現は、右利きの選手を基本に表記しています

第1章

打法と戦術

01 戦術の前に、まず打法あり

「縦のライン」でボールをとらえ、台と打球点の位置関係を一定にする

日本の指導者の多くは、特に初心者を教える時、フォームを最優先に考え、「ボールのバウンドの頂点を打て」という指導を行うが、これは大きな間違いである。バウンドの頂点というものは、ボールがコートの浅いところに入ったり深いところに入ったりすることで、前後に大きくずれる。このズレを調整して、すべてのボールを頂点で打つのは、初・中級者はおろか、上級者やプロ選手にとっても、非常に難しい判断を要する。

人間の動体視力というものは、横の判断には強い。つまり、ボールがクロスに来るか、ミドルに来るか、ストレートに来るかというコースの判断は、比較的容易である。だが、自分に向かってまっす

ぐ飛んでくるものの距離を目で測るのは、非常に難しい。ゆっくり来るボールの深さはまだ判断できても、速いボールの深さやバウンドの頂点を瞬時に見極めるのは神業である。

では、日本選手にはどういった練習が必要なのか。これには、ボールを「縦のライン」でとらえて打つことを徹底することだ。つまり、ボールが自分の打球タイミングに来るまで、必ず待って打つのである。そうすると、深めに入ったボールは高いポイント、中ほどに入ったボールは中くらいのポイント、浅く入ったボールは低いポイントで打つことになる（図1参照）。当然フォームは変えなければいけないが、台と打球点の位置関係を一定にして打球ポイントを呼び込むことになる。

日本の選手は、ボールの頂点、フォームというものを優先してしまうために、前後にバタバタと

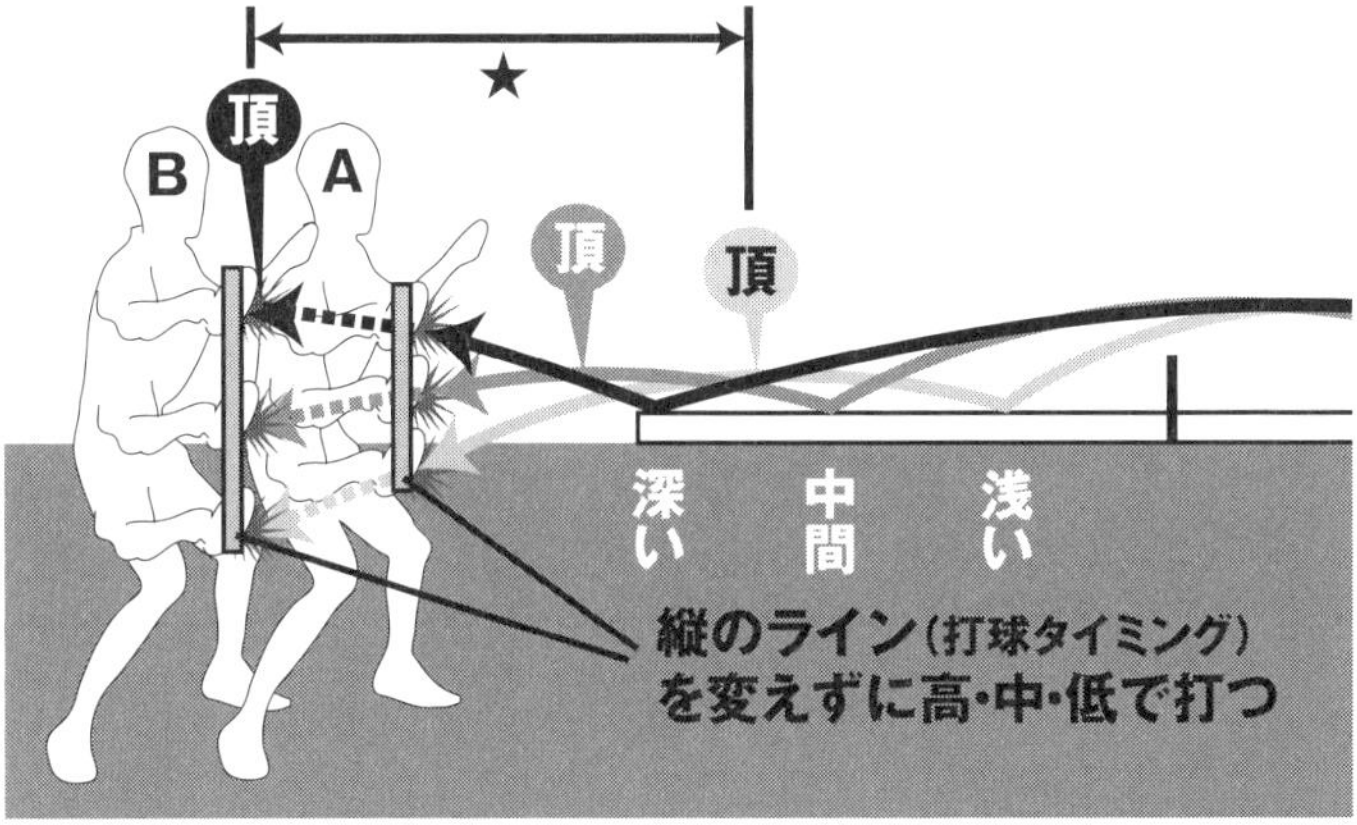

【図1】前陣型ならA、中陣型ならBというように、自分の基本となる距離を決めて打つのが良い。すべてのボールをバウンドの頂点で打つためには、矢印★の幅を前後に動かなければならず、非効率的だ

動き、バラバラな位置で打っているために、ミスが多い。野球でも、良いバッターは前後のポイントがずれず、ボールの高低に合わせたバットコントロールができる。卓球も、ボールの高低に合わせた打球フォームを作る必要があるのだ。

スイングというものは、無限に存在する。すべてのボールを同じスイングラインで打球することは不可能である。同じ距離でボールを待っていても、高低の差によってスイング方向を変えなければいけない。難しそうに聞こえるかもしれないが、これは、バウンドの深さを判断して前後の打球タイミングを変えるよりも、はるかに簡単なことだ。

カットマンにとって、この打法を習得するかどうかは、特に影響が大きい。縦のラインを一定にし、高・中・低の打球点でボールをとらえる練習をしておけば、同じダウンスイングの中にボールを呼び込んでカットすることが可能だ。前後に動く必要はない。しかし、日本の指導者は、全部腰の高さでカットしろ、浅ければ前に出ろ、深ければ下がれ、と教えるために、実戦で使えるフォームが完成しないのだ。

ボールの深さを瞬時に判断して、その短い時間に動き、なおかつバックスイングをとってカットするというのは、完全に上級者の練習だ。それを、日本では初心者にやらせているのである。だから、良いカットマンが育たないのだ。

ともかくこれからの卓球では、いかにして凡ミスをなくすかが、勝負のポイントになる。そこで、この「縦のライン」を頭に入れて練習をすることが重要なのである。

もちろん、この縦のラインは、戦型によって位置が異なってくる。台に近いところで打つ選手もいれば、台から離れて打つ選手もいるだろう。それは自分のスタイルに合わせて決めなければいけない。

ただ、どんな選手であっても、打球タイミングに関わる「縦のライン」は絶対に崩さずに打つ。これを徹底してやっているのが、中国選手である。

基本を習得したあとで打球点を前後にずらす

中国選手と日本選手が同じシステム練習をすると、中国選手は断然ミスが少ない。練習者だけでなく、ブロックで回す側も、ほとんどミスをしない。これは、練習者の打球タイミング（縦のライン）が一定だからである。中国は、この打法を徹底的に小さい頃から教え込んでいるのだ。ところが、中国選手は、相手が縦のラインを崩して打ってくると、意外にもろい。

おもしろい話を紹介しよう。私が日本選手を連れて中国に合宿に行った時のことだ。連れていった選手の中に、前後の打球タイミングがバラバラにずれる選手がいた。それほどレベルの高くない選手である。ところが、練習でその選手が打つボールを、中国の元ナショナルチーム選手は全然返せなかったのだ。縦のラインがずれるために、タイミングがとれなかったのだろう。私は、これを冗談交じりに「天然打ち」と呼んでいる。

この例から、縦のラインを一定にして打つ基本を身につけ、なおかつそれを崩してタイミングを変える打ち方（天然打ちを意識的に行う／図2参照）ができれば、中国選手でさえ返球に苦労するボールを打つことが可能だと言える。

順序としては、反復練習を徹底的に行って打球位置を一定にする基本が身についたら、戦術練習として、打球位置を前後にずらした頂点打法を採り入れる。基本の位置を決めておいて、浅いボールに対しては踏み込んで打ち、深いボールに対してはやや距離をとってフルスイングするのである。世界のトップはそういうシステムで打球しているのだが、日本ではそういう分析がなされてい

【図2】バウンドの頂点をとらえるには、aの深さにバウンドしたボールはA、bはB、cはCと、前後に打球点をずらす必要がある。一定のタイミングで打てるようになったら、得点を狙う戦術として、この打球システムを採り入れると良い

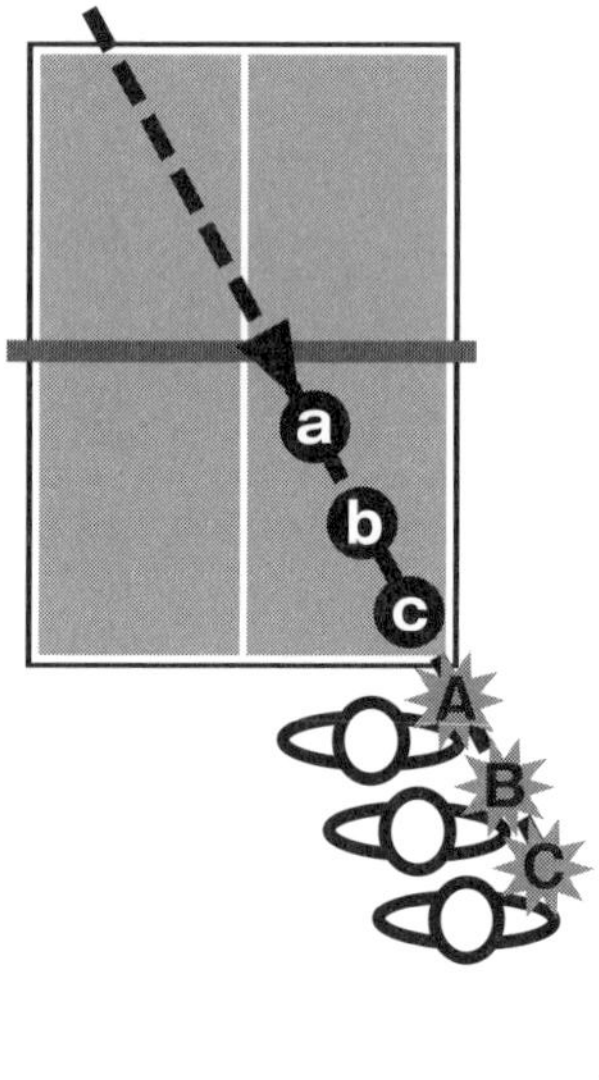

ない。

いくら実戦に即したパターン練習をしても、このような打球システムができていないと、試合中に凡ミスが出るために実力が伸びない。練習をするに当たっては、打球位置を一定にする（基礎練習）のか、それとも頂点を狙い打ちする（戦術練習／上級者向き）のかを最初に決めておかないと、目的があやふやになってしまうのだ。

バウンドの深さを判断する能力が低い初・中級の選手には、いくら頂点を狙って打てと言っても、無理である。実戦で無理にそれをやろうとすると、タイミングがバラバラになってミスを繰り返すだけだ。レベルが一定以上になるまでは、試合中の打球位置（縦のライン）を固定するように意識すると良いだろう。

これがひとつの「技術戦術」とも言うべき打法だ。中学・高校世代の選手には特に重要な考え方で、このような打法を身につけたうえで、試合経験を積んでいくことが必要だ。戦術というと、得点パターンばかりに目が行きがちだが、まずしっかりとした打法を身につけることで、得点パターンがより効果的なものになる、ということを忘れてはならない。

02

11点制は記憶力が勝負

最後まで一貫した積極的な戦い方が必要

01年の11点制の導入により、5ゲームもしくは7ゲームの試合を戦う中で、どのゲームも非常に調子が良くて勝つ、逆にずっと調子が悪くて負ける、という試合展開には滅多にならなくなった。どんな試合でも、常にチャンスとピンチが訪れるということは、頭に入れておくべきだ。

まず、11点制は勝負が決まるまでの道のりが短いため、非常に密度の濃い卓球をしなければいけない。集中力、緊張感のレベルは、ラブオールからあたかもジュースアゲインの連続であるかのように高めなければならず、そのテンションで11点までたどり着かなければいけない。そういう戦い方を強《し》いられてくるため、一瞬の油断が命取りになるのだ。

02 11点制は記憶力が勝負

しかし、試合の最初から最後までずっと最高のテンションを持続することは難しい。お互いがレベルの高い戦術でぶつかるわけだから、自分の調子が良くても、ガタッと展開が悪くなってしまうゲームが出てくる。たとえば、5ゲーム中2ゲームを先に取ったのに、続く2ゲームをガタガタにされてしまった、ということがしばしば起こり得る。心の準備がなければ、「あれだけ調子が良かったのに、3、4ゲームは全然ボールが入らなくなってしまった」というイメージが残るだろう。

11点制では特に、そういうケースを頭の中に当然のこととして想定しておく必要がある。調子が良い時はそのまま持続すれば良いのだが、調子が悪くなった時に何とかして調子を取り戻す流れを、5または7ゲームの間に作らなければいけない難しさが出てきているのだ。これには戦術、技術のほか、経験が大きなウエイトを占めてくる。だから、経験の少ない若手には、コーチが戦術論を教え込むことが大事だ。

かつての21点制の場合は、勝負が決まるまでのプロセスが長いので、調子が悪くなっても途中で息抜きができて、そこから盛り返せた。だが、11点制で調子が悪ければ、途中で息抜きをしている暇はない。少しでも調子を崩せば、そのままやられてしまうのである。

それらを汲んだうえで考えられる最善の策は、ゲームを組み立てる際、最初から最後まで徹底して一貫した、しかも積極性が途切れない戦い方をやり抜くことだ。2本交替のサービスにおいては、エースがとれるサービスを、どれだけのパターンで持っているかが重要になる。

また、サービスに代わる最も積極的な戦術は、3球目攻撃である。いかにして3球目攻撃による得点を狙うか、または3球目からの連続攻撃ができるスタイルを作るか。それが11点制におけるサービス戦術の最優先課題と言える。また、レシーブの時には、台上ボールに対して確実に先手が取れるだけの台上テクニックが不可欠になってくる。

これからの卓球では、より高度な技術・筋力・体力が必要になる。トップ選手の場合は、ルール改正があるたびに、それに沿ってどんどん技術も戦術も向上させることが可能だ。実際、00年以降の一連のルール改正(40㎜ボール、11点制、新サービスルール、グルー禁止)によって、卓球界全体の技術、戦術はより向上してきているのである。

メンタル面は切り捨て記憶をフル稼動して戦う

11点ゲームを序盤・中盤・終盤と試合を分けて考えた場合、終盤になればなるほど、戦術のことだけを考えることが大事だ。例えば自分がレシーブ側であれば、相手がどういうサービスをどこに出してくるだろうか、3球目はどこに打ってくるだろうか、ということだけを考える。自分がサービスを持った場合には、自分がこのサービスを出したら、相手はどうやってくるだろう。相手がこういうレシーブをした時は、こうやっていこう……ということを考える。

そのためには、第1ゲームから自分がどう戦ってきたか、相手がどうやって攻めてきたかというパターンを全部記憶していなければいけない。また、相手のそれまでのデータも考慮に入れ、「ジュースになったら別のことをやってくる」などということも予測する。データがない、すなわち初めての対戦の場合は、試合が始まった瞬間に、痛くなるくらい頭を目まぐるしく回転させ、相手の動き、相手がやってくる戦い方を分析し、その瞬間瞬間に戦術を立てていくという訓練がなされていないと勝ち抜けない。つまり、頭のスタートダッシュ力が必要なのだ。

短期決戦の11点制だと一気に試合が進んでいく。だから、コースや相手の戦術を全部記憶しておかないといけない。まずは11点を取れるだけのバリエーションとパターンを自分で作っておき、一気にそれをやってしまう。そして、相手がどう戦ってくるか、あるいは自分が何でポイントできているか――それを11点の間に全部記憶して、さらに5~7ゲームの中で組み立てていく。そういう選手が絶対強いに決まっている。

そして、心理面は一切考えないことだ。ところが、競り合いになったら心理面ばかりに気をとられ、戦術的には何をしていいかわからなくなる、という選手が結構多い。もちろん試合に際して、心理面の心配が全く出てこない選手などいない。誰でもドキドキするし、勝てるかどうか心配になる。調子はどうだろうとか、集中力が発揮できそうにないとか、体力的に疲れていて戦えるか不安だとか、お昼に食べたものが消化されていないけど大丈夫だろうか……など、いろいろなことを考える。どんな世界のトップ選手でも考えることだろう。

だが、心理面を気にするのは、試合開始前までの話だ。試合が始まり、ラケットを持ってコートに立ち、相手と対峙《たいじ》したら全部忘れなくてはならない。あとは全部戦術のことを考えなければいけないのだ。このような、メンタルと戦術を組み合わせる理屈を知らないと、11点制の卓球は何をしているのかわからないうちに終わってしまう。

11点制は短期決戦だから、その中での記憶は絶対に途切れてはいけないし、集中力も切ってはいけない。メンタルに気をとられている暇はないのである。いかに相手のミス待ちではなく、すべて自力でポイントするパターンを身につけ、記憶とミックスさせて11点を取りにいくか。それを徹底することが、11点制で勝ちにいく戦術の根本なのだ。

03 コース取りでラリーを制す

相手より先にストレートに打つべし

00年にボールの直径が38㎜から40㎜になったことは、歴史的に見ても技術的に見ても、大きな転換期と言えるだろう。40㎜ボールになっての技術的なポイントは、インパクトの瞬間にいかに強くミートできるか、という点にかかっている。38㎜ボールに比べ、40㎜ボールでは、インパクトの瞬間の力の大小によって、ボールのスピードにより大きな差が生じるのだ。38㎜ボール時代では、インパクトの強弱がボールのスピードに与える影響はさほど大きくなかったが、40㎜ボールでは少しでもインパクトが弱いと、極端にスピードが落ちてしまう。ドライブでも、ちょっと回転をかける力が弱いと、すぐにネットミスになってしまう。

難しいボールが来て、「これは1球つながなければ」という状況では、どうしてもインパクトは弱くなりがちだ。しかし、そのようなつなぎのボールであっても、なおかつ強くインパクトする技術が必要になってくる。さもなくば、極端にボールのスピードが遅くなり、相手にとっては非常にカウンターを狙いやすい状況を作ってしまうのだ。

バック系技術でも、シェークであればハーフボレーをしていたのがバックハンド強打、ペンであればショートをしていたのがプッシュというように、より攻撃的な打法を使うだけの時間的余裕が生じているのである。打球点についても、ボールの軌道を予測しやすくなっているために、よりバウンド直後をカウンター系のタイミングで、ライジング（バウンド上昇期）をとらえてインパクトする技術が発展しつつある。すなわち前陣のカウンター系スイングが、今後ますます進化していくことが予想されるのだ。

ところで、02年にサービス時にボールを隠すことが禁止され、レシーブミスが減って質の高いレシーブが返ってくるようになった。それにより、一発で打ち抜く3球目攻撃は少なくなり、ドライブなども安定系のボールから入って、そこからラリーで打ち合うような展開が増えた。そういう勝負に打ち勝つためには、相手の体勢、動作を見て、自分の有利な方向にラリーを持っていく能力が要求される。ボールのスピード、コースについては、より神経をとがらせて、反射的に切り替えられるような、そういう瞬時の判断能力が必要とされるのだ。

40㎜ボールでは横回転系のボールがよく曲がる。ただ、フォアクロスでの打ち合いに関しては、ボールの曲がる角度は比較的読みやすい。しかし、本当に恐いのは、フォアクロスに曲げたボール自体にスピードがないと、逆にそれをストレートに打たれて一気に不利な展開になってしまうことだ。逆に考えれば、自分が先にストレートへ打ってしまえば良い。今まで以上にコース取りが重要になっている。

フォアストレート、バックストレート、またはミドルからミドルへ行くストレートボール——とにかく、どうにかして相手より先にストレートボールを打つ。それがうまくいくかどうかによって、40㎜ボールでのラリーでは有利不利が大きく左右されるのだ。40㎜ボールで打ち勝とうと思えば、力勝負にいくのではなく、ストレートボールをいかに有効活用するかがポイントなのである。

ストレートコースは距離が短い。その分、相手の体勢を崩しやすいというメリットがある。それにはストレートを打つために、準備球として1本大きくクロスへ曲げておいて、相手の体勢を崩したうえでストレートに打って仕留める。そのようなパターンが有効である。

相手の動作を見て瞬時にコースを決定する

しかしながら、せっかくストレートにボールを打っても、逆に失点してしまうケースも考えられる。バッククロスに打たれたドライブをストレートへ返したのに、それを追いつかれてフォアクロスのサイドを切ったドライブを打たれる、などのパターンだ。

この時のポイントは、相手が打ってくるドライブの動作・球質を見て、ストレートへ送るかどうかの判断をすることである。その判断基準となるのは、相手が打球点を落として下から持ち上げてきているのか、もしくは高い打球点で水平スイングで打ってきているのか。この2つの場合で、コース・打法の使い方を変える必要がある。

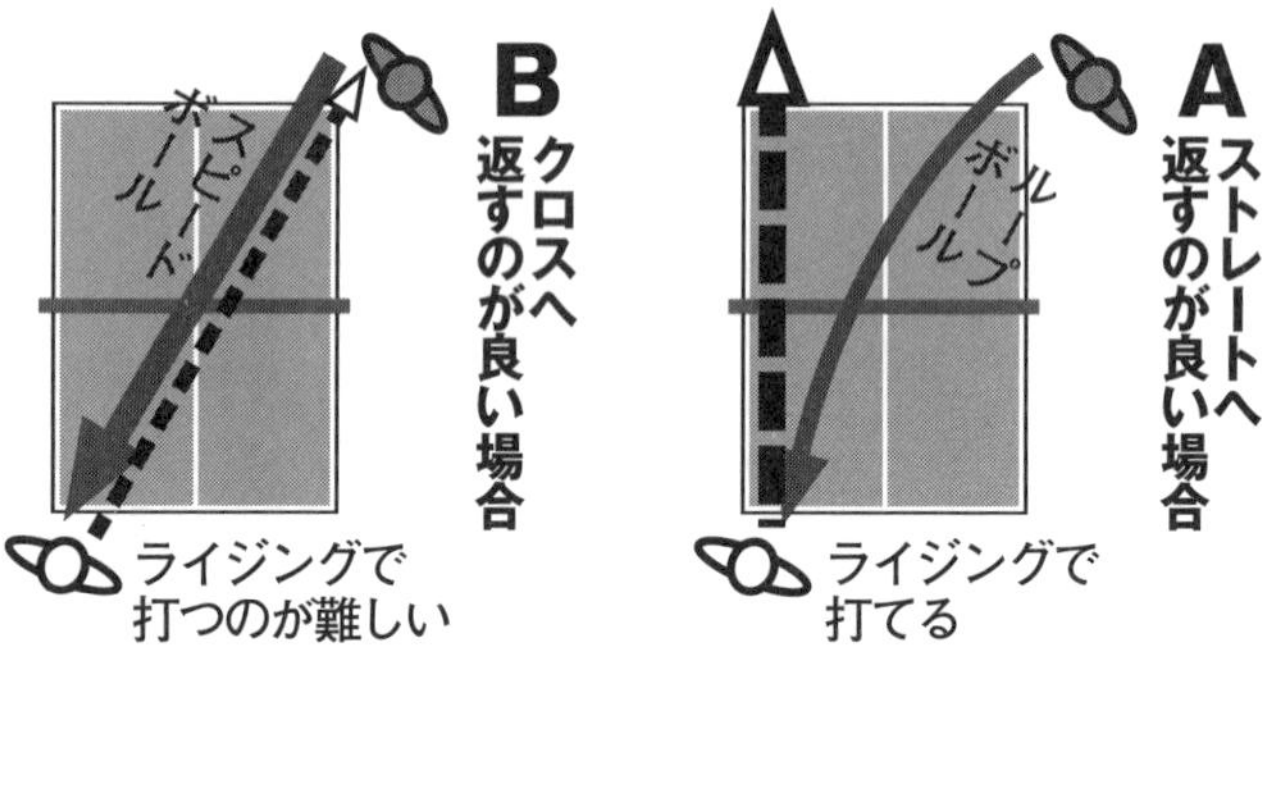

【図1】Aのようなループボールに対しては、ライジングをとらえてカウンターでストレートへ。Bのようなスピードボールに対しては、速い返球で相手を詰まらせるためにクロスへ打ち返すのが得点率の高いコース取りだ

下から持ち上げるような打ち方をすると、バウンドの頂点が高いループボールになる。一方で、打球点の高い水平スイングによる打球は、バウンドの頂点が低いスピードボールとなる。

そこで、相手が持ち上げてループ系のボールを打ってきた場合は、バウンドのライジングをとらえてストレートに返球する。一方、水平打法で打ってきたスピード系のボールに対しては、ライジングを見極めて打つことが難しい。この場合は、ストレートコースに打つことは考えず、もう1本クロスを突くコース取りが有効になる。なぜなら、相手が速いスイングで振ってくる以上、同じ場所へ返すと戻りが遅くなるからである。ストレートに打っても致命傷にはならないかもしれないが、相手が踏み込んで打ってきている分、同じコースを突くことによって、連続攻撃の芽を摘むことができる（右ページ図1参照）。

つまり、ループボールに対してはライジングをとらえてストレート、スピードボールの時にはもう1本バッククロスへブロックする。そのようなコース取りの戦術が鉄則となる。そして、これを可能にするには、従来より一層、注意深く相手を見ていなければいけないのである。

相手が回り込んで打ってきたからといって、いつでも空いたフォアサイドに送るというのは安直すぎる。スピードボールの時には連続攻撃でやられる可能性が高く、ループボールの場合でも、打球点が頂点付近にまで遅れてしまうと、相手に移動する余裕を与えてしまうため、これも有効にならない。

特に日本選手に多く見られるのが、ブロックの時に腰が引けてしまい、前陣で強いインパクトのブロックができないパターン。これにより、同じようにストレートコースを突いているにも関わらず、ボールの質が低いために、相手が飛びついてクロスへ持っていく余裕を与えてしまう。ストレートコースを使うには、そのあたりの判断力と決断が要求されるのである。

相手が下から持ち上げたところを確認するや否や、すかさずライジングをとらえたカウンター攻撃を仕掛ける必要がある。しかもストレートコースへ打っていく。そうしないと得点のチャンスがなくなる。そういう読みが必要なのだ。

大きなラリー展開になった場合、自分のペースに持ち込むとか、より早く先手を取るといったことを考えた時に、こういうコース取りのシステムを理解していないと勝負がかけられない。

クロスを連続で突くのが有効な場合、ストレートにカウンターで打つのが有効な場合。そういう、得点システムが11点を取るまでずっと、自分の体に染みついていないといけない。サービスから3球目の展開も重要だが、ラリーになった時に、相手の動きを見てから得点への近道を探るという戦術も、自分のスタイルに応じて備えておかなければいけない。

04 サービス戦術で優位に立て

サービスのコースと長短を有効活用する

ある選手の試合を見ていた時のことである。その選手は、サービスを出す時に、相手のバックコーナーあたりで2バウンド目が台から出ることが多かった。相手がそのサービスを回り込んでドライブでレシーブすると、彼は3球目で腰が引けて失点していた。

この傾向は、彼がサービスを出した瞬間に得点・失点を判断することができるほど顕著だった。サービスのバウンド位置を見た瞬間に、「これは得点する」「これはやられる」と予測すると、だいたいその通りになった。

この場合、もう少しサイドのほうにサービスを出せば、同じ2バウンド目が台から出るサービスでも、相手は回り込めない。ほんの10㎝ほどの差だが、得点と失点を分ける重要なポイントなのである。この仕組みを正確に理解してサービスを出しているのか、そうでないのかという部分で、ずいぶん試合の展開が違ってくる。ほんの少しサイドに食い込むだけで、無用な失点を防ぐことができるのだが、これがわかっていないと、意味不明の失点を繰り返すことになる。

　有効なのは、コーナーへの2バウンド目が台から出るか出ないかギリギリのサービス。台から出すなら、サイドを切ることが条件となる。この鉄則を守らなければいけない（図1参照）。コーナーからコーナーの間に行く、2バウンド目が台から出るサービスは、今や全然通用しない。

　もしくは、ボール1個分、台から出るくらいのサービスで、相手にレシーブを下から持ち上げさ

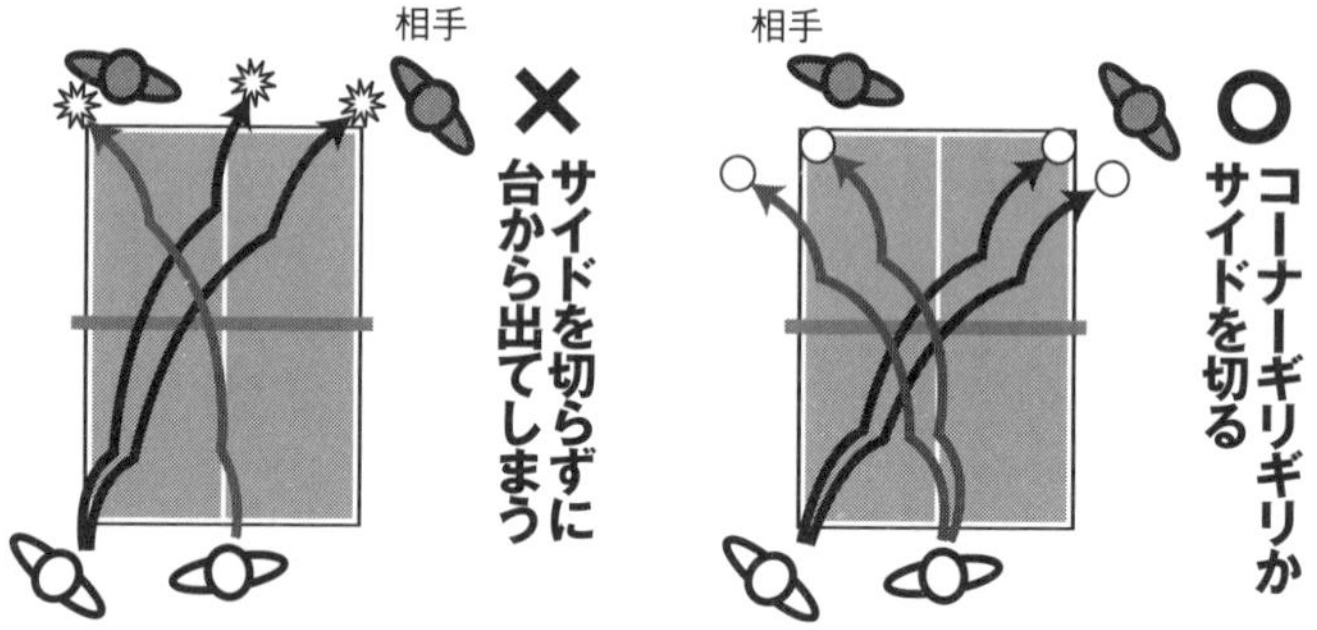

【図1】コーナーギリギリに、2バウンド目が台から出るか出ないかという長さのサービスが有効。台から出すなら、必ずサイドを切るのが鉄則だ。3球目をカウンターで狙うため、故意に台から出す場合もあるが、「サイドを切らないサービスが、間違って台から出てしまった」というパターンが、失点の確率がもっとも高いサービスである

せて、そのドライブをカウンターで狙う戦術もある。そのようなはっきりした目的のあるサービスなら良いのだが、短く出そうとしたサービスが、ボール1個分台から出てしまってやられる、というパターンが一番良くない。それは、サービスを出した時点で負けているのと同じだ。それならば、むしろスピードのあるロングサービスを出して、3球目以降のラリー戦に持ち込むのがまだ良いだろう。

長短のサービスによる3球目の戦術的思考

サービスから3球目の展開を考えた場合、現在使われている40㎜ボールでは、台上で止まるショートサービスのバウンドが高くなる傾向がある。小さくて低くて切れたショートサービスを出そうと思ったら、かなり困難を極める。そのため、ショートサービスを出した場合には、相手が台上フリックをするものだと予測する必要がある。3球目の待ち方としては、相手のフリックを狙い打ちするのが、ショートサービス使用時の常套《じょうとう》戦術になる。

ショートサービスを出した時に、相手がストップレシーブをした場合も想定する必要がある。このケースでは、3球目でダブルストップをするのではなくて、両ハンドによる台上フリック、もしくは強打で攻めていくという考え方がひとつの方法だ。小さく止められたのを小さく止め返すという戦い方では、相手に先に台上でたたかれてしまう。

またはクイックモーションで、タイミングを早くコースを突いて、スピードのあるツッツキをコーナーに入れる方法もある。単に長く返すのではなく、速い、スピード性のツッツキをコーナーに入れる。そして、相手の戻りを遅らせて、強ドライブをかけさせずに、持ち上げてきたボールを狙い打ちする。そのような5球目攻撃に結びつける戦い方だ。

一方、長いスピード性のサービスを出した時には、相手にサービスを予測されて、レシーブから狙い打ちを食らうという危険性がある。だから、長いサービスを出す時には、サービスのモーションに工夫をしたり、相手の構えている位置をよく見て、どのコースに出せば良いのか、ということを判断することが不可欠だ。

もしくは、相手にわざと予測をさせて、レシーブから打ってくるボールに対してカウンターを狙う手もある。いずれにしても、長いサービスを出す時には、ショートサービス時よりもかなり高い確率でレシーブ強打を食らうリスクがある、ということを予測する必要がある。基本的には、長いサービスを出した時には、カウンターブロックで3球目を待つ。そのための長いサービスだと思うのが良い。

サービスからの速攻を得意とする丹羽孝希

相手に打たせるサービスでレシーブを単純化させる

ルールでは、サービスのインパクトを隠してはいけない。インパクトを見せることはデメリットばかりでなく、メリットも十分考えられる。相手にサービスのインパクトが見えてしまう以上、残された道としては、いかに自分が有利な形で3球目の先手攻撃に入れるか、という点に尽きる。

ひとつの方法として、サービスで誘い球を作る方法がある。「やさしいですよ、このサービスは」というスキを見せておいて、思い切ってレシーブして来い、と誘う。こんなあまいサービスを出せば、必ず相手は回り込んで思い切りレシーブ強打してくるだろう、というような誘い球を作り、レシーブを単純化させる。ある程度威力のあるレシーブが来るのは覚悟したうえで、「ここに打ってこい」という待ち方をし、そこから3球目を狙っていく。

例えば、「これだけ長く出せば、相手は持ち上げてくるだろう」というような、2バウンド目がボール2~3個分ほど台から出るサービス。「あ、しまった」と、いかにもコントロールミスによってサービスが台から出たように見せかけて、実際はレシーバーが持ち上げて来たボールを「待ってました」と言わんばかりに上からたたき込む。小さいサービスを出そうとして、大きくなってしまって打たれる、というパターンとは、全く同じサービスでも心理的に全然違う。そういう展開を作っていくべきだ。

また は、逆モーションを入れて、クロスにサービスを出すふりをしてストレートにサービスを出しておき、必ずクロスにドライブをかけさせるように仕向けて、それを狙い打つ。つまり、レシーブのコースを強制させるようなサービスを出すのだ。横回転をかけたサービスをわざとサイドに出して、クロスに持ち上げてくるボールを待って、ストレートにたたき込む。そのような展開も考えられる。

従来のサービスでは、いかにして相手にサービスをわからせないようにするか、ということに重点が置かれ、レシーバーに打たれないようなサービスを出すことに細心の注意を払っていた。レシーバーもそのサービスをどうすればうまく返せるか、という感覚で待っていた。だが、これからはサービスのごまかしが利かない。逆に、サービスが相手にわかってしまっているから、どうせならもっとレシーバーに情報を与えて、その代わり、こちらも相手のレシーブを明解にさせるようなサービスを出すのが賢いやり方だ。

今後はレシーブで打たせておいて、それを狙う展開が有効になる。サービスエースを取るのではなく、自分が予測するレシーブをさせておいて3球目に入る。そのようなサービスを出していくことが、これからの戦術には不可欠なのである。

05 レシーブから得点を狙え

台上強打を基本に多彩な技術で相手を翻弄《ほんろう》

レシーブにおいては、構えから第一歩を、百分の一秒でも早くスタートできるように神経を研ぎすませ、とっさに体が反応するような感覚が必要である。また、レシーブでは全部自分から打って出るんだ、という気持ちがないといけない。特にショートサービスに対しては、台上アタック、台上フリックが重要となる。フリックでも、ただ弱く払うのでは打ち込まれるので、台上強打をするつもりでレシーブを待つ心構えが必要だ。

しかしながら、サービスでは相手も考えてくるわけだから、レシーブからいきなり台上強打するというのは、やはり難しい。そういう時に、通常の安全なフリックをする場合には、フォームの中にいかにして逆モーションを入れるか、ということが重要になってくる。例えば、フォア前にショートサービスが来た場合に、バックへツッツキを送るような構えからクロスに払う。そのような裏の突き方が当然できなければいけない。

さらに高度なテクニックを持つ人であれば、ボールが台にバウンドしてくるスピードに合わせてラケットをボールに近づけ、そこからボールと同じスピードでバックスイングをとってフリックしにいく、というレシーブも採り入れるとおもしろい。こうすると、相手にはボールのライジングをストップしてくるように見えるのだが、その状態から、ボールが上がってくる瞬間をとらえてフリックに移行する。これが究極のフリックレシーブだ（次ページ図1参照）。

台上強打によるレシーブができない場合の選択

バックのストップと見せかけて、フェイント気味にフリックする馬龍（中国）

肢として、小さくストップ性のレシーブをすることも有効だ。そこから、相手が3球目で台上アタックをしてくるという予測のもと、4球目に備える作戦をとるのだ。

ストップレシーブ自体も、両サイドではなく、コートのセンターにストップすることが大事だ。そうすると、相手が3球目をフォアで対処してもバックで対処しても、どちらかに体を入れ替えて打たなければいけなくなる。そういうコースにボールを置く。コートの真ん中に小さく落とすのは、一見危険性があるように思えるが、両サイドに小さく入れるよりも安全で、さらに強く打ちにくい。特にシェークハンド選手に対しては有効だ。

ミドル前ストップは、相手の3球目攻撃に角度がつきにくく、両サイドに厳しく来ない。両

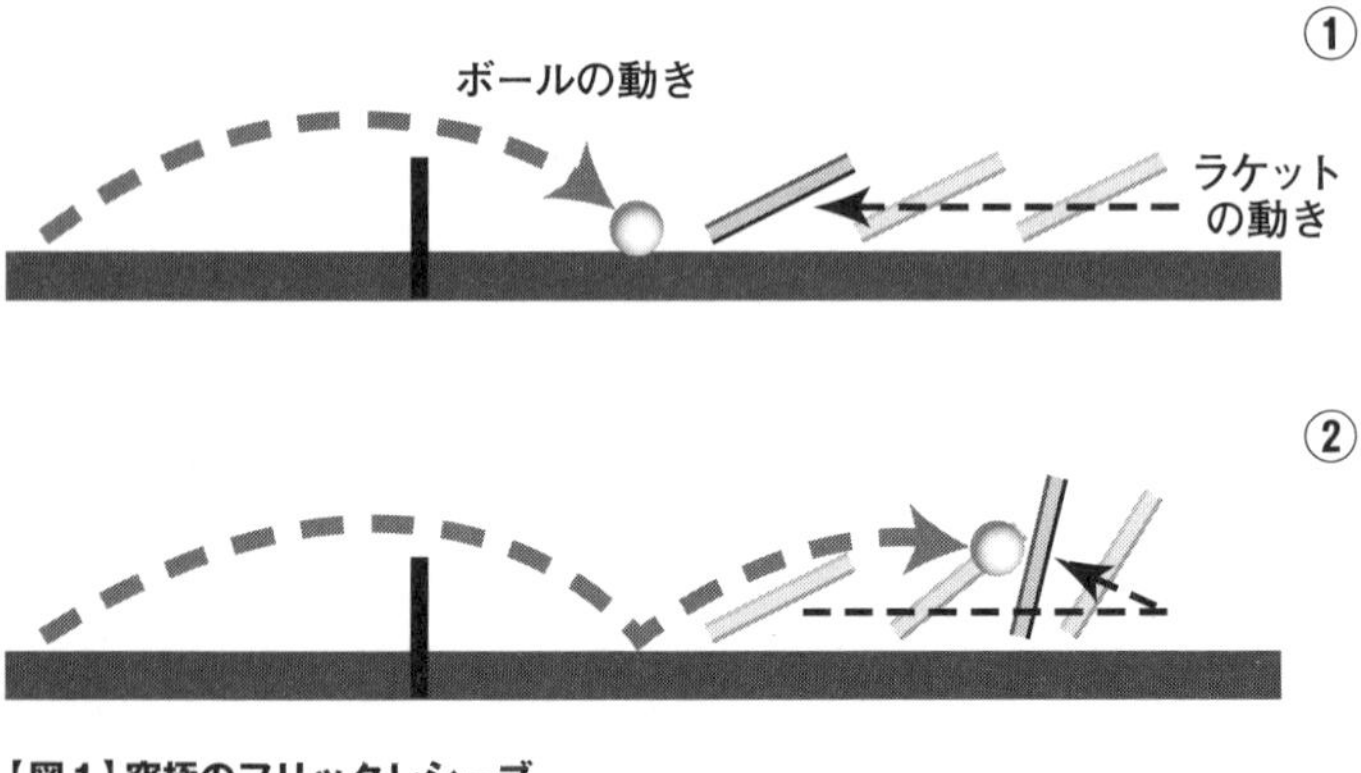

【図1】究極のフリックレシーブ
①相手のショートサービスが自分のコートにバウンドする地点に向けて、ライジングをストップするようなタイミングでラケットを近づける。②ボールのスピードとほぼ同じスピードでラケットを引き、バウンドの頂点付近をとらえてフリック。相手はストップを予測するために不意を突かれることになる

サイドにストップをした場合には、クロスでサイドを切って打たれる危険性があり、ストレートに打たれた場合にも、距離が短いために時間的に厳しいボールが来ることになる。そのため、ミドルへのストップが有効なのだ。

また、小さく止めるのではなく、ツッツキレシーブを速く長く返すという戦法も有効だ。ミートを強くして、スピードのあるツッツキを相手コートに深く入れる「プッシュ性ツッツキ」を多用する。そうすれば、相手の3球目攻撃の的を少しでもはずすことができる。フリック、ツッツキのいずれにしても、台上レシーブではインパクトを極力強くしていくことがポイントだと言える。

4球目ブロックとカウンターが絶対に必要

どんなに良いレシーブをしても、相手が3球目攻撃をしてくる可能性がゼロではない。そのため、レシーブから4球目カウンターブロックというパターン練習が必要になってくるだろう。その戦術を可能にするには、やはりレシーブのスピードが重要だ。相手を一度押し込んでいくようなボールを送っておいて、そこで3球目の威力をなるべく弱めるのである。

スピードのあるレシーブができなければ、手首を活用し、ボールにサイドスピンをかけるテクニックを使う。ボールをインパクトして抜く時に、横方向にラケットをうまくスライドさせ、少しでもいいからボールの回転軸を斜めに入れる。そういう工夫をすることによって、相手コートに到達した時に、まともに縦回転でレシーブするよりバウンドの低いレシーブとなる。とにかく、あらゆる手段を尽くして、少しでも相手の3球目の打球点を落とさせる工夫が必要だ。

両ハンドブロックで待つ戦術は、絶対に必要な戦術だ。ツッツキ、フリック、ストップいずれにしても、4球目は相手の攻撃に対するカウンターで待たなければいけない。それにもう少し経験が加われば、相手のクセを見抜いて、自分の予測に基づき、カウンターアタックを仕掛けていく。そのような動きの速さ、技術の展開の速さが必要だ。

通常ならブロックをするタイミングで、すばやく回り込んで強打する。そのような鋭さをどんどん身につけなければいけない。特にバックサイドへの回り込みには、今まで以上に速い動きが要求されるだろう。

レシーブ後の戻りを速くしてラリーに備えよ

スピード性のロングサービスに対しては、レシーブエースを取る場合なら、ストレートや相手のミドルを狙うのが有効だ。しかし、エースが取れないと判断した場合は、必ず十分な体勢でラリー戦に持ち込めるようなコースを突かなければいけない。例えば、フォアに出されたロングサービスを単純にストレートにレシーブすると、バックハンドでクロスを突かれて苦しくなる（相手と利き腕が同じ場合）。ここでは、フォアクロスにドライブを打ち、すばやく体勢を整えてフォア対フォアのラリー戦に持ち込むのが賢明だ。

あるいは、バックサイドに来るロングサービスに対して回り込むのが有効なのか、バックで打つのが有効なのか。これも、レシーブエースを狙う場合とラリー戦に持ち込む場合によって違ってくる。つまり、エースを狙う場合とラリーに持ち込む場合のメリハリをはっきりさせておくことが、対ロングサービスのレシーブ戦術として不可欠なのである。

相手に3球目をかけさせておいて、4球目でカウンターを狙うという展開が多くなるが、サーバーも3球目をカウンターで待つことが多いため、お互いがカウンターを狙う形になりやすい。このような状況下で4球目カウンターを可能にするためには、ショートサービスを前に出て処理した時に、いかに早く次のバックステップを踏んでニュートラルに戻るか、という部分が重要だ。

レシーブ後の戻りが中途半端だと、ラリーを自分の有利な展開に持っていけない。踏み込んで戻るという、ステップの速さが必要なのだ。ひじから先のレシーブ技術も大事だが、いかにして早くニュートラルに戻り、相手の3球目をカウンターで待つだけのゆとりを作るかがもっと重要だ。その戻りが、レシーブ技術の中に、当然のこととして含まれていなければならない。

レシーブの打球にばかり集中していたら、4球目のブロックが間に合わなくなる。サーバーがいかに早く3球目攻撃を決めるかという部分に神経を使ってくる以上、レシーバーは小技から大技に移るまでの動作に神経を使わなければいけない。このようなシステムを確立した選手でなければ、レシーブ時の得点率を上げることは難しいだろう。

06 タイムアウトを味方にせよ

むしろ優勢の時にこそタイムアウトは有効

「タイムアウト制」は2000年に採用された。1試合に一度だけ、ゲーム間以外にベンチに戻って1分間の休憩が取れるルールである。

日本チームが7種目中6種目でメダルを獲得した02年の世界大学選手権に、私は監督として同行し、朝から晩までベンチコーチを行った。これは、全種目があるので、世界選手権のミニチュア版とも言える大会だ。団体戦、シングルス、男女ダブルス、ミックスダブルスと、ずっと分析をしていて、タイムアウトというものが、非常に大きな武器になることを感じた。

私の現役時代から00年に至るまで、タイムアウトというルールは存在しなかったため、ベンチコーチはゲームが終わった時点でしか、選手にアドバイスを与えることができなかった。ゲームが終わってから、次のゲームをどうするか、という指示しかできなかったのである。

ところが、ゲーム中にタイムを取って選手にアドバイスできるというルールは、負けゲームを勝ちゲームにできる力が、タイムアウトの戦術の中に含まれてくることになる。これは、勝負の中でかなり大きなウエイトを占める要素になる。

タイムアウトの取り方のひとつとして、「勝負のポイントがどこにあるのか」を判断し、タイムを取るケースがある。その取り方は、全体的な傾向から見ると、5ゲームの試合、7ゲームの試合いずれにおいても、最終ゲームでリードしたり、もしくはリードされた時——つまり後半まで試合がもつれた場合にタイムを取るケースが多い。もしくは、相手に先に3ゲームを取られ、あと1ゲームを落としたら負けるという、負けそうになった場面で取る場合も多い。

これらは、いたってふつうのタイムアウトの使い方だ。両者とも、劣勢になった場合にタイムを取る方法である。逆に、優勢になった時にタイムを取る、というやり方は少ない。しかし、これからの戦術を考えるうえでは、優勢になった時にいかにタイムアウトを利用するか、それがもうひとつの大きなポイントになる。

劣勢でのタイムは、誰にでもその意味はわかる。しかし、例えば7ゲームあるうちの1ゲーム目にタイムを取ることの意味は何なのか。あるいは2ゲーム目にタイムを取る意味とは。こういうタイミングでのタイムアウトは不可解に思えるかもしれないが、世界的なトップコーチには、そういうタイムの取り方をするケースが多々見られる。例えば、中国国家チーム元監督の蔡振華《ツァイ・ジェンホア》は、そういうタイムの取り方をすることで知られていた。

前述の世界大学選手権で、私も7ゲームスマッチの2ゲーム目にタイムアウトを取ったことがある。その時は、2ゲーム目を何とか取ってくれれば、そのまま4—0でいける、という流れを感じた。つまり、最後の勝負を決めるゲームが何ゲーム目なのかという見極め、これが非常に重要なのだ。最終的に勝負を勝ちに持っていくタイムの取り方である。

日本の選手の場合は、例えば最終ゲームを9—3とリードしているにも関わらず、逆転負けを食らうパターンが多い。7—3のリードなどでは、

試合の流れによっては、前半戦でタイムアウトを取ることもあった元・中国国家チーム総監督の蔡振華（右）

頻繁に逆転負けをする——これは、日本選手の気質というか、リードすると気持ちがすぐに相手のミス待ちに傾いてしまう。自分のポイントはすべて自分の力で取ってしまうんだ、という気持ちがなくなって、極端に消極的になる。もしくは、安心してしまい、気が抜けることもある。そこに歯止めをかけるために、タイムアウトを取るのだ。リードした時にタイムを取るのは、日本選手にとって特に大事なタイムアウトの使い方なのである。

タイムアウトの取り方としては、劣勢・優勢の場合以外にタイムを取ることも考えられる。例えば、試合全体のペース配分のチェックをして、異常が生じた時にタイムを取る方法。また、負けゲームに見切りをつけて次ゲームに生かす、というようなやり方もある。11点制で2—10、3—10などでリードされた場合は、なかなか逆転できない。流れとして、そのゲームを取ることが難しいと判断した時点で、「このゲームは負け。捨ててもいいんだ」ということを前提に、いかに次のゲームを取るかを考えてタイムアウトを取る、ということもある。

タイムアウトに不可欠なコーチと選手の信頼関係

タイムアウトを取る際にもうひとつ大切なのは、ベンチコーチと選手の信頼関係である。日頃選手

06 タイムアウトを味方にせよ

の面倒を見ている人が、その試合だけ頼まれてベンチに入っているような状態では、なかなかタイムアウトを取りづらい。

タイムアウトを取って、的確な指示をするためには、選手とコーチの信頼関係が大前提である。ベンチコーチがタイムアウトを取りたいと思っている時に、選手も取りたいというのがピタッと一致する。そのようなタイミングが取れるコーチの存在が、選手には有利に働くのだ。

タイムアウトを取った際のベンチコーチの仕事は、大きく分けて3つある。

2つは戦術に関することだ。まず、試合のやり方が「このままでいいのか」を確認する。さらに、「ゲーム展開をどう変えなければいけないのか」という指示を出す。そして最後に、選手の緊張感を取り除く。

そのように、タイムアウトを戦術として使うことができれば、ゲームには非常に有利に作用する。ただ、タイムアウトを取ることが、すべて好影響を及ぼすかと言えば、そうではない。タイムアウトにも、もちろんデメリットがある。

タイムアウトでデメリットが大きいのは、ベンチに戻った時に、コーチが何もアドバイスをしてくれない場合だ。これでは選手がすごく不安を感じてしまう。選手からタイムアウトを取って、ベンチに帰り、何か言ってくれるだろうと思っていたら、ベンチコーチは何も言ってくれなかった――これでは、タイムアウトを取ることによって逆に動揺してしまうため、デメリットが生じる。

また、相手の選手が喜ぶタイミングでタイムを取ってしまうケースも考えられる。これもタイムアウトの取り方としては良くない。さらに、ベンチコーチがタイムアウトをかけるタイミングが悪い時は、タイムを取ることによって、選手の集中力が途切れるケースもある。

つまり、選手が取ってほしい時とベンチコーチが取ってほしい時が食い違う時にタイムアウトを取ると、逆にマイナスに働いてしまうのだ。

タイムアウトは非常にプラスに働くし、戦術として利用できるものだ。ただ、タイムアウトを戦術として採り入れるには、選手とコーチの信頼関係が不可欠。その部分をクリアしていれば、ベンチコーチの力によって、負け試合を勝利に導くという魅力が、タイムアウトにはあるのだ。

すでに中国では名将と言われている劉国梁男子監督の試合中のアドバイス

第2章

戦型別攻略法

07 シェークドライブ型を攻略せよ

相手を悩ませ、苦しめるにはミドルを効果的に攻める

ドライブ型に限らず、シェークハンドの一番の弱点は、やはりミドルである。シェークの選手はスイングの構造上、ラケットハンドの肩の付け根部分からひじにかけてのコースにボールが来ると、バックで打とうかフォアで打とうか迷う。その裏には、「フォアもバックも同じくらいの強さで打ちたい」という意識があるのだ。

フォアサイドならフォアハンドで、バックサイドならバックハンドで、無意識に思い切り振れる。それがシェークドライブの特長だ。ところが、体に近いところにボールが来ると、フォアとバックどちらで対応しようかという迷いが出る。

間違ってはいけないのは、ただ相手コートのど真ん中を狙うのがミドルではないということ。常に相手は動いていて、その中で、いかに相手の迷いが生じるコースにボールを入れられるかが重要になる。つまり、相手の体の位置を見て、それに応じてどこを突くかを判断する必要があるのだ（図1参照）。

もっと高度なテクニックとしては、相手の立ち位置を見てミドルを突きながら、そのコースで前後に揺さぶりをかける方法がある。ミドル攻撃と言っても、ただ単調に一定のスピードで攻めるのではなく、ボールの長短や緩急に変化をつけて攻めることができれば、相手はより一層苦しむことになる。横回転をかけてボールをカーブさせ、両サイドに行きそうなコースから最終的にミドルへ曲がっていくボールも、シェーク両ハンド型の選

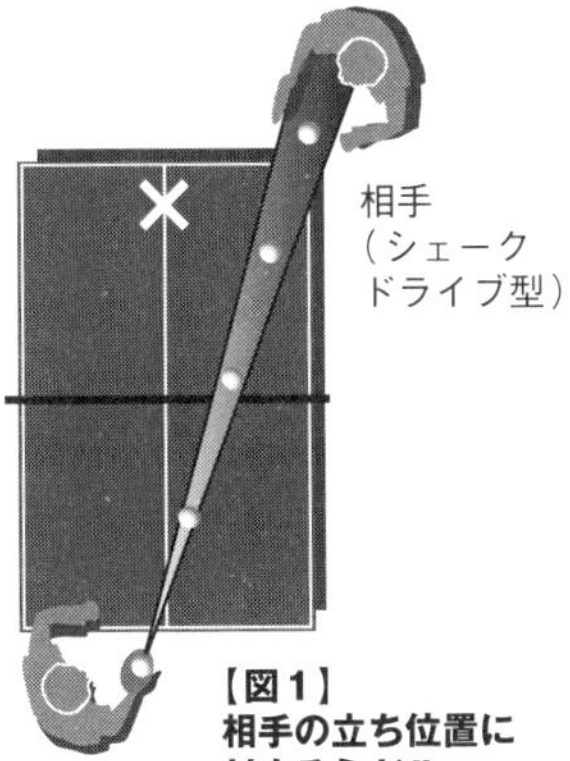

【図1】
相手の立ち位置に対するミドル
相手の立ち位置によって、「ミドル攻め」のコースも変わる。卓球台のセンターが常に「ミドル」ではないのだ。肩の付け根からひじにかけてのコースにボールを送れば、相手はフォアとバック、どちらで打つか迷う

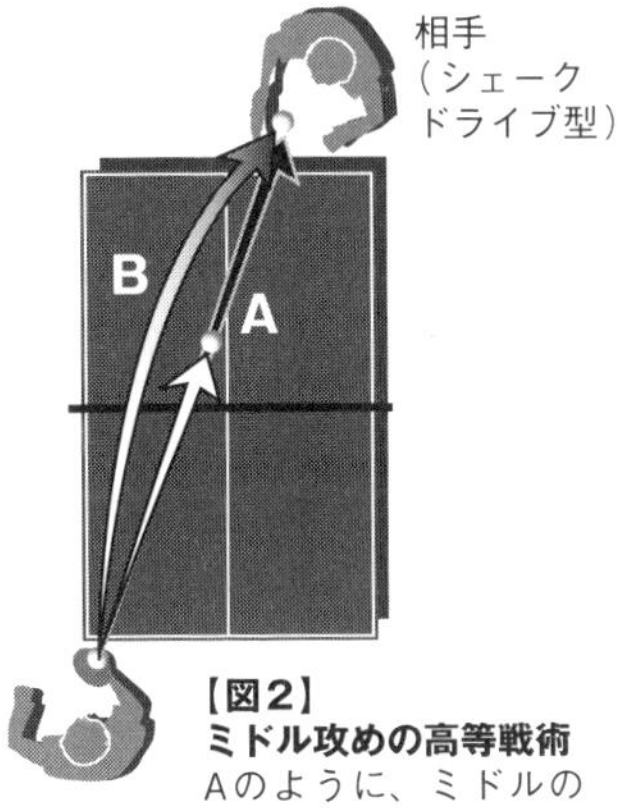

【図2】
ミドル攻めの高等戦術
Aのように、ミドルのコースで長短の変化をつけ、前後に相手を揺さぶる。もしくはBのように、サイドスピンでボールを曲げ、最終的にミドルへ行くようなボールを送る。このような攻め方が非常に有効だ

手にとっては処理しにくいものだ。

単調なボールでミドルを攻めても、レベルの高い選手はミスをしない。もう少しそこに工夫を入れて、予測より少しでも前後左右にボールが変化する、というコースを突けば、相手はヤマが張りにくく、最後までそこで悩み苦しむことになる（前ページ図2参照）。

例えば、ゲームオールまで勝負がもつれたとしても、それは相手にとって最後まで嫌なボールになるのだ。最初に嫌だと感じたボールは、短い時間でうまくリターンできるようにはならない。「1ゲーム目は嫌だったボールが、2ゲーム目には慣れて、3ゲーム目は平気になった」などということは、そんなに簡単にはあり得ないのだ。だから、1本でも効果のあるボールがあったなら、それを徹底して送るのが良い戦術と言える。弱点がわかっているのに、それを後回しにして最後にとっておこうという悠長な考えは、特に11点制では通用しないのである。

前後の揺さぶり、台上攻撃、ワンサイド攻撃も有効

シェークドライブ型の攻略法は、攻略する側のプレースタイルによって若干違ってくる点にも注意が必要だ。まず、スマッシュ系のボールを中心に攻めていくタイプの選手がシェークドライブ型を攻

略する場合は、①ミドル攻撃、②前後の揺さぶり、③台上の先手攻撃の3つが重要ポイントになる。

①のミドル攻めについては先に述べたが、シェークドライブ型の場合は特に、フォアに大きく揺さぶられてバックに短く止められるという展開（②／図3参照）が苦しい。特に、表ソフトの速攻選手がフォアに打っておいてバックにナックルボールを短く止めるという戦術は、非常に効果的である。また、ラリーの早い段階で台上でスマッシュ系のボールを打たれる（③）と、シェークの選手は守りに入らざるを得なくなる。世界レベルからジュニアまでいろいろな試合を見ていても、以上の3つのパターンがシェークドライブ型を苦しめているのは顕著な傾向だ。

ドライブ系のボールで攻める選手の場合は、④ワンサイドを徹底的に攻める方法が効果的だ。例えば、連続ドライブでバックをどんどん攻撃する。そうすると、どんなにバックハンドが得意な選手でも、防戦に追い込まれやすい。

シェークはもともと、両サイドは強いと言われている。クレアンガ（ギリシャ）のプレーを見てもわかるように、フォアへ揺さぶられても飛びついてフォアドライブ、バックへ揺さぶられても飛びついてバックドライブなど、体から遠いところには非常に強い。このようにフォアとバックを切り替えると強

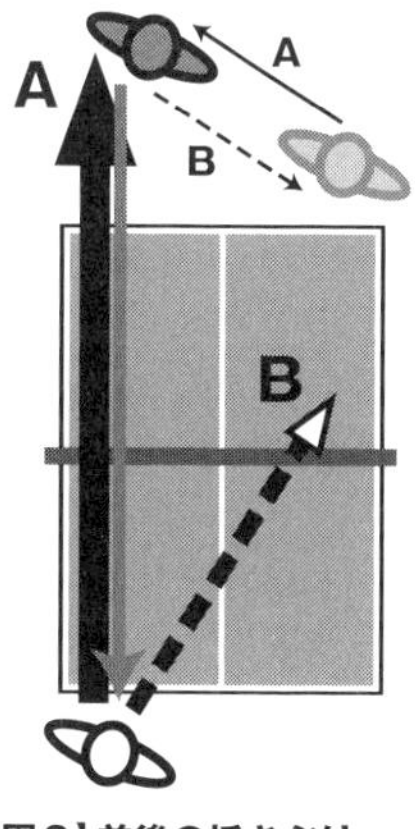

【図3】前後の揺さぶり
フォアサイドに大きく突き放し（A）、その後バック前に短く止める（B）のも有効な戦術

いのだが、フォアー↓フォア、バック↓バックなど、先手を取った状態でワンサイドに攻め込むと、意外なほど守り一辺倒になる。これはシェークの弱いところだ。

もちろん、スマッシュ系が得意な選手でも④の戦術は有効だし、ドライブ型の選手にとっても①②③の戦い方は常套戦術だと言える。その中で、自分のプレースタイルに合わせて優先順位をつけ、以上のようなコース取りや先手攻撃などを考えると、かなり有利に試合を運ぶことができるだろう。

実際に試合を進めるうえでは、複数の戦術を連動させることが重要だ。例えば、ミドルに打つだけでポイントできる、という場合には徹底してそこを突けばいい。しかし、ミドルを攻めても決定打にはならないが、ミドルを突いているうちは相手も攻めてこない場合には、ミドル攻撃で相手を崩しておき、さらに前後の揺さぶりをかける。あるいは、まず台上の先手攻撃を仕掛け、そこからミドルを突く。そのように、常に複数の弱点を攻め立て、相手のスタイルを崩していくことが重要なのだ。

後陣に下げても油断禁物。最後はカウンターを狙う

気をつけないといけないのは、先手攻撃や揺さぶりをかけて、シェークドライブ型の相手が後陣に下がった場合だ。その時、相手の攻め手がなくなったからと言って、攻撃するほうが安心し、「もう

これで大丈夫」と思ってミスをする。そういうケースが、多々見受けられる。シェークドライブ型というのは、攻められて中・後陣に下がってからが強い戦型だから、それを頭に入れておく必要がある。攻め込んだからと言って安易に打っていくと、逆に相手の術中にはまるのである。例えば、相手が下がっても単純に打ち続けるのではなく、ストップ系のボールなどを使ってもう一度前陣に引き戻し、そのうえでミドル攻撃をする。そのように、粘り強く繰り返し攻めていかないと、そう簡単に崩れてはくれない。また、卓球ではどうしても、攻めている時のほうがミスをしやすい。チャンスボールだと思った時ほど、いつもより集中力を高めて打たないと、思わぬ失点をしてしまうから注意が必要だ。

また、相手に攻めさせて攻撃をする、つまりカウンター攻撃を有効に使うのも手だ。中・後陣から粘り強く打ってくるドライブ型の選手は、少し打球点を落として攻めてくる場合が多く、ドライブのバウンドがかなり高くなる。そのボールを一気にミドルへたたき込んだり、カウンタードライブでフォアサイドを切るなどすれば、得点率はグッと上がる。

ミドル攻め、前後への揺さぶり、台上先手攻撃、ワンサイドへの連続ドライブなど、あらゆる手を尽くしたが、どうしてもラリー戦になってしまうという時に、最後の一手として、相手のドライブをカウンターで一気に打ち抜く。そういう二枚腰の考え方をしていかないと、レベルの高い選手は攻略できない。あくまでも、最後は相手のミスを待つのでなく、自分で打ち抜くんだという気持ちで臨むことが大切なのだ。

08 ペンドライブ型を攻略せよ

バックサイドで揺さぶり、機を見てフォアへ回す

ペンドライブ型の柳承敏《ユ・スンミン》（韓国／元五輪金メダリスト）などを見ると、最大の弱点はやはりバックハンドである。そして、体に近いボールに対してはバックハンドが振れないため、プッシュ系のショートになる。プッシュショートにしても、腕を伸ばすプッシュは台に近いところではなかなかできないので、やや中陣に下がることになる。そうすると、プッシュで速いボールを打つにはカウンターで打つしかなく、カウンターでないプッシュに関しては、そう速いボールは出せない。そこを突かれると、ペンホルダーは弱い。

特に、ミドルでショートを使わされてからバックサイドを切るコースに振られると、防戦一方にな

る。ここがペンドライブ型最大のウイークポイントだ。ショート系技術だけではなかなか得点につながらないため、徹底してバックを攻められると非常に苦しい。だから、バックサイドをいかにして回り込み、フォアハンドに切り替えるかという戦法を使ってくる。そのバックサイドに回り込む瞬間をフォアに回されるというのが、ペンドライブ型が一番嫌がるパターンだ。

以上を踏まえたうえで理想的な攻略法としては、まずミドルでバックショートをさせ、次いでバックサイドに寄せておき、相手が回り込む瞬間にフォアに攻める。そして、相手が飛びついて打ってくるボールをバックに短く止める……これが、ペンドライブ型の急所とも言えるパターンだ（図1参照）。

とは言え、そのパターンに持ち込むまでがなかなか難しい。ひとつの例としては、まずフォア前にサ

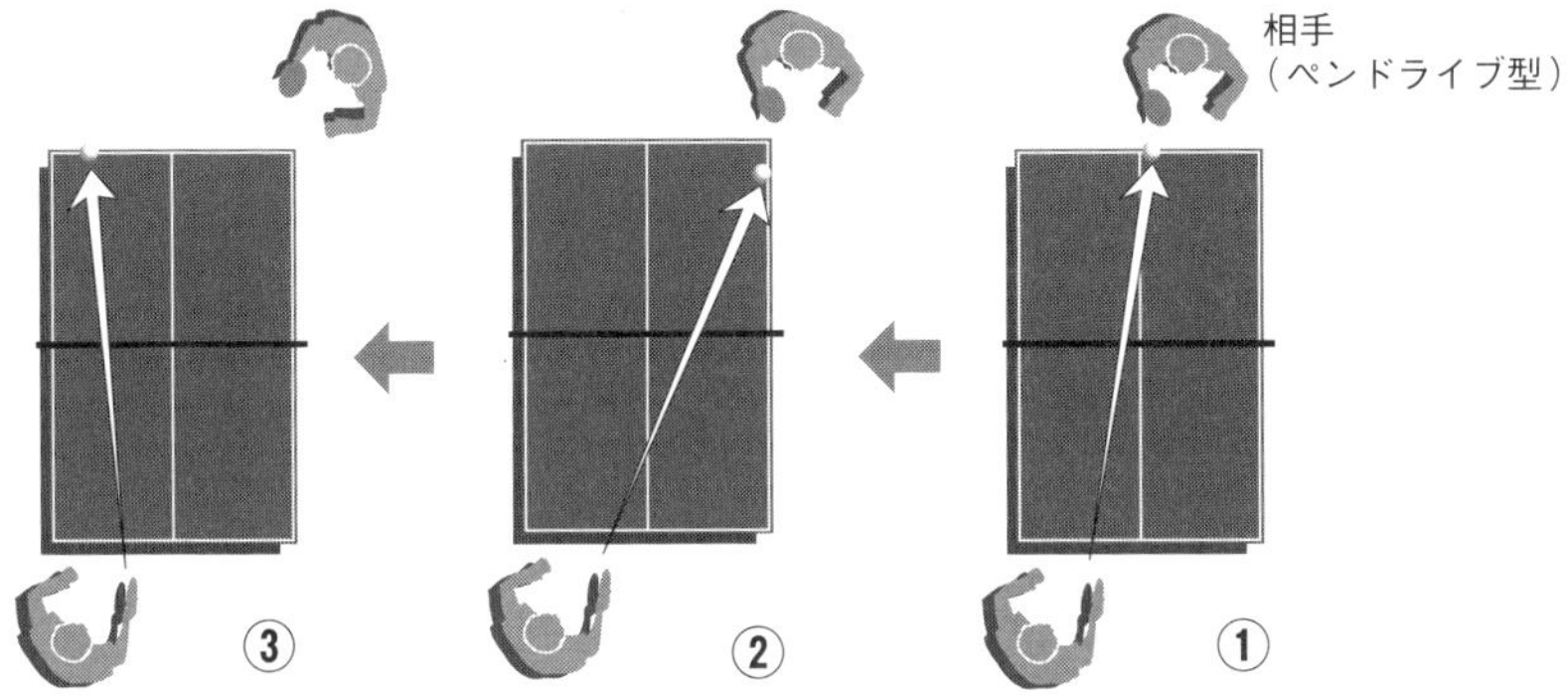

【図1】ペンドライブ型に効果的なコース取り
①ミドルを突いて相手にバックショートで処理させる→②バックサイドを切るコースを突いて、相手をバックサイドに寄せる→③相手がしびれを切らして回り込む瞬間にフォアサイドを突く

ービスを出し、ペンが得意とする台上のフリックをさせておいてからバックを突く戦術が有効だ。

ペンの場合はフォア前で払ってからバックサイドを回り込むのは厳しい。一方、バックサイドからはフォアハンドで台上レシーブをして、そのまま全面をフォアハンドで待つことができ、このパターンは強い。だから、フォア前にサービスを出しておいてバックを突くのが正しいコース選択で、この場合、ペンドライブ型はショート系技術での返球になりやすい。

こういうパターンに持ち込んだうえで、ミドルでバックショートをさせ、バックサイドに揺さぶり、フォアで回り込もうとした瞬間にフォアサイドへたたく。そのようなラリーに持ち込むのがベストだ。基本的にはフォア前から、バック→ミドル→バック→フォアの順でボールを回せば良い。

ロングサービスから左右に大きく揺さぶる

ペンドライブ型というのは比較的、シェークドライブ型より打球点が高い。スマッシュを多用しない純粋なドライブ型であっても、ドライブにスマッシュと同じくらいの威力がある。特に、シュート系のドライブの威力には目を見張るものがある。これを防ぐには、高い打球点でドライブをかけさせないことが重要だ。

相手のドライブの打球点を落とさせるには、フォア側へ揺さぶるのが有効な手段だ。ペンはシェークよりラケットヘッドの届く距離が短いので、シェークより大きく飛びついてフォアに動かないと打てない。さらに、フォアに大きく揺さぶったあとバックに攻めた場合、ペンはひじを曲げた状態で打たなければいけないので、これもひじを伸ばして打てるシェークより届く距離が短くなる。つまり、ペンは両サイドに大きく揺さぶられた場合、よほどバック系の技術がしっかりしていないと苦しくなるのだ。そこを攻めるのも常道と言える。

以上のような展開に持っていくためには、フォアへのスピード系ロングサービスが必要になってくる。ペンドライブ型はほとんどの場合、バックサイドに来たサービスに対してフォアハンドで回り込む体勢でレシーブを構える。シェークのように真ん中には構えない。そこで、速いモーションのサービスでフォアを突くことが有効になるのだ。飛びつかせたあとにバックへ短く止めたり、バックへシュート回転で打てば、さらに相手を追い込むことができる。このように、フォアへのロングサービスからの3球目が、攻略法としては非常に効果的だ(図2参照)。

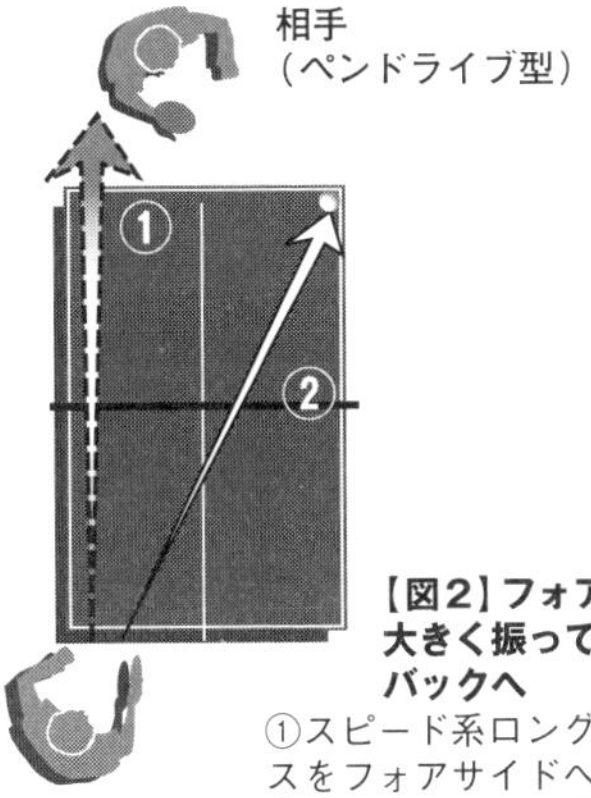

【図2】フォアへ大きく振ってからバックへ

①スピード系ロングサービスをフォアサイドへ出す→②バックサイドへ大きく振る。こうなると、シェークに比べてリーチの短いペンドライブ型は苦しい

あるいは、その逆を突いて、バックへロングサービスを出す戦術も考えられる。相手がショートから回り込んでフォアハンドで打って来たあと、フォアへたたいて、フォアからバック→ミドル→バック→フォア……と攻めていく。その展開に持ち込めば必ず勝機をつかめる。

ただし、ペンドライブ型に対しては、バック側に攻めるボールがかなり強めでないと失敗する。あまいボールがバック側に短く行くと、台上バックハンドで打たれる。ペンドライブ型にはフットワーク力のある選手が多く、前後動には強いのだ。だから、バックハンドを振らせないように、早い段階でバックを強いボールで攻めておき、バックショートの防戦一方に追い込んでから決定打を決める。そういう攻め方だと、成功しやすい。

様々な方法でバックをつぶす戦術をとるべし

シェークの攻撃型にとって、ペンドライブ型を攻略するには、やはりバック対バックのラリーに持っていって、相手にショート系のバックハンドを使わせるのが有効だ。自分のバック側から、相手のバック側へボールを集めていく。しかしながら、全く同じコースにボールが集まるとプッシュが来たりバックハンドで打たれたりするので、注意が必要。バック側と言っても、バックミドルとバックサイドの間の小さい範囲で揺さぶりを入れることが重要だ。そして、相手が苦しくなって回り込むタイミングを見計らって、逆のコースを突く。

あるいは、まず一発目から強いボールをバックに打ち込んで、相手をバック側の中・後陣に下げてショートでしのがせておき、そこからフォアに大きく曲げて攻めるのも効果的だ。

また、ペンは台上アタックが得意なのだが、逆にその台上アタックをさせておいて、それをバック側にカウンターで速く入れると、連続動作で回り込んでフォアドライブで攻撃するのが難しくなる。つまり、台上フォアハンドからのフォアハンドドライブという連続攻撃を寸断し、台上処理の直後にバックショートを使わせるようにするのだ。シェークの場合だと、フォアに攻めておいてバックに回すとバックドライブが飛んでくるが、このあたりの攻め方は対シェークと大きく異なる。

速攻型のピッチの早い攻撃に対しては、ペンドライブ型はしのいでいくことが可能なので、単調な速攻だけでなく、相手を前後に揺さぶる戦術も必要になってくる。同じコースである程度前後に揺さぶって、ペン特有の強打をさせないような工夫が必要だ。あるいは、バックサイドを徹底的に攻めて、中・後陣に下げさせる。

速攻型の場合は、やはり相手の先手を封じ込める工夫をして、中・後陣からショートやバックハンドでしのがせるような展開に持ち込むことが絶対条件と言えるだろう。

09 シェーク速攻型を攻略せよ

同じコースを2度突き、極端にコースを変える

シェーク速攻型に代表されるのは、ガシアン（フランス／93年世界チャンピオン）や劉詩雯《リウ・シウェン》、李暁霞《リ・シャオシア》（いずれも中国）のように前陣でフットワークを使って攻めてくるタイプだ。このタイプの選手は、比較的、スタンスが※逆足になってフォアハンドのドライブやスマッシュを打つ場合が多い。それは、台との距離が近いため、スタンスが順足でも逆足でも平行足でも、体の捻転さえあれば、打法として成り立つからである。

ただし、逆足でドライブをする形が非常に多い速攻型は、同じコースに連続で打たれると弱さを露呈する。特に、フォアサイドに連続して打たれると、連続して逆足で打つことになり、ボールのスピ

※**逆足**　右利きの選手であれば、左足前のスタンスを順足、右足前を逆足と言う

ードが落ちるうえにミスも多くなる。ここが、シェークの前陣速攻型を攻略するポイントだ。同じコースを2本3本と突いていくと、シェーク速攻型は本来の力を発揮できなくなるのだ。逆足で打たせておいて、もう1本そのコースに攻める——そのように、ワンサイドに連続攻撃をするというのは、攻略法として非常に有効である。

また、注意点として、前陣で戦うタイプのシェークはフォア・バックの切り替えが非常に早い、ということが挙げられる。だからこそ、フォア・バックと交互にボールを入れないことが重要で、ワンサイドを徹底して攻める攻略法が常套手段だと言える。

シェーク速攻の中でも、フォア裏ソフト・バック表ソフトとか、フォア表ソフト・バック裏ソフトなど、異質ラバーを使っている選手もいる。まれには、両面表というパターンもある。こういった異質速攻

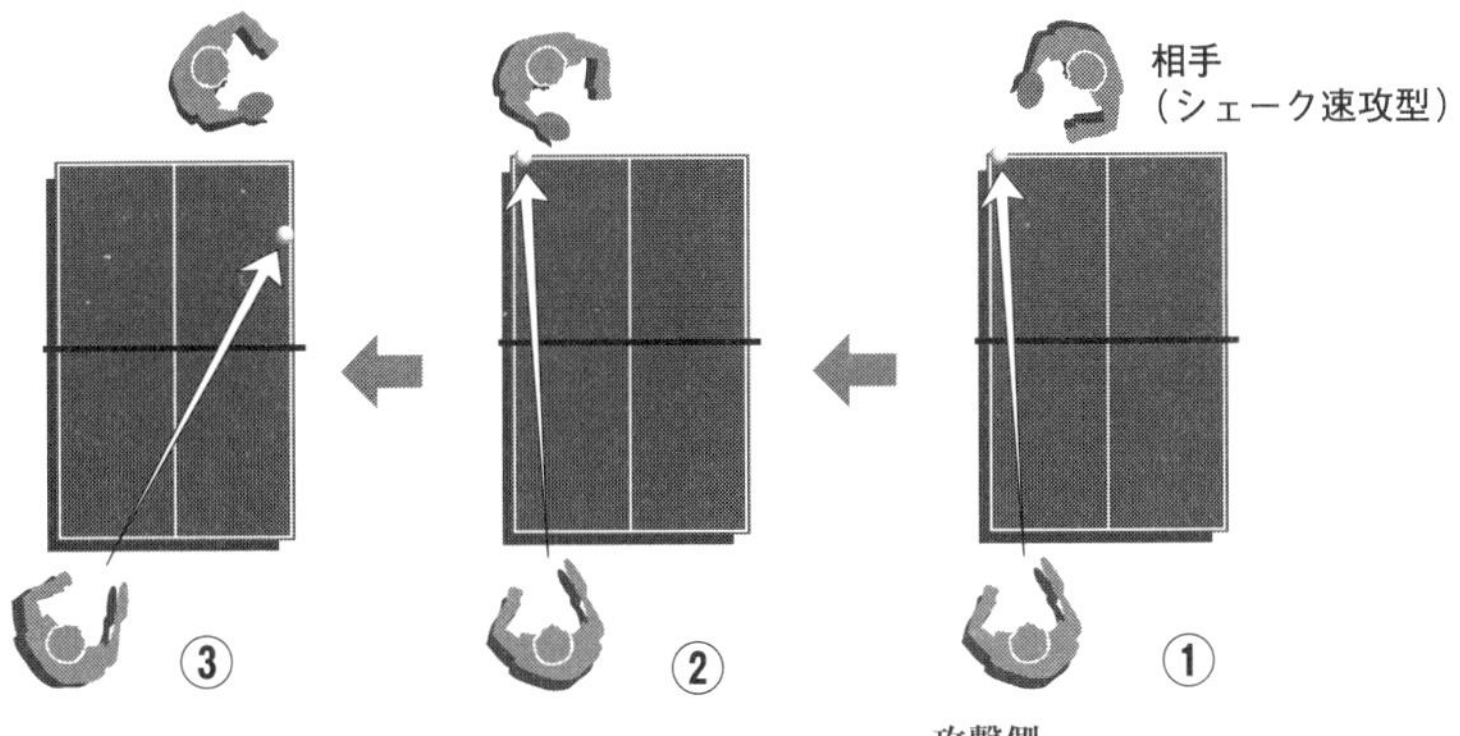

【図1】シェーク速攻型に効果的なコース取り
①相手をフォアサイドに大きく振る→②相手が逆足で打ってきたところを、同じコースへ返球→③相手がバランスを崩すのを確認して、大きくバックサイドにコース変更。相手を中陣に下げる

型の選手というのは、特にフォア・バックの切り替えがものすごく早い。そこで、どうやって体勢を崩していくかということを考えなければいけない。

このようなピッチやリターンのタイミングが早い選手の体勢を崩すためには、ワンサイド攻撃からの揺さぶりが必要だ。フォア・バックに交互に揺さぶるのではなく、フォア→フォアとワンサイドを連続で突いてからバックサイドを切る、というように極端にコースを変える（前ページ図1参照）。あるいは、ミドル→ミドル→両サイドという揺さぶりをかけると、体勢が崩れやすい。体勢が崩れると、いかに前陣速攻型と言えど中陣に下がらざるを得ない。そして中陣というのは、速攻型にとってそれほど得意とする位置ではないため、無理をして打ってくることになる……このように、まず相手を中陣に下げさせるようなコース取り、攻め方が効果的である。

ロングサービスから左右に大きく揺さぶる

前陣で戦うシェーク速攻型に対してミドルを突くことができれば、これは当然苦しめることができる。ところが、シェークの前陣プレーヤーは、ややペンホルダーに近い性質を持っており、バックサイドを回り込んで、決定球をフォアハンド主体で打つ選手が多い。だから、バックミドルを突くのは非常に難しいのだ。

台の真ん中にどっしりと構えて両ハンドでドライブするタイプなら、バックミドルを突いて体勢を崩させることは難しくない。ところが、シェーク速攻型の場合は、ミドルに攻めていける範囲が非常に狭くなるため、ミドルを攻める糸口をつかむのが難しい。ミドル攻撃を有効にするには、逆足でドライブをかけさせておいて、同じコースを2、3本突いておき、体勢を崩させてから、タイミング良くミドルを突くことが大切だ。

ほかに、シェーク速攻型はバックサイドを深く攻められると、なかなかバックハンドを振り切れないという弱点もある。打球タイミングを早くして打つことはできるものの、スピードや回転についてはやや弱めのボールになりやすい。そこを狙って同じコースに連続攻撃で畳みかけるのも良い戦術だ。

一方で、バックサイドにあまいボールを入れた場合には、速攻型であればシェークでもペンでも、回り込みが他の戦型より圧倒的に速い。その対策としては、ミドルに寄せておいてバックにボールを送るなど、そう簡単にバックサイドを回り込ませない工夫が必要であり、もし回り込まれたとしても、逆足にさせて詰まらせるなど、十分な体勢で回らせないことが肝心だ。逆足で詰まったような形に持ち込んでから、ブロックやカウンターのコースを打ち分けることが大切だ。

十分な体勢でバックサイドを回り込まれてフォアハンドを打たれると、やはりすごい破壊力があるので、そこは常に警戒しておかなければいけない。チャンスボールになってしまうのか、少しでも有効なボールになるのか。バックサイドを突くコース取りは紙一重の部分なので非常に勇気がいるが、本当は相手の弱点として突ける部分なのに、弱気になって攻めるのを躊躇《ちゅうちょ》する、というのではなかなか勝機をつかめない。

ボール1個分で、弱点か強い部分かが変わってしまう。速攻選手の攻略法では、コースやタイミングに対する意識をより高くして、正確に弱点を突きながらしっかり攻め込むことが重要だ。コースやタイミングの選択に対して、ドライブ型など他の戦型に対するよりもっと、集中的に神経を使って攻めるべきだろう。

様々な方法でバックをつぶす戦術をとるべし

速攻型を攻略する際には、緩急をつける戦術も有効だ。しかし、この場合、ボールのスピードに緩急をつけてもあまり効果がない。速攻型は台との距離が近いので、相手を台から下げさせたり、前に出させたりすることで、若干前後の距離を狂わせることが必要になる。

この作戦を実行するためには、ボールを入れる位置（深さ）が重要だ。相手のコートに浅く入れるか深く入れるかで、相手の打球点は大きく変わる。ボールのスピードが変わるだけではそう打球点は変わらないが、深く入れたり浅く入れたりすることで、相手の台との距離は徐々に狂っていく。そういう長短の緩急を使うのが、シェーク速攻型には有効だ。

例えば、速攻選手が回り込んで深いボールを打つ際には、通常はかなり打球点の早いところで打つ。そして、回り込んでから次にフォアサイドのボールに飛びついて打とうとする時、深いボールが来た時には結構タイミングが合う。しかし、そこで急にフォアに浅いボールが来た場合、逆足になりやすいため、極端にタイミングが合わなくなるのだ。だから、バックサイドに寄せておいてからフォアに小さく止めるコース取りは有効である（図2参照）。あるいは、フォアを深く突いておき、次にバックを深く突くコース取りも、バックハンドを封じることができて効果的だ。その一方で、フォアを深く突いてバックに短く送ると、シェーク速攻選手は台上バックハンドで対応できる。ここはものすごく強い部分だ。基本的には、バックを深く突いてフォアに小さく止めるのがベストだが、先にフォアを深く突いたなら、バックも深く突くのが良い。そういうコースの長短に気をつけると、相手の術中にはまらずにすむのだ。

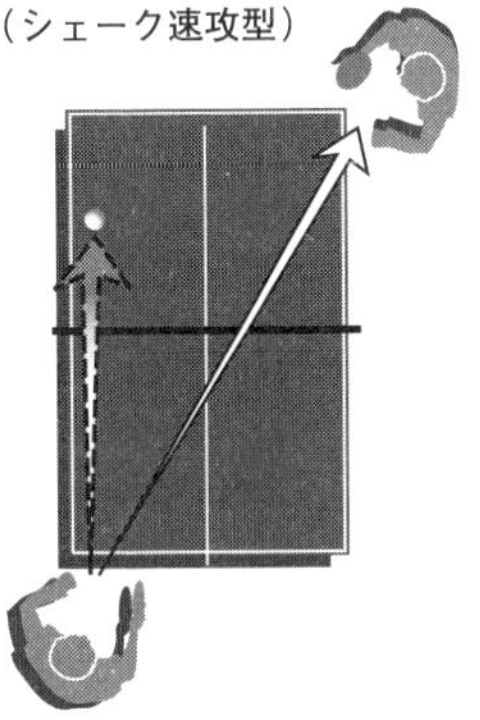

【図2】詰まらせてからフォアへ短く
バックサイドに厳しいボールを送って回り込んだ相手を詰まらせ、次のボールをフォアに短く止める。くれぐれもバックサイドに送るボールが内側にあまく入らないように注意しよう

10 ペン速攻型を攻略せよ

フォア前からバック深くを突いて両サイドへ振る

ペン速攻型の特徴として、攻撃する際にオールフォアの選手が多く、どうしてもバック系が弱くなる傾向がある。シェークのバック表ソフトのような速攻型の場合には、ナックル系のショートや、前陣でのバックハンド強打を織りまぜることができるため、バックを集中的に攻められても絶対的不利には陥《おちい》らない。その反面、劉国梁《リウ・グオリャン》や馬琳《マ・リン》（いずれも中国）といった速攻型のペンホルダーが一番苦しんだのは、やはりバック系技術に威力がないという点である。

ペン速攻型のバックハンド技術――特にショートは、タイミングこそ早いものの、ボールそのものにスピードが出ない。とりわけ40㎜ボールが採用されてから、フォアハンドによるアタック＋バックハンドによるブロックというスタイルが通用しづらいために、38㎜ボール時代の終盤からは、ペンのバックハンドでも裏面でドライブができるタイプが出現してきた。従来のペン速攻型にシェークのようなバックハンドドライブをミックスさせるという形で、後発的に研究されたものである。しかし、やはり現段階では、シェークほどの球威や打法のバリエーションをつけることは、できていない。

したがって、基本的にペン速攻型はバック側のショート系技術がウイークポイントになり、そのショートを狙い打ちされると苦しくなる。ペン速攻型としては、フォアに揺さぶられてからバックサイドをドライブで突かれる、というパターンは是が非でも避けたいので、フォアに揺さぶられる前にバックサイドを回り込み、フォアハンドのスマッシュやドライブで先手攻撃を仕掛ける選手が多い。

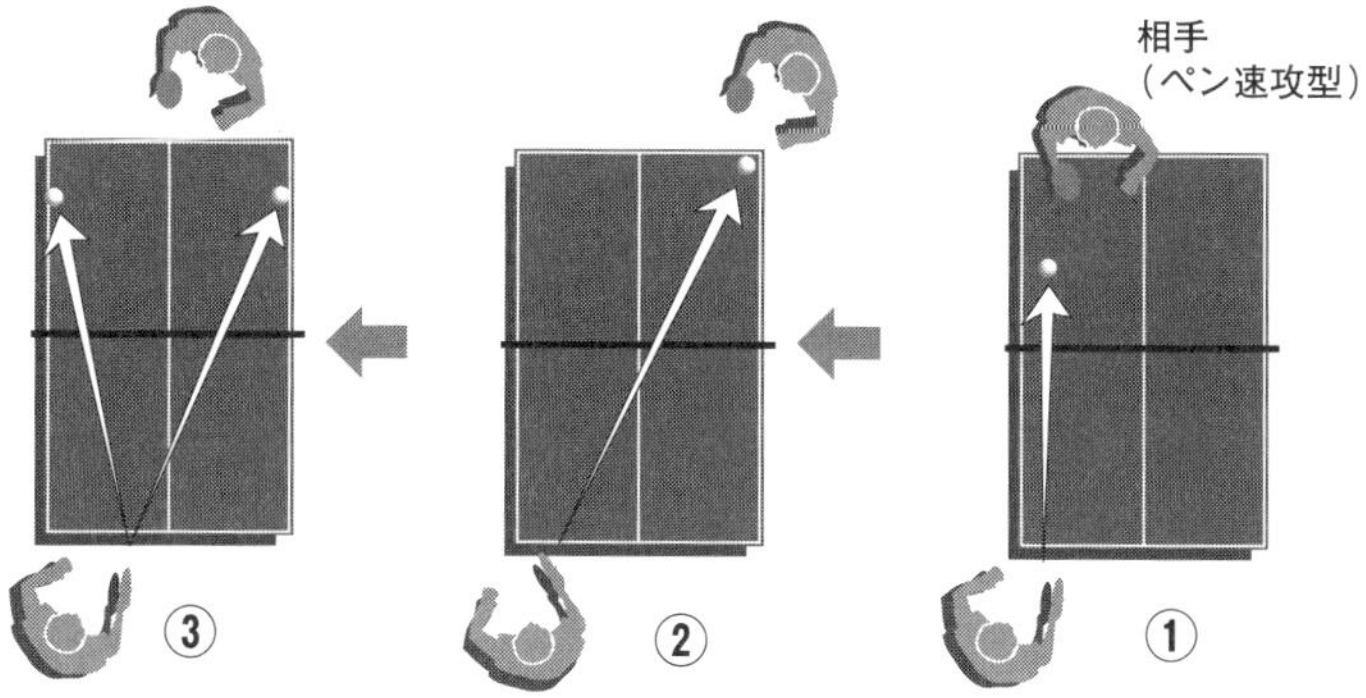

【図１】ペン速攻型に効果的なコース取り
①サービス・レシーブで相手をフォア前に寄せる→②相手がギリギリで回り込めるコースを狙って早いタイミングでバックサイドを深く突く→③相手が詰まって持ち上げてきたボールを両サイドに大きく振る

典型的な攻略法としては、フォア前からバック深くを速い攻めで突いて相手を詰まらせ、その後両サイドを狙うという攻め方が有効だ（前ページ図1参照）。ペン速攻型の選手は、これをやられると非常に苦しい。シェーク速攻型の場合であれば、ラケットが届く距離（リーチ）が長いために、左右に揺さぶられてもそれほど後ろに下がらないが、ペン速攻型の場合はリーチが短いぶん、左右に揺さぶられると台との距離がだんだん離れ、中・後陣に下がりやすくなる。

従来のペン速攻型ではこの展開から脱出することが非常に困難なため、バック側から逆転の一打を放てるように、裏面バックドライブを使って対応しようというのが最近の傾向だ。

ペン表はバック系技術とスタンスを参考に攻略

ペン表ソフトの速攻型で、田﨑俊雄（元五輪日本代表）のように裏面に攻撃用のラバーを貼らず、バックドライブをしない選手の場合は、いかにしてひじ締め式のバックハンドを振るかが生命線となる。ところが、田﨑の場合は中陣からしかバックハンドが振れず、前陣でコンパクトにバックハンドを振ることができないために、どうしてもその弱点を突かれてしまうケースが多かった。中陣でバックハンドを振ろうとした時、相手が小さく止めてくるとスイングできず、持ち上げるだけになって攻撃されてしまう。それを避けるために回り込んでも、打球点が落ちて攻めが遅れてしまう。このようなバックの前後に揺さぶる攻め方は、バックハンドを得意とする両ハンド強打型のペン速攻選手にとって、もっとも苦しいパターンだ。

一方、かつての名選手・江加良《ジャン・ジャーリャン》（85、87年世界チャンピオン／中国）や陳龍燦《チェン・ロンツァン》（87年世界選手権ダブルス優勝、88年ソウル五輪ダブルス優勝／中国）のような守備力のある速攻選手は、バックを攻められた時、多彩な技術でしのぐのではなく、単一の打法ながらブロック系の止める技術が非常に安定しており、相手が攻めあぐねるというタイプだった。しかし、現代卓球では、単調なブロックだけではポイントにつながらない。プッシュやひじ締め打法によるバックハンドで局面を打開しようとする選手も多いが、やはり確実性に欠けるため、威力はあっても単発になってしまう。

結局、ペン速攻型は、いかにしてバック系技術をフォアハンド攻撃につなげて得点するか、という戦術に頼らざるを得ない。ところが、特に中国の速攻型選手の場合は、ファアハンドスマッシュがあまり得意ではないという欠点がある。前陣でのスタンスが逆足になっているために、スマッシュを一発打っても、フォアを連続で突かれるとどうしても打球の威力が弱くなるのだ。

フォア、フォアと攻められるうちに、逆足での打球が続くために体勢が崩れてしまう。無理に順足に戻せば、バックを突かれた時に対応できない。攻撃能力の高い選手が、その弱点を見逃すはずもない。速攻選手のスタンスが逆足になっているかどうかをよく見て、逆足になったところでもう一発フォアに入れ、順足であればバックを攻める、という攻略法を用いてくる。こうなると、バック側の技術がブロックだけでは、どうしても厳しい戦いを強いられてしまうのだ。

ペン裏は、低い誘い球をつながせる戦術が有効

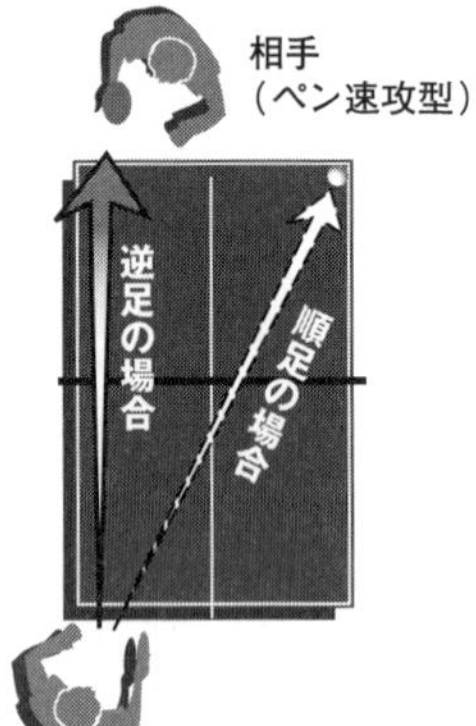

【図2】順足か逆足かを見てコースを選択
中国選手のような攻守兼備のペン表速攻型は、フォアサイドからのフォアハンド攻撃の際、スタンスが逆足になりやすい。そのため、逆足で打っているうちは威力が出ないのでフォアに攻め続け、順足に踏み替えた場合はバックを突くコース取りが有効となる

裏ソフトによるドライブ系のペン速攻型としては、小野誠治（79年世界チャンピオン）のように、ドライブとスマッシュの打ちわけがスムーズにできるタイプが理想なのだが、なかなかそのふたつの打法を状況に応じて使い分けられる速攻選手は出てこない。例えば表ソフト使用選手であっても、現代卓球ではドライブばかりになってしまって、フラットで打つ手数が少なくなりがちだ。一度ドライブを覚えてしまうと、攻撃技術がドライブだけになってしまうのである。

角度を合わせればフラットで打てるのに、練習を積まないために本番ではドライブだけに頼る。ペン裏ソフトの速攻選手では、より一層その傾向が強くなっている。そのため、裏ソフトの速攻型はカ

ウンター系で勝負することになるのだが、前陣にいながらカウンター待ちが基本になっているタイプであるために、なかなか先手攻撃ができない。低いボールに対してフラット系の角度打ちができず、小さなフォームでドライブするのだが、先手を取れたとしてもボールがループ系になりやすく、威力が出ない。それを逆に、ブロックやカウンターで大きく揺さぶられ、体勢が崩れて失点する、というパターンになりやすいのだ。

従って、ペンホルダーの裏ソフトによる前陣型には、やや厳しい誘い球を送り、わざと先手を取らせる戦術が有効になる。ただ、裏ソフト・表ソフトに関わらず、ペンホルダーはシェークよりも台上処理が強い。特に払いは得意中の得意だ。シェークのようなフリックではなく、手首を使ってスマッシュに近い強打を繰り出すことができるため、台上での勝負なら、対シェークハンドでも優位に立つことができる。そのため、誘い球を送る時には小さいストップボールではなく、低く長めのボールで相手のループ系技術をおびき出すのが鉄則である。

11 カット主戦型を攻略せよ

3球目強打、ミドル攻撃、ワンサイド攻撃の3本柱

カット主戦型――通称カットマンには、代表的な弱点が3つある。

ひとつは、サービスからの3球目で強打されること。それも、ミドル、もしくはバックに打たれるとカットマンは苦しい。

もうひとつは、ミドルにボールを集められ、フォアでカットするのかバックでカットするのかを迷わされること。特に、カットマンの場合にはミドルをバックハンドで処理するケースが多いので、フォアミドルが苦しい。もちろん、ミドル攻撃自体をしのぐことは可能なのだが、ミドルを糸口にして体勢を崩され、両サイドに打たれるパターンになると厳しい。

3つめは、パワードライブを持っている選手が、バック、バックと攻めてフォアに強打、もしくは

フォア、フォアと攻めてバックに強く打つパターン。ワンサイドを徹底的に攻め込まれたうえで、コースを変えて決定球を打たれると、かなり返球が難しくなる。特に、両面裏ソフトのカットマンであればバックハンド攻撃で反撃することもできるのだが、粒高や表ソフトを貼っているカットマンは、バック側に攻め込まれると、どうしてもカット一辺倒になりやすい。返球に変化がつくので、攻撃側がパワーのない選手であれば効果を発揮するものの、一発にパワーのある選手が相手の場合、徹底的にバックを攻められると、バック面が粒高や表ソフトのカットマンは苦しくなる。以上の3つが、カットマンが一番苦しむ戦術だ（図1参照）。

また、カットマンが試合中に一番嫌な印象を受けるのは、速攻でポイントを失った時である。カットマンが一番嫌う試合展開は、長いラリーでしかポイ

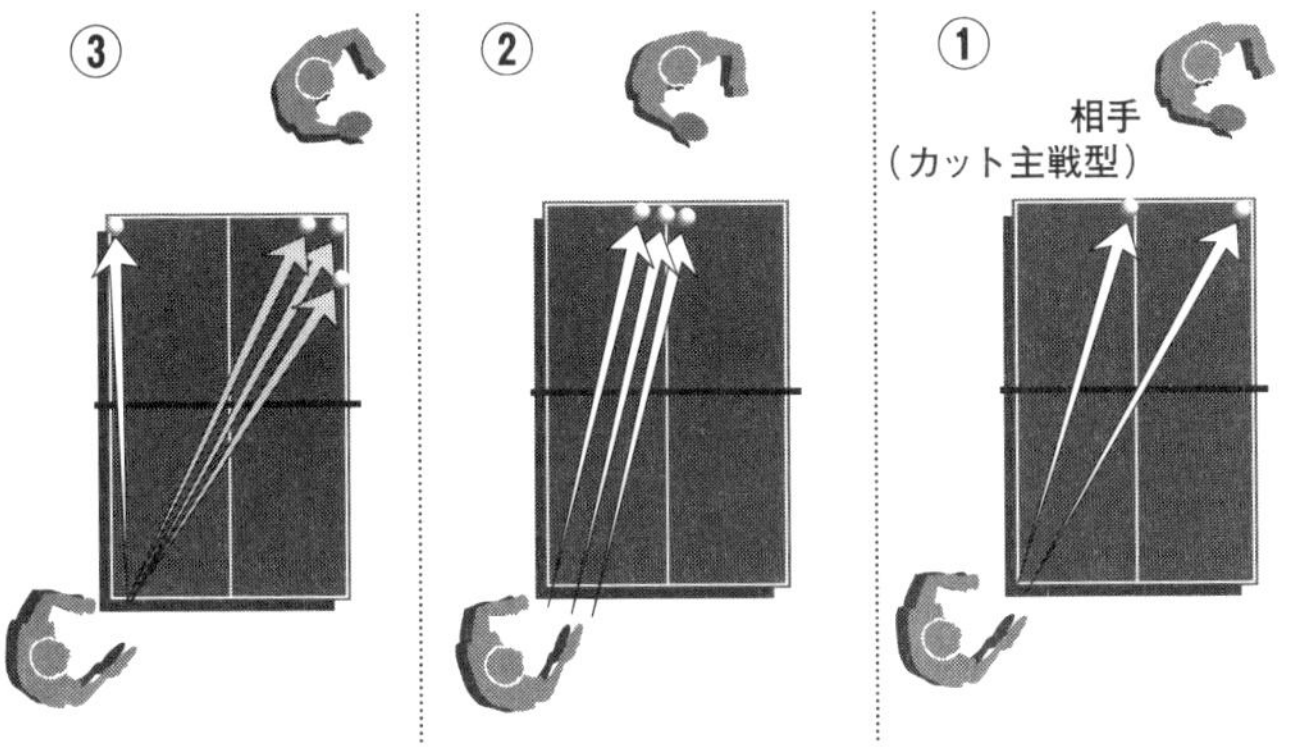

【図1】カット主戦型攻略法の３本柱
カット主戦型を攻略する時、効果の高い3つの戦術。①サービスからの3球目攻撃で、ミドルかバックを強襲。②ミドルへの徹底攻撃（そこから両サイドに振る）。③ワンサイドへの連続パワー攻撃からコースチェンジ。

ントが取れない、というパターン。長いラリーの末に1ポイントを取ったのに、失点する時は一瞬の速攻――そういう繰り返しが、カットマンを心理的に追い込むのだ。

ところが、これが逆になると大変だ。攻撃側が、1ポイント取るのにヘトヘトになるまでラリーを続け、やっとの思いで得点したのに、カットマンからサービス+3球目であっという間にばん回される。これが、攻撃型にとってもっとも苦しいパターン。この仕組みを理解したうえで戦術を組み立てれば、相手より優位に立つことができる。

ドライブのみで前後に揺さぶる戦術が有効

最近では攻撃力の高いカットマンも増えており、フォア側にあまいボールを送ると、カーブドライブやカウンタードライブ、スマッシュなどを食らうので、不用意にフォアを突かないことが肝心だ。

攻撃力の高いカットマンに対しては、前後に攻める戦術が有効。しかし、打っては止め、打っては止めというパターンが完全に交互になってしまうと、カットマンはリズムが出てくる。前後動にタイミングが合ってきて、ストップボールを狙い打ちしてくるようになり、ストップすることによって強打を食らうケースが多くなる。特に、せっかく相手を下げているのに、わざわざストップで前に寄せてきて、そのボールに変化をつけられ、反撃されるというパターンは最悪だ。

そのため、カットマンを前後に揺さぶる際にはストップを使うのではなく、飛距離のあるパワードライブで相手を台から離し、短く沈むループドライブで前に寄せる。つまり、ドライブだけで前後に揺さぶるのだ。これは、カット攻略として、非常に高度で有効な攻め方になる。特に、バックに大きく突き放し、フォア前に小さく落とすというのが、もっとも嫌らしいコース取りだ。

ただ、高度な技術を持っているカットマンの場合は、フォア前に小さく落とされたドライブをわざと台より低いところで打球し、相手にインパクトを見せない形で変化をつける選手もいるので、相手の技術レベルに注意することが必要だ。こういう相手の場合は、強いドライブで十分バック側の遠くまで突き放しておいて、変化がつけられないようなタイミングでフォア前に落とす。あるいは、短いドライブにあまり回転をかけないで、ナックル気味に落とす。すると、ボールに回転が少ないために、カットに変化がつけにくくなり、有効だ。

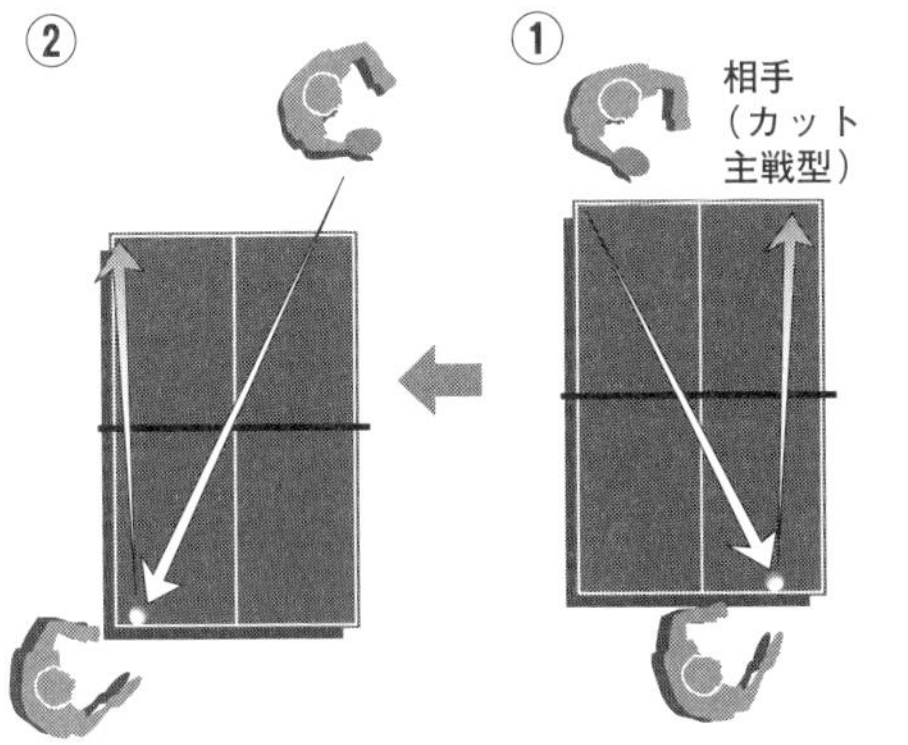

【図2】攻撃的なカットマンに有効な戦術
①レシーブをフォアサイドに返し、カットマンにフォアサイドからドライブさせたボールをバック側にブロック→②カットマンがカットに転じた機を逃さず、ドライブなどで攻める（決してツッツキしない）

打たせてバックに止め、次のカットを狙い打ち

カットマンがサービスからの3球目攻撃ばかりやってきて、カットをしてくれない場合がある。そういう時に、相手をカットに追い込むためにはどうすれば良いか。

カットマンの3球目はフォアハンド攻撃が基本で、バック側にツッツキを入れると、回り込んでドライブを打ってくる。そして、カットマンはフットワークが命なので、バックからドライブをかけたあと、5球目でフォアに来たボールを飛びついてドライブするというパターンは、かなり得意としている。そのため、3球目をフォアからドライブさせてバックに止めるほうが、コース取りとしては有効だ。バック面は粒高などの変化ラバーを貼っている選手が多いために、5球目でバックハンドを振ってくることは少なく、カットをするパターンがほとんどだ。そのため、攻撃的なカットマンに対するレシーブ戦術は、フォアから攻撃させておいてバックに止めるのが定石となる。

ところが、せっかく5球目でカットしてくれたボールをツッツキで返すと、カットマンはまた打ってくる。だから、カットしたところを見逃さずにドライブをかけることが大切だ。ここを見逃すと、ラリー展開が元に戻り、攻撃で点を取りに来ているカットマンの思うつぼになってしまう。

ヨーロッパの強豪選手の場合は、カットマンにフォアから打たせてバックに止め、次のカットがバ

ックに来ても、バックハンドドライブを強烈に振ってカットマンを台から下げさせる。もしくは、カットが来たら回り込んで強いドライブで打ちにいく。せっかくバックを突いたのに相手のカットをツッツキで返して攻められる、というパターンにはならない。

その1球のカットを見逃さないこと。必ずカットマンは攻撃してくるのだから、相手が1本カットしたら、そのボールを攻撃する。それができない選手は、カットマンに攻められっぱなしになる。そこがキーポイントなのだ。

いずれにせよ、ストップやツッツキなどの下回転系のボールを多用すると、カットマンに主導権を握られる確率が高くなる。カットマンはツッツキのボールを変化させたり、早いタイミングでコースを突いたりすることはお手のものだ。攻撃されなくても、ツッツキで速くボールを回されると攻撃側はつらい。

攻撃選手は、たとえ一発で抜けなくても、ドライブを連続で打つほうがリズムが取りやすい。ツッツキやストップで下からラケットを出したあとに上からたたくよりは、ドライブで上に振って、もう1本上からたたくほうが、動作として自然だからだ。そして、その中で前後の変化をつけられれば、カットマンの攻撃を恐れる必要はなくなるはずだ。

12 異質前陣攻守型を攻略せよ

同じテンポのラリー戦と速攻戦術の2本柱で攻略

今回は、前陣で粒高ラバーを使ってプレーする異質攻守型（以下、「異質前陣攻守型」とする）の攻略法を紹介しよう。異質前陣攻守型が得意とするパターンは、相手に一度攻撃させておいて、それを逆手《さかて》に取る戦術である。攻撃球を粒高ラバーで止めたボールは、ものすごい下回転や予期せぬナックルになるため、相手は連続で攻撃できない。それを利用して相手を前後左右に揺さぶり、攻撃選手をガタガタにしていく——それが、異質前陣攻守型の基本戦術だ。

一方、異質前陣攻守型が最も嫌がるのが、同じコースに同じボールを入れられ続けるパターンだ。粒高の場合は、相手が球質に変化をつければつけるほど、変化の激しいボールが返っていく。ところが、相手が同じ球質のボールを打っている限りは、同じ球質のボールしか返せない。そういう単調なラリーを続けられると、異質前陣攻守型は焦ってきて、無謀な攻撃を仕掛けて自滅したり、あるいは無理に変化をつけようと思ってボールを浮かせてしまい、一発で打ち抜かれるというパターンにはまりやすい。つまり、異質前陣攻守型を攻略するためには、安定したストロークであわてずに、同じ球質のボールを入れていく戦術が有効なのだ。

しかしながら、異質前陣攻守型は球質の変化だけでなく、前後左右の揺さぶりにも長《た》けている場合が多い。特に、ボールをネット際に小さく止めたり、深くプッシュしたりする中で、相手の卓球台との距離感を狂わせる戦術が得意だ。これに対する攻撃側が、前陣にくっついている状態で深いボールにあわててラケットを出してしまったり、ストップ性のボールに対して低い打球点から強引にフルスイングするなど、打球タイミングや卓球台との距離を変えさせられる戦術に乗ってしまうと、かなりペースが乱れてしまうのだ。それについていけるかどうかも、異質前陣攻守型を攻略するキーポイントとなる。

いろいろな回転・コース・長短で返ってくるボールに対して、攻撃側の選手は卓球台との距離を一定にする必要がある。左右に振られた時に、打球するポイントが前後にブレると良くないが、卓球台との距離を一定にして「縦のライン」で打てば、それだけで無用な失点を防ぐことができる。

さらに具体的に言うと、ボールが浅いからといって、焦って前に突っ込んではいけない。ボールが深いからといって、あわてて後ろに下がってはいけない。常に卓球台と一定の距離でボールを待ち、相手ボールが浅ければ低い打球点、深ければ高い打球点で打つ、ということを徹底する（図2参照）。そういう打法を使いながら、無理せず、同じテンポでボールを入れていく。異質前陣攻守型としては、相手が前後に動いてくれないと、なかなか得点チャンスを作ることができないので苦しくなる。

ボールそのものにスピードはないのだから、フットワークを十分使って動きながら、ゆっくりボールを見る。そして、「このボールなら自分は確実に一発で打ち抜ける」というボールが来るまで待っておいて、一発で打ち抜くのだ。

そのようなテクニカルなラリー戦術とともに、異質前陣攻守型を攻略するもうひとつの手段は、自分がサービスを持った時に、電光石火の速攻を仕掛け

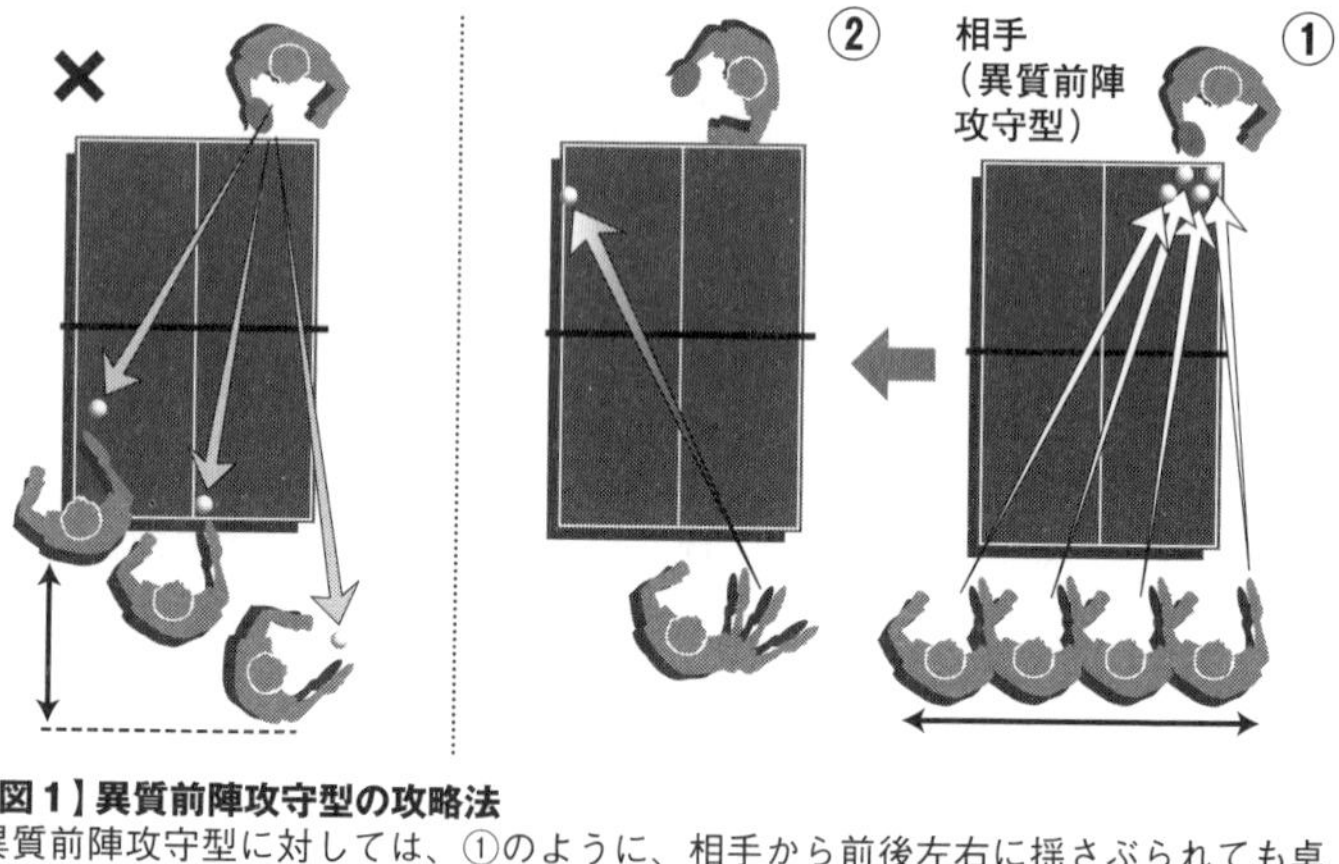

【図1】異質前陣攻守型の攻略法
異質前陣攻守型に対しては、①のように、相手から前後左右に揺さぶられても卓球台との距離を変えずに同じテンポのボールを返球しつつ、あまいボールが来たら②のように逆コースへ一発を打ち込むのが良い。左端図のように左右に揺さぶられた時に卓球台との距離を乱すと、相手の思うつぼなので注意が必要だ

ることである。例えば、相手のフォアサイドへ長いサービスを出しておいて、3球目でいきなりバックサイドへ全力で強打をたたき込む。これも、異質前陣攻守型が嫌がるパターンだ。この速攻戦術を、同じテンポのゆっくりとしたラリーとの二段構えで戦うと、異質前陣攻守型は的を絞りづらくなり、窮地に追い込まれることになる。

ワンサイド攻撃から攻略の糸口を探る

異質前陣攻守型の中には、反転式や中国式のペンホルダーなどで、反転技術や裏面打法を使って、攻撃してくるタイプもいる。こういうタイプと対戦した場合は、戦術の中であらかじめ、相手が攻めてくることを計算に入れて、その攻めてきたボールを逆

【図2】卓球台との距離を一定にして打つ
バウンドの深いボールは高い打球点、中間的なボールは中くらいの打球点、浅いボールは低い打球点と、ボールをとらえる高さを変えることができれば、前後に動かなくても相手の前後の揺さぶりに対応できる

にカウンターで待つという戦い方ができる。また、相手が攻めてくるということは、それだけ無理をしていることの裏返しでもある。粒高ラバーの変化だけで得点を取るのが一番楽な方法で、本来のスタイルであるにもかかわらず、それでは得点できないから反転して攻めていこうという戦法であり、相手としては苦肉の策なのだ。

異質前陣攻守型はいろいろと複雑なことをしてくるが、それにあわてないで対処することが一番だ。相手が攻撃してきたからといって後ろに下がるのでなく、必ず自分の攻撃の位置、つまり卓球台との距離感を守って戦うことが大事だ。もちろん、相手がラケットを反転させてくる前に速攻でポイントを取りにいく戦術も有効。「打たれても動じない」戦術と、「打たれる前に打つ」戦術を併用すると良いだろう。

一方で、シェークの前陣攻守型に見られるような、攻撃を主体として補助的に粒高を使う選手もいる。この場合は、攻撃を主体にする裏ソフトの面（表ソフトの場合もあるが、ここでは裏ソフトで説明する）よりも、粒高の面を集中的に狙って攻撃のリズムを作らせず、守備を多用させるのが良い戦術だ。もしくは、粒高の変化が苦手であれば、逆に粒高の面を全く使わせないで、ワンサイドで裏ソフトの面ばかりに徹底してボールを集める。そして、通常の裏ソフト攻撃型との打ち合いのような試合に持ち込むのだ。

とにかく、裏ソフトと粒高を交互に使わせるようなパターンに持ち込まないことが重要だ。フォア・

バックへ適当にボールを散らすと、相手の戦術は楽になり、緩急を使って攻めやすくなる。裏ソフトか粒高、いずれかの面と徹底的に勝負するほうが、ラリー展開がシンプルになり、戦いやすいのは明白である。

粒高で変化をつけて裏ソフトで強襲する。もしくは裏ソフトで打って出ておいて粒高でストップショートをする。そのようなパターンを使わせるとやっかいなことになるので、相手がラリーの主導権を握っている間は徹底してワンサイドにボールを集め、相手が防御に回った時にコースを変えて、カウンター攻撃できないようなボールを入れる攻め方が必要になる。

例えば、フォア裏ソフト・バック粒高の選手に、フォア側から何本か打たせておいて、急にコースを変える。そうすると、相手はせいぜいブロックしかできない。コースを変えるとしても基本的には徹底してワンサイドに攻め込んでおいて、不意に逆コースを突く。そのような攻め方がセオリーだ。

もちろん、ワンサイド攻撃を徹底すると、相手も考えてくる。例えば、バック面に粒高を使用している選手のバックサイドを連続で攻めると、回り込んでフォアハンドの裏ソフトで攻撃してくるだろう。しかし、そうするとフォアサイドががら空きになるので、今度はフォアサイドに攻める糸口ができる。相手が変化をすれば、こちらも変化ができるという、戦術の連鎖を利用するのである。

第3章

打法の賢い使い方

13 ドライブの賢い使い方
——肩甲骨《けんこうこつ》打法の活用

パワーだけでなく、球種のバリエーションが重要

卓球の技術は練習で習得するだけでは十分でない。例えば、ドライブ打法には基本的なスイングから応用的なスイングまであるが、大事なのは、それをいかに戦術に結びつけるかである。

ドライブに対する考え方として、安定した粘り強いドライブをラリー戦で使用するという考えが根本にある。これはカットマンのカットと同様の考え方だ。現在でもそのような安定したドライブは使われているが、ルールや用具の変遷に伴って、ドライブを主戦武器にしているヨーロッパの選手たちは、安定したドライブだけではポイントにつながらないと考えるようになった。そこで、70年代頃からはヨーロッパを中心に「パワードライブ」という概念が生まれ、40㎜ボール時代になっても選手たちはダイナミックなパワードライブを主戦武器にしている。

同時にドライブの威力だけでなく、球質の変化も非常に多彩になった。特にボールが40㎜になってから、カーブドライブやシュートドライブといった横回転系のドライブは、より大きな角度で曲がるようになっている。

これらを踏まえて日本のドライブ型が、多彩なドライブ技術をどのように使っていくかを考えると、まず第一に「ドライブで1ポイントを取る（得点する）」という考え方が必要になる。

ドライブで1ポイントを取ることができた日本のドライブ型を例に挙げると、70年代までならば長谷川信彦選手（67年世界チャンピオン）だろう。80年代から90年代にかけては岩崎清信選手（96年全日本チャンピオン）が、体は小さくても一発のドライブの威力では世界のトップクラスであった。岩崎選手のような、一発の威力で得点できるドライブは、とりわけバックサイドのボールに対してフォアハンドで回りこみ、大きく踏み込みながら体全体を使ってフルスイングする打ち方である。日本選手の体格とパワーでは、このような打ち方でないと、球威で1ポイントを取るドライブは不可能なのだ。

また、長谷川選手のラケットは重さが200グラム以上あり、岩崎選手もそれに匹敵する重さのラケットを使用していた。つまり、標準よりもかなり重いラケットを速く振ることで、威力あるドライブを打っていたのである。これもドライブの使い方としては、ひとつの大きな武器になり得るだろう。

しかし、現代卓球では、単調なパワードライブだけではなかなかポイントにつながらない。ドライブの球種、バリエーションを考える必要があるのだ。

フォアドライブの球種としては、まず「伸びるドライブ」と「沈むドライブ」がある。前腕のスイングワークだけではなく、体全体を使った打ち方をすることで、これらの球質を操ることができる。簡単に言えば、伸ばす時には打球時に前へ大きく体重移動し、沈ませる時には前への体重移動を行わず、むしろ体全体を沈み込ませるようにする。

ドライブの飛行曲線——つまりボールがネットを越える高さも、球種の変化のひとつとして使える。ネットすれすれに低いドライブを打つことができれば、大きな武器になるのだ。加えて、前述したようにボールの左右の曲がりも利用する。これらの球種は、手首やひじのひねりを使えば変化がつけられる。

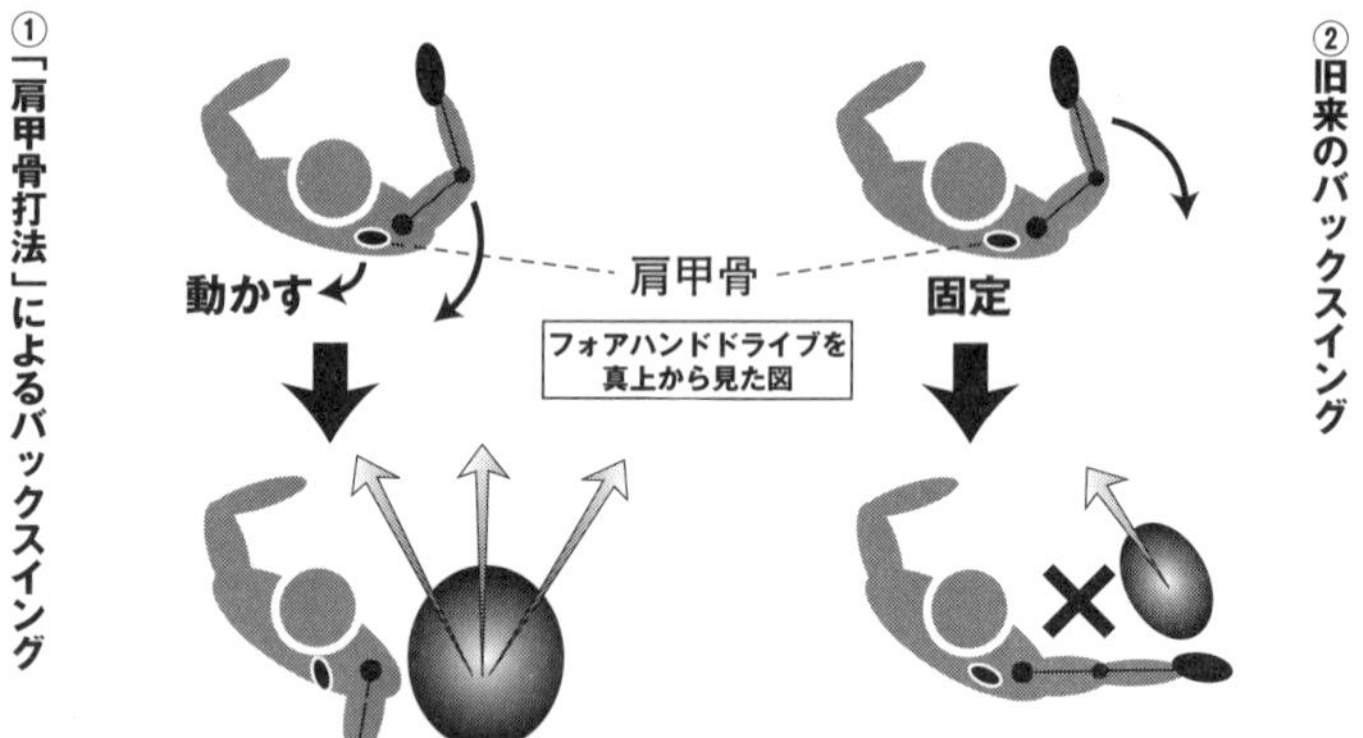

【図1】肩甲骨打法
バックスイング時、①のように肩甲骨を動かす意識を持つと、ひじがより後ろに引かれるため打球可能範囲が広がり、打球の威力が増大し、打つコースもわかりにくくなる。肩甲骨を動かさない②の打法では、打球可能範囲（×の位置は打てない）、威力、コースのすべてが限定される

パワー・変化の根源となる肩甲骨打法をマスターする

フォアハンドドライブのパワーを増大させたり、球質やバウンドの変化を身につけるには、もちろん身体能力も必要である。しかし、すべての根源となるのはフォームなのだ。特に重要なのは、肩関節を中心にひじをいっぱいまで引くバックスイング――すなわち、肩甲骨を動かしてバックスイングをとる打法である（右ページ図1参照）。そうすることによってスイングの回転半径が大きくなり、球威を増大させるとともに、コース・回転を読みにくくすることができる。

しかし、日本選手の場合、トップクラスになれば肩関節を使った打ち方を理解しているものの、ジュニアやホープスを中心とした若い世代では、肩関節を使ってフォアハンドドライブが打てる選手はあまり見かけない。代わりに、横に広げた両手よりも前方向でのスイング、いわば「前でさばく」ドライブが非常に多く見られる。これは決して悪い打ち方ではないのだが、それだけではドライブの球種が限定されてしまい、スイングワークが単調になってしまうために、打球する前のフォームで相手にコースを読まれてしまう。また、場面に応じたドライブの使い分けができないという欠点もある。

戦術やコース、打球タイミングを工夫するだけでなく、根本であるドライブのフォームにおいて、日本のシェークドライブ型は肩関節を使うことをさらに研究する必要がある。そして、まずは実践してみることだ。肩関節を使ったドライブのフォームをマスターできれば、使えるドライブのバリエーションが広がるだけでなく、ボディーワークで強い球が打てるようになる。これが、肩関節を使った打ち方の最大の特長だ。

日本選手の多くは、フットワークを使って十分な体勢を作らないと威力のあるドライブが打てない。バックサイドで詰まらされた時や、フォアサイドに振られたあとミドルに返球されたボールに対してフォアハンドドライブに切り替えて打つ時、腕が振れなくなってドライブのスピードが極端に落ちてしまうのだ。これは日本選手が見直さなければならない点である。見直すと言っても、フォームやスイングを変えようとすると非常に難しいのだが、身体的に「肩甲骨を背中の内側に動かす」ことはそう難しくない。

【写真1】実践・肩甲骨打法
03年世界チャンピオン・シュラガー（オーストリア）の、バックサイドでの肩甲骨打法によるフォアハンドドライブ。時間的に余裕のない中でハイレベルなラリーが続く世界のトップで戦うには、必要不可欠な打法と言える

13 ドライブの賢い使い方──肩甲骨打法の活用

世界のトップで活躍している、もしくは過去に活躍したシェークドライブ型──シュラガー（オーストリア）、孔令輝《コン・リンホイ》（中国）、ボル（ドイツ）といった選手たちは、いずれもボディーワークを使って、バックサイドで詰まらされても威力とバリエーションのあるフォアハンドドライブが打てる（右写真参照）。日本のシェークドライブ型でも、肩関節の使い方を見直せば今まで以上に戦術の幅が広がるはずである。

日本のシェークドライブ型がなぜ詰まった時にうまく打球できないのかと言えば、肩甲骨を動かさないため、ひじも肩関節も固定されてしまい、バックスイング時にひじを自分の腰より後ろに入れることができないのだ。

バックスイングをコンパクトにして、打球タイミングを遅らせない打法も重要だが、詰まって打球しなければいけない時に、そこからさらに体を捻ることは不可能になる。しかし、肩甲骨を動かして肩関節を回せば、体が十分に捻られた状態でも、腕で自由にスイングすることができる。そうすることでコースや打球タイミング、ボールの威力にバリエーションが増え、卓球のスタイルそのものが大きく変わっていくのだ。

14 ドライブの賢い使い方

——得点するための打ち方

打球点の高さによってドライブの打法を選択する

ドライブで得点することを考えた場合、まず重要になってくるのが、打球点の高さによる打法・球質の選択である。ここでは、ドライブ攻撃を仕掛ける際に、高い打球点で打つ、中間の打球点で打つ、低い打球点で打つという3つのケースに分類して考えてみる（左ページ図1参照）。

まず、高い打球点でドライブを打つ時——つまりチャンスボールを攻撃する時は、シュートドライブやカーブドライブなど、相手コートのサイドを切っていく横回転系のドライブが有効だ。チャンスだからといって単純に速いボールを打つとブロックにつかまることがあるが、もし返ってきても相手を左右に大きく振っておけば、続くラリー展開が楽になる。

中間の打球点――つまり通常のタイミングで打つドライブでは、フォームの変化が重要。同じモーションのテイクバックから、インパクトの瞬間にコースを変えて打ち込む。もしくは、違うモーションのテイクバックから、同じコースに打ち込む。そのようなフォームの工夫で、相手にドライブのコースを読ませないことを意識するべきである。

低い打球点――つまり下から持ち上げるように打たなければいけない時は、サイドスピンをかけたドライブやパワードライブは難しくなるため、ていねいにコースを突いていく意識が不可欠。その際、打球点が落ちるとどうしてもクロスに打ちたくなるのだが、まともにクロスでは相手が待ち受けている可能性が高い。だから、打球点が落ちた時にこそストレートへのボールをうまく使う

【図１】打球点の高さによるドライブの使い分け
高い打球点では横回転系のドライブ、中間の打球点ではモーションの変化、低い打球点ではていねいなコース取りをそれぞれ意識することで、凡ミスを減らすことができ、ラリー展開が有利になるのだ

ことを考えたい。ある程度スピードを抑えても、相手の読みを少しでも外し、カウンターで強打されないコース取りや球質の変化が必要になる。

このように、打球点によってドライブの打法を変えるには、ふだんの練習での意識づけが非常に大切だ。打球点が違うのに、同じ種類のドライブしか使えないようでは、戦術が単調になり、相手にもコースや球種を読まれやすくなる。それを防ぐには、相手のボールが飛んでくる間に、自分が打つドライブの打球点を予測し、テイクバックしながらどういった打法を使うか、瞬時に判断する能力が要求される。

元来、ドライブは相手コートに確実に入れていく技術なのだが、打法の使い分けをしっかり意識していないと、凡ミスが多くなる。打球点による打法の選択は、ミスを減らす意味でも重要なのである。

日本伝統の回り込んで踏み込むドライブも有効

日本のドライブ型の選手は伝統的に、バックサイドのボールに対して前陣ですばやく回り込み、一発で打ち抜くという特長を持っていた。しかし、最近では両ハンドによるシェークドライブ型が主流になっているために回り込みの頻度が下がり、回り込んだとしても踏み込んでフォアハンドドライブを打つ選手が少なくなっている。

しかし、あくまでも日本のドライブ主戦型は、バックサイドのボールに対して積極的に回り込み、回り込んだ時には強く踏み込んで、決定球になるドライブを打ち込む技術を身につけるべきである。バックサイドから一発でしとめられるドライブがあれば、相手に「バック側には不用意なボールは入れられないな」というプレッシャーを与えることができ、送球コースを限定させることができるのだ。

ただ、回り込んで決定球を打つ時も、単純に強く打つだけで相手にコースが読まれてしまったのでは、ブロックで返球されて即失点につながる確率が高くなる。相手にコースを読まれないようにフォームを改良することが、これからのドライブ型にとっての活路になるだろう。

ドライブのスイングの種類というものは無限に存在するが、テイクバックからインパクト、フォロースルーという一連の動作の中で、相手にコースを読まれないようなスイングワークを心掛けることが大事だ。テイクバックの途中でラケットが止まったり、手首の返しが遅いスイングになってしまうと、インパクトでのラケット角度を瞬間的に変えることが難しくなるため、相手にコースを読まれやすくなり、ドライブの戦術的な価値も下がってしまう。肩甲骨打法などをうまく活用することで、相手に読まれにくいフォームを作ることが重要である。

バックハンドドライブはフォアとの連携を考慮

また、シェークハンドのドライブ型にとっては、フォアハンドドライブだけでなく、バックハンドドライブも重要な武器である。近年、日本のシェークドライブ型はかなり成長のあとが見られるものの、ヨーロッパや中国のシェークドライブ型に比べると、まだバック系技術で隔たりが感じられる。

現段階では、日本の選手はバックハンドドライブを打つ時に手首を返しすぎる傾向がある。これに対して、ヨーロッパ選手のバックハンドドライブは、手首をあまり使わず、ひじを中心にしたスイングと比較的フラットな（強く当てる感じの）インパクトが特長だ。手首を返す力でボールをこするようなスイングではなく、手首と前腕を一体化させてラケット面をボールにぶつける、武術の「居合抜《いあい》き」のようなスイングを見せる選手が多い。このようなスイングでないと、バックハンドで強烈なドライブをかけることはできないのだ。手首を中心にボールを表面的にこするだけではボールが失速してしまい、回転量もそれほど多くならない。もっとひじを中心に、前腕をフル活用したスイングに改良する必要があるのだ。

日本選手には、バックハンドドライブを振る時に右肩が下がり、左肩が上がるクセがついている人が多い。しかし、ヨーロッパや中国の選手はむしろ左肩を下げ、右肩を上げてスイングしている。時代劇などを見てもわかるが、右肩が上がらないと左腰に差した刀は抜けない。つまり、バックハンドドライブの「居合抜き」スイングを可能にするためには、左肩を下げ、右肩を上げるボディーワークが必要なのだ。初級段階からこのスイングをマスターしていけば、日本選手でもバックハンドドライブがスムーズに振れるようになるだろう。

ある程度打法が固まっていて、「居合抜き打法」への改良が根本的に難しい場合は、ひじから先をコンパクトに使うバックハンドドライブで勝負することになる。バックハンドドライブ自体は、台上と前陣でなるべく早いタイミングで打つことを基本にし、中陣より後ろに下げられた時には、フットワークを使ってオールフォアによる攻撃を仕掛けるのだ。

ヨーロッパや中国のような、「中陣から得点で

バックドライブで得点を狙う張継科(11年世界チャンピオン)。バックハンドでも決定打を使えるのが張継科の長所だ

きるバックハンドドライブ」を目指すのではなく、バックハンドでチャンスを作ってフォアハンドで決定球を打つというプレースタイルを目指すべきだ。その代わり、バックハンドでは絶対にミスをしないで、なおかつ確実にコースを突くことのできるレベルに達しなければいけない。

また、日本のシェークドライブ型には、ひじを体の近くにくっつけた状態からひじを伸ばすようにしてバックハンドを打つフォームが多く見られるが、そのようなタイプの場合はドライブ系より、フラット系のバック技術のほうが向いている。その中で、手首の使い方で回転をかけたりかけなかったりというような球質を使い分ける戦術的な細やかさが必要だ。そして、バックハンドのみにこだわらず、バックハンドからフォアハンドへつなげていく技術を高めていくのが理想の発展形となる。

バック系技術では、日本選手がヨーロッパや中国のマネをしてもなかなかうまくいかない。日本選手は、ボールの威力だけに傾倒するのでなく、日本人の体格や筋力に合った「日本式のバックハンド」を身につけ、それをフォアハンド攻撃とミックスするシステムを作り上げていくことが課題と言えるだろう。

15 スマッシュの賢い使い方

打法のバリエーションとスイングの改良がカギ

日本卓球の歴史をひも解いてみても、スマッシュを不得手にして世界のトップにのし上がった日本選手は、過去にひとりもいない。今日のパワードライブ時代にかつてのような強烈なスマッシュが打てるわけがない、という話をよく耳にするが、スマッシュ打法にはいろいろなバリエーションがあり、それらをしっかり身につけたなら、現代卓球においても非常に有効な武器となり得るのだ。

スマッシュ打法のバリエーションとしては、まず、対ドライブのフォアハンドスマッシュが挙げられる。対ドライブのスマッシュには、大きく分けて2タイプがある。ひとつは相手ドライブの球威を利用するタイプであり、流す、あるいは逃がすスマッシュと言われる。この打法では、ボールにナチュラルなシュート回転がかかる（右利きであれば右に曲がる）。

もうひとつは、自分の力で自発的にボールをたたくタイプで、この打法にはフック系のスピンがかかりやすい（右利きであれば左に曲がる）。一般的に、スマッシュは直線的な球筋と考えられているが、対ドライブのスマッシュは左右に曲がることがあるため、スピードはなくても相手にとっては予想外の変化があり、得点に結びつきやすいのだ。

次に、ショート（ブロック）に対するスマッシュを狙う場合は、打ち手は前陣で仕掛けなければならない。すると、スイングは自ずと水平方向へのコンパクトなものになり、ラケットをいかに早く自分の体に巻きつけるかが勝負となる。また、ツッツキに対してスマッシュを打つ場合は、角度打法を用いたものと、ややドライブ回転をかける打法の2種類がある。

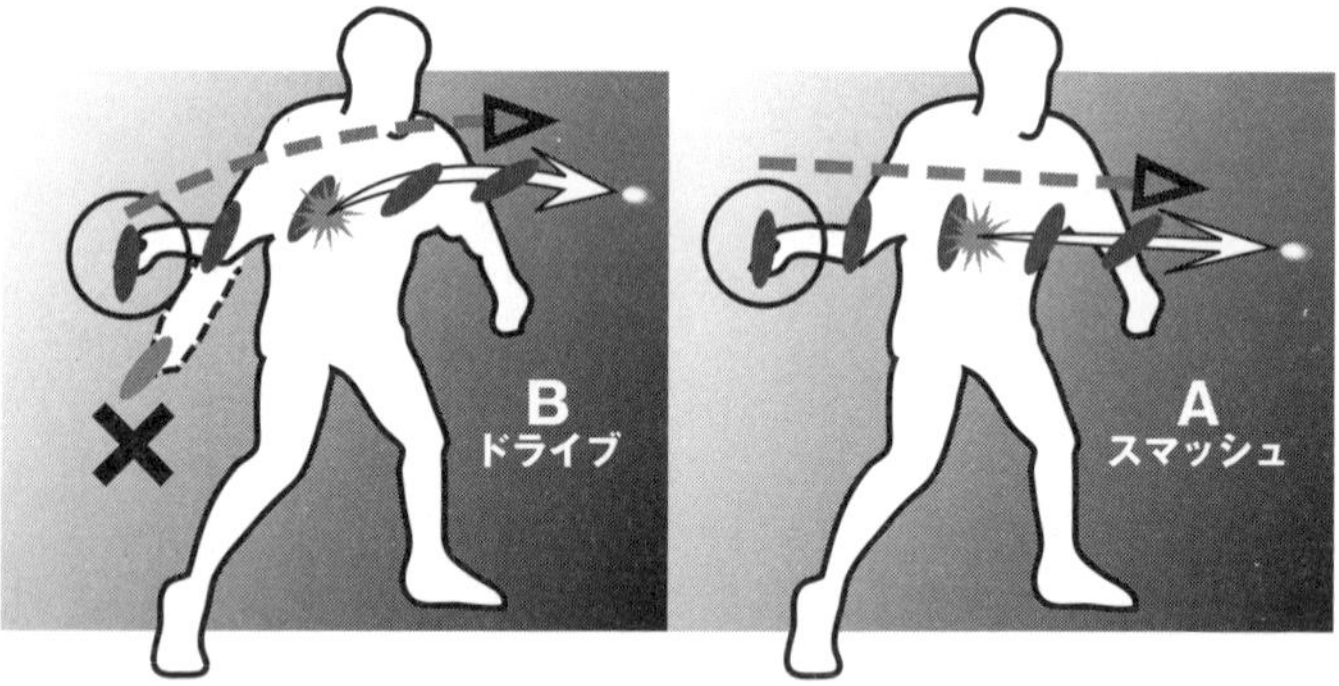

【図1】スマッシュとドライブのテイクバックを同じ高さに
Aのスマッシュと Bのドライブで、テイクバック時のラケットの高さ（○で囲んだ位置）を同じにすると、スマッシュが来るのかドライブが来るのかが、打球直前まで相手にわかりづらい。ドライブのテイクバックが×の位置あたりまで落ちてしまうと、打法が相手にわかりやすくなり、スマッシュの効果も薄れてしまう

このように、ひとくちにスマッシュと言っても、打法には様々なバリエーションがある。ペンであってもシェークであっても、また戦型を問わず、これらのスマッシュ打法を打ち分ける技術を身につけることが非常に重要だ。

さらにスマッシュというのは、相手コートでバウンドしてから変化することもある。ボールの継目でバウンドすれば打球はホップしていき、軟らかい部位でバウンドすれば沈むような弾道になる。これは受け手にとって大きな脅威となり、スマッシュ慣れしていない中国や欧州選手に対しては、特に有効なものとなり得る。下からあてがうようなリターンが多くなるため、一発で抜くことができなくても、難しいボールが返ってくることはまずないから連打が可能だ。加えて、前陣・中陣・後陣のすべての距離からスマッシュを打てるように練習しておけば、相手はなおさら的を絞りづらくなる。

また、スマッシュ打法では、テイクバックのラケット位置を高くするのが基本だが、それに合わせて、ドライブを打つ時も高い位置からスイングを開始することが重要だ（右ページ図1参照）。いかにもドライブを打つような低いテイクバックからスイングを始めると、相手はドライブを予想して待つことができる。しかし、ドライブを打つ時にもスマッシュを打つような高い位置からスイングを開始すると、相手は面食らう。同じ高さにテイクバックすることによって、相手はドライブが来るのかスマッシュが来るのかが予想できず、反応が遅れることになるのだ。

セオリーならドライブを打つような局面でスマッシュを放ち、意外性のあるラリーを展開することによって、試合中、相手にショックを与えることができる。それも、こちらから仕掛けていくスマッシュとカウンタースマッシュを打ち分けられれば、効果てきめんである。

ところが、安定性の高いドライブと、破壊力抜群ながらリスクの高いスマッシュとを比べた場合、指導者は選手に「スマッシュはミスになりやすいから、ドライブを使っていきなさい」とアドバイスしてしまいがちだ。これが日本のスマッシュ型が激減してしまった要因である。もちろん、一朝一夕に高いスマッシュ成功率を得られるわけではないが、練習を重ね精度を高めていくことによって、実戦での成功率も上がっていく。

日本選手の特長を生かすには、やはり、スマッシュを念頭に置いて練習・試合を組み立てていくことが望まれる。

バックハンドスマッシュはひじ屈伸打法が有効

日本選手は総じて、バックハンド攻撃を不得手とする傾向がある。その中で、日本のシェークのバックハンドは、ひじが体に近いため、ひじを曲げてからまっすぐに伸ばして打つプッシュ系の打法（ひじ屈伸打法）を使いやすい。つまり、ひじを縮めた反動でインパクトするのだ。これは水平方向へのスイングを生み出し、ナックル性のボールが繰り出される。その一発で得点することができなくても、相手のミスを誘うことができるのだ。

ところが、シェークの選手がバックハンド時にひじを曲げ伸ばしするというのは、間違ったスイングフォームとして認識されているのが現状である。ひじを横に張り出す形から、ひじから先の力のみでラケットを振るのが正しいとされているのだが、日本選手の体格・筋力では、この打法でボールに強い力を加えることは難しい。欧州選手の場合は、ひじから先が長いため、ひじを横に張り出していても、スイングが大きな弧を描くことにより強打ができる。しかし、日本人の場合はひじから先が短いため、前腕のみのスイングでは威力が出しにくい。特に日本人は肩の筋力が弱く、ひじを体の横に張り出すことができない選手が多い。だから、ひじ屈伸打法が適

【写真１】実践・ひじ屈伸打法
上の連続写真は、12年世界選手権時の福原愛のバックハンド。この独特の打法から生み出されるバックハンドのナックルボールが最大の武器である

しているのだ。

ひじ屈伸打法には、後ろから前にラケットを運ぶ推進力を生かしてインパクトができるというメリットがある。ひじを体の中心に向かって引きつける時に生まれる反動を利用すると、強い球を放つことができるのだ。無論、すべてのケースに当てはめることはできないが、使い方によっては、日本選手の身体的弱点を補いつつ、力強いストロークが実現できる。そのうえ、プッシュに近いスイングがナックル性のボールを生み出すため、連続攻撃にも結びつけやすい。

つまり、ひじを曲げ伸ばししてバックハンドを振る選手がいても、それを矯正する必要などないのだ。ひじ曲げ伸ばし打法によるバックハンドの精度を高めつつ、別のバリエーションとして、ひじを横に張り出して打つバックハンドもできるようにすれば良いのである。

ペンの場合は、ひじを締める反動でボールをたたくのが日本伝統のバックハンドスマッシュだ。ひじが体の内側に入った状態から右の肩を迎え入れ、ひじを締める反動で打球する――これが、ペンホルダーのバックハンドの理想型と言える。

もちろん、ペンの特徴であるプッシュショートも大きな武器となる。先ほどシェークで説明した、ひじ屈伸打法を利用してのプッシュショートと、ひじ締め打法でのバックハンドスマッシュを状況によって使い分ければ、ペンのバックハンド攻撃はシェークにも劣らない威力とバリエーションを持つことになるだろう。

16 台上技術の賢い使い方

相手の攻撃を封じる多彩な台上技術が必要

40㎜ボールの採用以来、台上フリックのスピード・威力そのものがあまり出せなくなっており、むしろそれを狙い打ちされる傾向が強い。その代わり、台上での返球自体は容易になっており、より多彩なテクニックを駆使することができる。

その中で、世界的な流れから見ると、ストップはほとんどミドル前に落とすのが定石である。シェークハンドの攻撃型が主流であるため、ミドル前にストップすることにより、相手がフォアで打とうかバックで打とうかを迷ってくれるケースが多い。しかも体のど真ん中なので、強打しづらい。体をバックサイドに寄せて強打しても、次のボールでフォアに回されると辛いので、体を大きく入れ替え

16 台上技術の賢い使い方

られない。そういう意味で、安全に相手の攻撃を封じるためには、ミドル前に小さく止めるという技術が主流になってきている。

その際、あくまでも最初はフリックをするフォームで始動し、突然ストップするテクニックが重要だ。あらかじめラケットを差し出してゆっくりとストップするのではなく、台上に手を出すのをグッと我慢して、ボールがバウンドした瞬間にパッと手を出し、クイックモーションで小さくストップする。それが理想的な打法だが、そのためには、手首のスイングの速さ、ボールタッチの短さが要求される。

ツッツキに関しても、スイングが遅くてインパクトが弱いと40㎜ボールには変化がつかない。一番重要なのは、ツッツキの球速だ。ボールスピードが非常に速くないとツッツキの効果はない。例えばカットマンのストップ処理であっても、ただ入れるだけでなく、攻撃的な速いツッツキが必要である。そのうえで、小さく止めるストップと球足の長いツッツキの両方を同じフォームから繰り出すのだ。

また、40㎜ボールは横回転系のボールがすごく曲がりやすい。そこで活用したいのが、サイドスピンツッツキだ。サイドスピンツッツキは、バウンドが浮きにくいという特性がある。相手コートで滑っていく軌道になりやすいので、ほとんどすべてのツッツキにサイドスピンを入れる意識を持つと良い。

ツッツキにサイドスピンを入れることによるさらなる利点は、相手が打ってくるコースが読みやすいこと。つまり、相手のコースを強制する効果があるのだ。例えば、ツッツキに左横回転を入れて右利きの相手のフォアサイドに送る。そうすると、相手はフォアクロスに返しやすく、フォアストレートには打ちにくくなる。また、バックサイドへ右横回転のツッツキを入れた場合、相手はやはりバッククロスへ返しやすく、バックストレートに打つのは困難である。このように、相手のコースを強制させるためのサイドスピンツッツキを習得すれば、かなり強力な武器となる(図1参照)。

フリックはよほどうまく逆モーションを入れないとコースを読まれ、かえってカウンターで待たれる危険性がある。ストップをするようなラケットの入れ方から、急にテイクバックしてフリックするというような、フェイクモーションを使うことが重要だ。また、相手のボールがどこにバウンドするのかをい

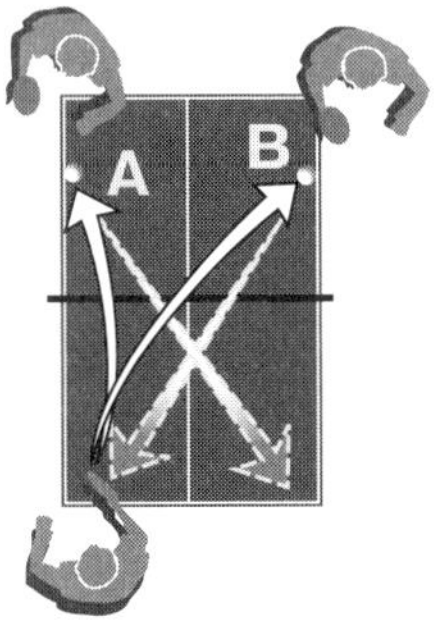

【図1】
サイドスピンツッツキの効果
Aのように右利きの相手のフォアサイドへ左横回転のツッツキを送ると、次の相手ボールはフォアクロスへ返ってくることが多く、Bのようにバックサイドへ右横回転のツッツキを送ると、次の相手ボールはバッククロスへ返って来ることが多い

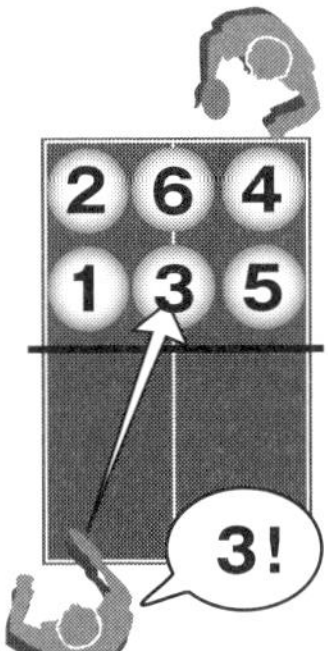

【図2】
1–6(イチロク)プレースメント練習
相手コートに1から6までの数字をチョークなどで書いておき、相手が送ってくる台上ボールに対し、数字を声に出したうえで、そこを狙ってツッツキ・ストップ・フリックを行う

ち早く見定めていないと、タイミングに変化をつけたり、スイングに逆モーションを加えたりという
ゆとりがなくなって、単調なフリックになってしまうので気をつけたい。

コースを厳しく突く意識で練習に取り組むべし

日本選手はもっと台上で先手をとる技術のレベルを高くし、コースを厳しく突く練習をしなければならない。私が以前よく練習したのは、「1－6（イチロク）プレースメント練習」だ（前ページ図2参照）。フォア・ミドル・バック×2（浅い・深い）の6コースに、1から6までの数字をチョークなどで書いておく。相手が送ってきたツッツキを返すインパクトの瞬間、自分で声を出して「5」と言ったら「5」のコースに返す。「4」と言った時は「4」のコースに返す。次は「2」……というように、まず相手コートを見て、ツッツキを狙ったところに入れるのだ。

これは、実戦における「送ってはいけないコース」（赤信号）と「送って良いコース」（青信号）の判断を鍛えるのに役立つ。例えば、実戦でツッツキを送る際、相手のポジションや構えなどを確認し、「3と6は青信号だ！」という判断をする。訓練をしているうちに、自然とどこが赤信号でどこが青信号かがわかるようになるのだ。自分の狙ったところへ正確に、タイミングも早く返せるようになる。こ

れをツッツキだけでなく、ストップ、フリックでも行うようにすると、台上処理のレベルが非常に高くなり、先手をとれる確率が高くなる。

そして、うまくなってくると、お互いがコースの番号を声に出しながらラリーを続けられるようになる。そうすると、飽きないで練習ができる。さらに、ある程度練習したら台の上にチョークで書いてある番号を書き直して入れ替える。そうすることによって、相手コートを確認し直す必要が生じるため、より練習効果が高まるのだ。最終的には、この練習でツッツキ&ストップのゲームまでやれるようになると、台上処理がかなりのレベルに達するだろう。その中で、あまいボールが来れば攻撃しても良い、というルールを作れば、ツッツキの質自体も上がっていく。

しかしながら、こういう練習は地味なので、あまりやりたがる選手がいない。だが、試合はラリーやドライブ、スマッシュなどから始まるわけではなく、サービス・レシーブから始まる。だから、実際はこういう練習こそが、実戦に通用する力を作るのだ。台上でミスをしたり、台上で相手に先手をとられると、ドライブやスマッシュに結びつかない。

特に、日本選手の場合、フォアハンドの台上処理はそれほど下手ではないが、バックハンドでの台上処理のレベルが低い。ところが、ツッツキに関してはバックのほうが回転の変化がつけやすいし、フリックについても、手首でモーションの変化がつけやすい。バックハンドでの台上処理をより多用することが戦術的に有効である。

かつて、私が現役時代に修行していた道場での練習は、コースに対して非常にシビアだった。ユニークだったのは、ミドルの奥深く、およびネット際は「シルバーコース」、両コーナーギリギリの位置は「ゴールデンコース」、両サイドを切るコースは「ダイヤモンドコース」と、コースに名称をつけて練習をしていたことだ。シルバー、ゴールド、ダイヤというそれぞれのコースには、それだけの価値があるんだぞ、という意識づけをするための名称だった(図3参照)。

ちなみに、このほかのコースは一切返球不可。そのようにコース設定を厳しくして練習していた。コーチが「ダイヤモンドコース!」と言うと、そこに打たなければいけない。「ゴールデンコース!」と言うと、やはりそこに打たなければいけない。そういうところまで要求を高めて、なおかつ楽しく練習する。そうするうちに、自然とコントロール能力が高まっていったものだ。

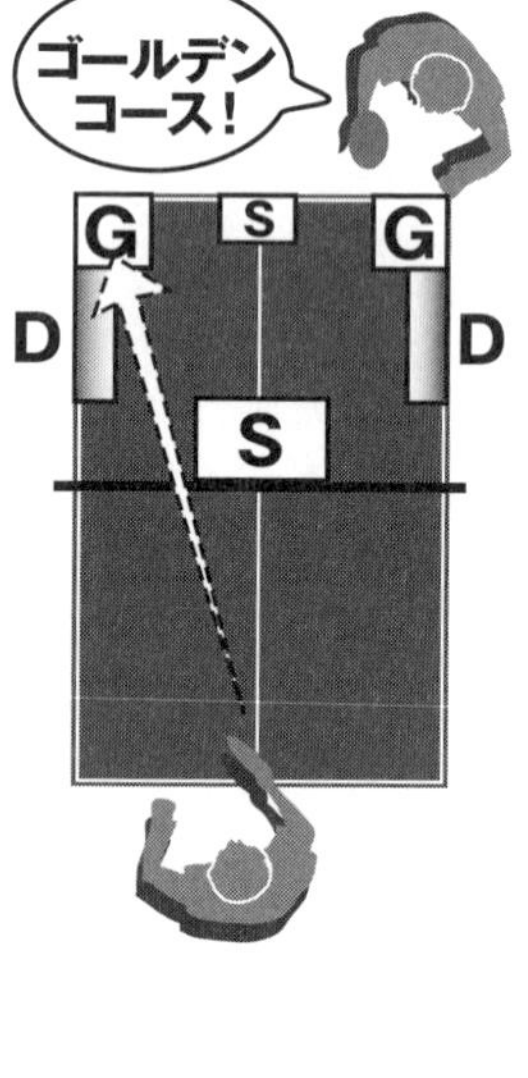

【図3】コースへの厳しい要求
シルバーコース(S)、ゴールデンコース(G)、ダイヤモンドコース(D)以外にボールを返してはいけない、というルールで行うコントロール練習。コーチのかけ声とともに、言われたコースを狙う

17 ブロックの賢い使い方

前陣でバウンド直後をとらえるブロックが理想

ブロック技術は、ドライブ全盛の現代卓球において、非常に大事な技術となっている。ブロックで大切なのは、タイミングの早さだ。ところが、日本国内の試合を見ていると、非常に中途半端な位置・距離感でブロックを打球している様子が見てとれる。

練習の時はもっと台に近く、台上とも言える位置でブロックしているのに、試合になるとどうしても台から少し下がった位置でブロックしてしまう――そうするとブロックの打球点が落ち、返球したボールが相手コートで高くバウンドすることになる。そのようなブロックでは、相手の強打をまともに食らってしまう。

ブロックはあくまで、ネットすれすれに返球できることが最低条件である。そのためには、相手ボールが自分のコートにバウンドした直後にブロックする技術を目指さなければならない。バウンド直後をとらえてブロックを打球すればタイミングが早くなり、相手コートでのバウンドが低いブロックとなるので、失点率が低くなるのだ。

　ブロックを打球する際には、このような打球タイミングにおける卓球台との位置関係、距離感をしっかりと頭に入れておくことが重要だ。特に、フォア側に振られたあとにバック側に打たれたボールに対しては、フォア→バックと移動する中で、どうしても基本の位置より後ろ側にポジションしてしまうことがあるので注意したい。これを防ぐには、ふだんの練習から、ブロックする時の自分と卓球台との最適な距離感を把握しておき、試合

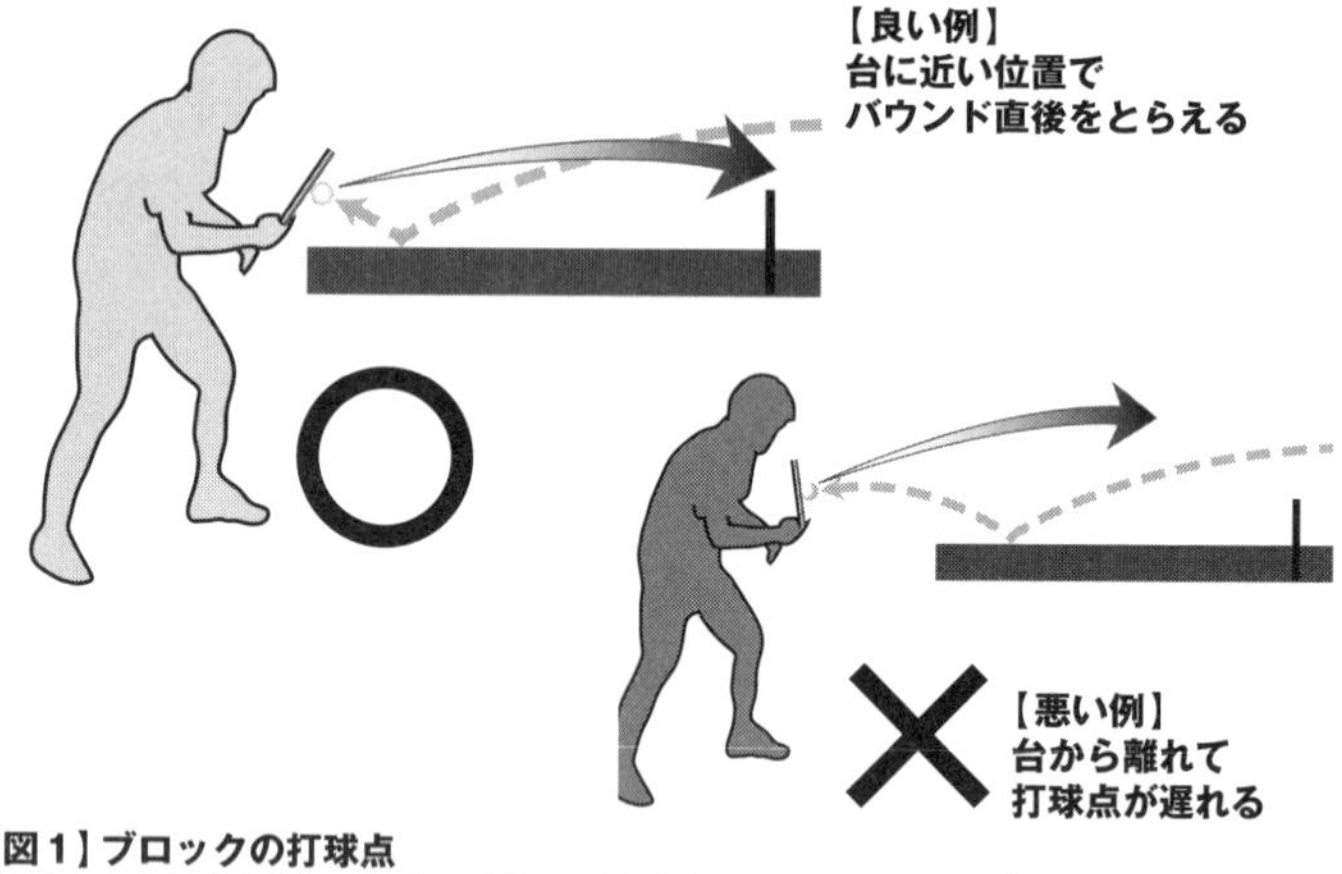
【良い例】
台に近い位置で
バウンド直後をとらえる
【悪い例】
台から離れて
打球点が遅れる

【図1】ブロックの打球点
上図のように台に近い位置でバウンド直後をとらえることがブロックの鉄則。右図のように打球点が遅れると、ブロックしたボールの弾道が高くなり、相手にチャンスを与えてしまう

の時にはその同じ位置でブロックするように心掛けなければいけない。

この意識があまくなると、いざという時のブロックがうまくいかなくなる。左右に振られた時だけでなく、相手のスタイルによっても、この距離感は狂いやすい。右利きの選手と左利きの選手、前陣型と中陣型……というように、タイプの違う選手では球質が違うために、台との距離感を見失ってしまい、うまくブロックができなくなることがあるのだ。

また、バックハンドでのプッシュ系打法を主戦武器にしている選手の場合は、後ろに下がってしまうとそういうプッシュ性のブロックはできないし、球質がナックルにならない。つまり、平凡なブロックになってしまうのだ。シェークでも、バックハンドのドライブ技術が弱い選手などは、バックサイドで後ろに下げられると失点パターンに陥るので、ブロックをする際にはやはり、前陣で構えておくことが前提条件だ。

バックサイドに寄りすぎた立ち位置は良くない

日本選手は、バック側でブロックを打球する際に、基本の立ち位置がバックサイドに寄りすぎている傾向がある。ヨーロッパ選手であれば背が高いので、ある程度バックサイドに寄ったポジションでも、フォアに打たれた時に飛びつくことが可能だ。しかし、日本選手がこの位置に立っていたら、相手がフォア側へ打ってきた場合、飛びついても届かない。

　これを打開するためには、バックハンドでブロックをする際に、なるべくサイドラインより内側にポジションをとって打球することがひとつの手段だ。しかしながら、長年の練習などでサイドラインより外側でブロックをすることが身に染みついている選手の場合は、バック側に来るボールに対してできるだけ回り込み、フォアハンドのカウンターを積極的に狙うことが重要だ。そのようなスタイルを作らないと、わざわざ立ち位置がバックサイドに寄りすぎている意味がない。一方、両ハンド攻撃型で、守る時にも両ハンドのカウンターブロックをするタイプの選手であれば、基本の

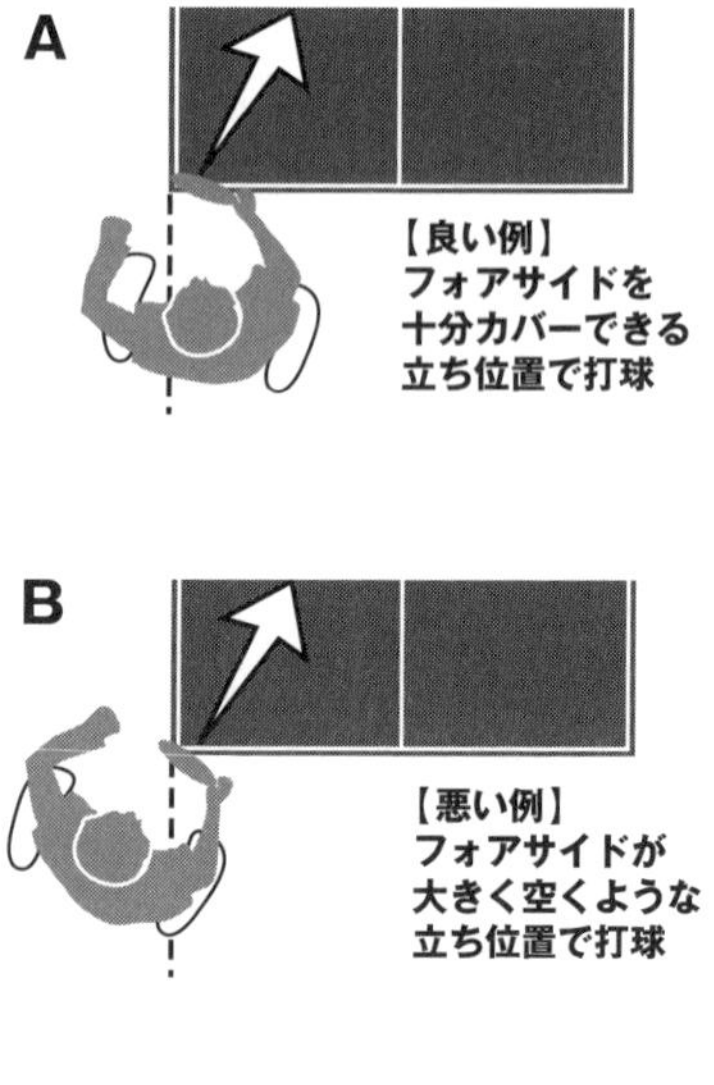
A
【良い例】
フォアサイドを
十分カバーできる
立ち位置で打球
B
【悪い例】
フォアサイドが
大きく空くような
立ち位置で打球

【図2】
バックハンドブロックの立ち位置
右図Aのように体がサイドラインの内側にある立ち位置でバックハンドブロックを打球すれば、次球がフォアサイドに来てもカバーできるが、右図Bのように体がサイドラインの外側に出た状態で打球し、フォアサイドを大きく空けてしまうと、次球がフォアサイドに来た場合の対応が難しくなる

立ち位置はサイドラインの内側をキープするべきだ。バック側のブロックでは、戦型によってそのような使い分けをしてほしい。

ふだんの練習でバックサイドに寄りすぎたポジションでバックハンドのブロックを打球していると、必然的にフォア側の守備力は弱くなる。そのため、実戦ではフォアを攻められることを意識し、体をフォア側に寄せなければいけないと思ってサイドラインの内側にポジションを変えることになるのだが、フォアへ動かされたあとにバックを突かれた時、フォア側からバック側のサイドラインを越える位置まで戻ることは不可能である。そうすると、立ち位置がバックサイド寄りでないとバックハンドブロックができないというのでは非常に困ってしまう。つまり、フォア→バックという単純な揺さぶりに非常に弱いスタイルになってし

ブロック、カウンター攻撃と攻守のバランスの良い丁寧（中国／11年世界チャンピオン）

まうのだ。

ブロック技術では、前後左右の立ち位置がかなり重要なウエイトを占めている。バウンド直後をとらえる前後の距離感と、バックサイドに寄りすぎない左右の立ち位置をセットにして考えた打球システムを構築することが重要である。

バック対バックではむやみなコース変更は禁物

現代卓球におけるラリー戦の特徴として、ブロック対ブロックの展開——いわゆるバック対バックのつばぜり合いになることが非常に多い。この時、気持ちの弱い選手ほど、すぐコースを変えたがる傾向がある。バック対バックから、すぐフォアに逃げたがるのだ。ところが、相手としては、バック対バックでラリーを続けられていたら、フォアハンドを振るためには回り込むフットワーク力が必要になるのだが、そこでフォアに返してくれたら、動かなくてもそのままフォアハンドで狙い打ちができてしまう。

もちろん、コースを変えることがすべて悪いわけではない。ただ、コースを変える際にはラケットの角度を変えなければいけないし、スイングの軌道も変えなければいけない。そこには、ミスをする

17 ブロックの賢い使い方

危険性が多分に含まれている。バック対バックで同じコースに打っている限りは、ほぼ同じタイミングで打つことができ、ラケット角度もあまり変える必要がなく、機を見て強く打ったりすることも可能だ。

自分からコースを変えることによって自滅する、あるいは相手に待たれるということを考えると、戦術的には、バック対バックの展開では、あまり自分からコースを変えないほうが良いのである。

そして、相手が焦《じ》れてコースを変えてくるまで待つ。または、相手の動きを注意深く観察し、回り込む素振りを見せたなら、その動作を見た瞬間にコースを変えるのだ。バック対バックの戦術としては、そういうシステム作りが重要である。相手も見ずに、まず自分からコースを変えてしまうのは愚策だ。

現代卓球では、ポイントを取れるパターンがあるのなら、相手に見切られるまで徹底してそのパターンを使い続ける戦術が求められている。それゆえ、ブロックやカウンターを打つ際には、あまり意味のないコース変更をすることでミスの危険性を高めるより、相手のコース変更や回り込みを待つほうが得策なのだ。自分の一番自信のあるコースに徹底してボールを集める。そういうブロック戦術をとるべきなのだ。

18 カットの賢い使い方

より攻撃的なスタイルのカット型を目指そう

かつてはカット型と言えばカットを十分に習ってから、そこから攻撃を覚えるのが正しい順番とされていた。しかし、現代卓球で生き残れるカットスタイルを作るには、カットがそこそこできるようになったら、どんどん攻撃練習を入れていくのが良い育成法だ。例えば、2本連続でカットをしたら3本目は必ず攻撃していく練習や、相手がストップをしたら全部打つ練習などが早い段階から有効だ。

また、ストップ処理のあとは、すぐに後ろに下がってカットするのではなく、ストップ処理に対する相手のドライブをカウンター気味のブロックで返し、相手がひるまなければカットに戻るが、相手がひるめば連続で攻撃する。そのように旧来のカット型より、かなり攻撃的なスタイルを構築することが大切だ。

ストップを使わずドライブばかりで打ってくる選手に対しては、そのドライブをパワードライブで引き返したり、ナックルカットで相手のドライブをループにさせてからアタックに結びつける、という工夫が必要になってくる。

ストップボールに対する攻撃パターン、前後に揺さぶられた時のブロック&アタック、対ドライブでのカットと攻撃パターンと、非常に複雑な戦術を考えたスタイルを作っていかないと、カットでトップレベルまで上がっていくのは難しいのだ。

現代卓球では、カットだけでは通用しないし、攻撃だけでもいけない。ある戦型に対しては7割攻撃をするが、ある戦型に対しては7割カットをするというように、カット主体でも攻撃主体でも、ゲームを組み立てられるレベルに達しなければいけない。つまり、どの戦型よりも高い運動能力が要求され、かつ、時間的にかなりやり込まないといけないのだ。

一発目のカットに変化・威力を凝縮させる

カットの中でも一番重要なのが、「初球」のカットだ。例えば、台上でもみ合って相手がドライブしてきたボールを、中・後陣でカットするという展開が考えられるが、この一発目のカットに強烈な変化・威力を凝縮させることが重要である。

例えば、打球タイミングを突然早くしたり、非常に速く攻撃的に飛んでいくカットを使って相手の攻撃から時間的な余裕を奪ったり、ニュートラルに戻るための時間的な余裕を作る目的で、わざとゆっくり飛ぶカットを送る。また、両サイドへ曲がる横回転系カットも駆使する。

さらには、スイング時の体重移動によって、相手コートにバウンドしたあとに球足がグッと伸びるカットと、バウンドしたあとに止まるカットを使い分ける(図1参照/詳細は後述)。この球足の変化は、相手の戦型によって使い分けることによって効果が倍増する。

例えば、ボールの推進力を利用するのがうまい

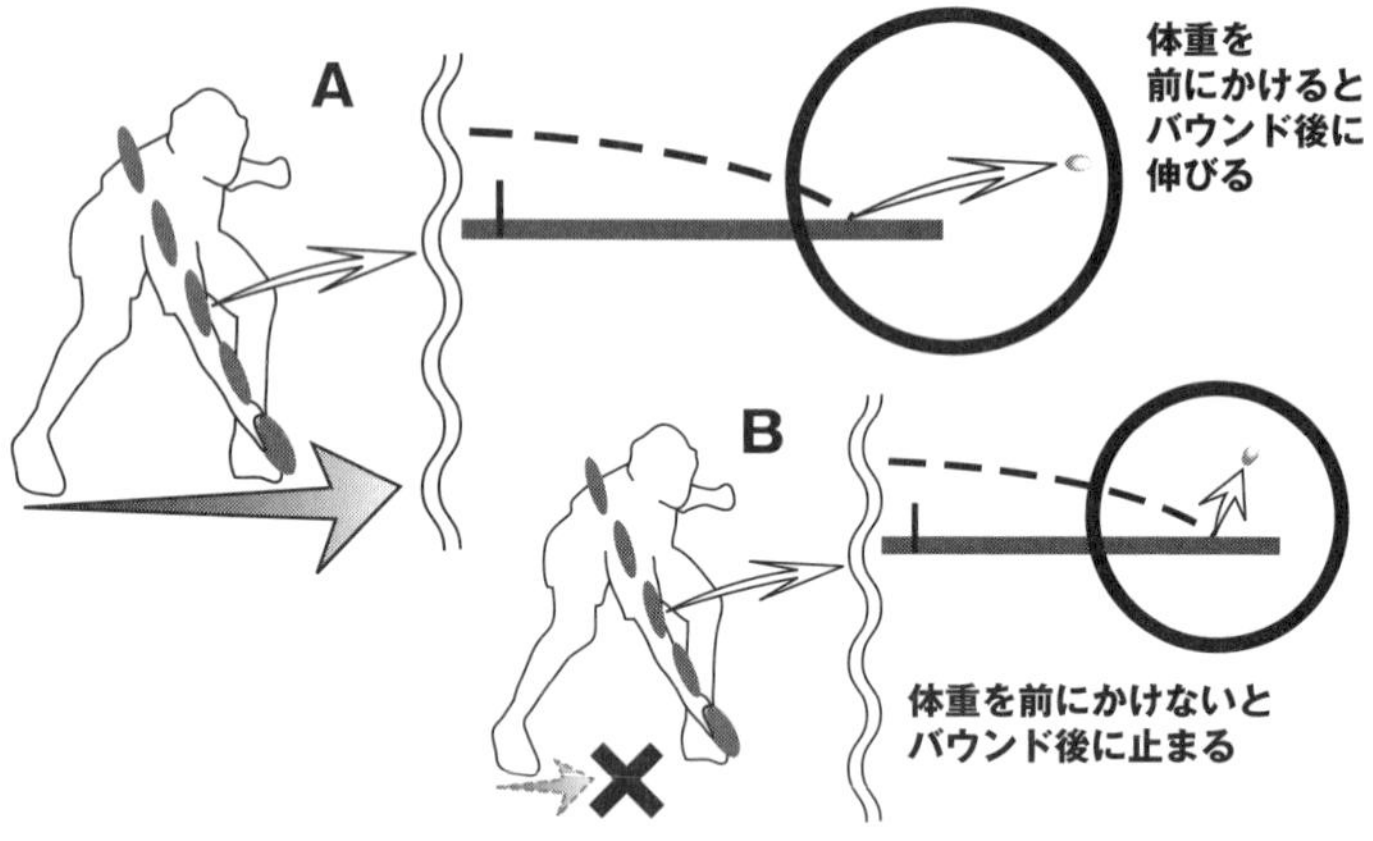

【図1】伸びるカットと止まるカット
インパクトの瞬間、後ろに位置している足から前方の足へグッと体重をかけると伸びるカット(A)、前方の足へ体重移動を行わなければ止まるカット(B)になる。相手の戦型によって使い分けると効果的だ

中国系の選手は、球足が伸びるカットに対して強い。このようなタイプには、球足が止まるカットを中心に送ってパワースイングを強要させ、体力を消耗させるのが良い。

逆に、ヨーロッパ系の大きなスイングをするタイプは、球足の止まるカットに対しては余裕を持って構え、グッと踏み込んでドライブを打ってくるためにかなり強い。そこで、伸びるカットを中心に送れば、どうしても詰まり気味になるので、攻略しやすい。

このようなコントロールが自由自在にできるだけのカット技術を身につける必要がある。そして、一発目のカットに、いかにそれだけのバリエーションと威力を盛り込んだカットができるかが勝負だ。

様々な変化の組み合わせでカットの質を向上させる

例えば、切るカットの回転量が100で、ナックルカットの回転量が50というように大きな差があっても、それが打球フォームで相手にわかってしまえば、相手は攻撃の力加減をコントロールすることができるので、ミスの可能性は低い。

しかし、回転量の差が1しかない場合でも、それが50なのか51なのかがフォームによって相手にわからなければ、攻撃ミスをしてくれる可能性は大いにあるのだ。つまり、カットの変化では回転量の差ではなく、「相手にわからないこと」がより重要なのだ。

まず、バウンドしたあとに球足が伸びるカットを打球する時は、インパクトの瞬間に後ろに位置している足から前方の足へ体重をグッとかける。その体重移動でボールが伸びるのだ。その際、腕の振りはあくまで上から下へのダウンスイングを保つ（118ページ図1参照）。腕を前方に振ることで球足を伸ばそうとすると、ボールが浮いてしまうので気をつけたい。

逆に、球足が止まるカットの場合には、体重移動をしない。ボールをラケットに吸収させるようなイメージで、体重を後ろ側に残したままカットすると、ボールにブレーキがかかるのだ。

このほか、縦回転（切る・切らない）だけでもいろいろな変化のつけ方がある。例えば、スイン

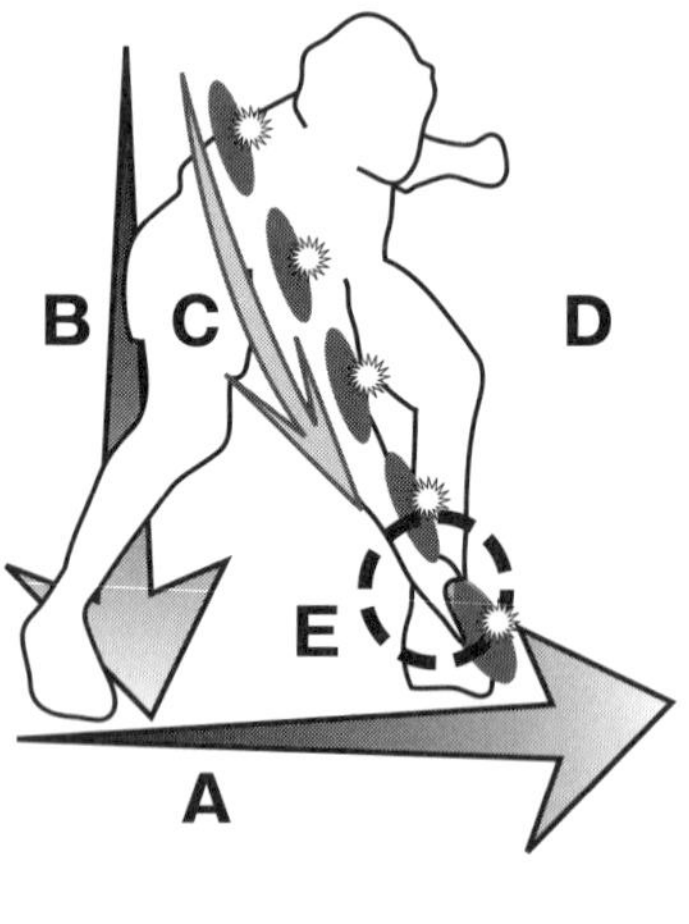

【図2】変化カットの様々な要素
前後の体重移動（A）、上下の体重移動（B）、腕のスイングスピードの調節（C）、打球点の変化（D）、手首の活用（E）……など、変化カットの要素は実にたくさんある。これらを複雑に組み合わせることにより、相手にわからない変化を作り出していくのだ

グスピードを速くしたり遅くしたり、手首を使ったり使わなかったりして回転量を調節する。特に、手首の使い方は相手に変化がわかりづらく、非常に有効だ。また、思い切りブチ切る時は、ラケットを上に振り上げる反動を使ってダウンスイングをすることにより、スイングスピードが速くなる。そのうえで体全体を使って上から下に体重をグッと乗せると、カットはますます重くなるのだ。

さらには、打球点の変化も利用できる。高い打球点で切ったり、中くらいの腰の位置で切ったり、あるいは台の下まで打球点を落として床すれすれで切ったり……という変化も、相手を惑わせるには効果的だ。

そのような打法の変化に加えて、前陣・中陣・後陣という台からの距離によって、返球するカットのスピード・タイミングを変えることができる。しかも、両サイドから打つ時には、カーブ・シュートという横回転系の変化を使えばさらに効果は増す。

そして、最終的にはこれらをミックスして変化をつけていく。体を使わずに手首だけで切ったり、体を使うけれども手首を使わなかったり。または、打球点を変えてスイングスピードを変えなかったり、打球点を変えずにスイングスピードを変えたり。とにかく、腕・手首・スイングスピード・上下と前後の体重移動・卓球台との距離・左右の横回転……そのようなありとあらゆる身体運動と回転のバリエーションを駆使したカットこそが、究極のカット戦術なのだ。

しかも、その瞬間的なバリエーションを、一発目のカットの威力を高めるために総動員する。そうすると、攻撃型におけるスマッシュやパワードライブに匹敵する威力のボールを入れることができるのだ。そこまで考えておかないと、これからのカットマンはやっていけない。

もちろん、これらをいきなり全部マスターできる選手は誰もいない。この中からいくつかをピックアップして、一番得意なものから練習し、どんどん実戦で試していくことが、カット型としてのレベルアップにつながっていくのである。

第4章

試合で困らないための「対処法」

19 サービスが効かない時の対処法

自分の戦型に合わせたサービス戦術を考える

２０００年代に入ってからの度重なるルール改正もあり、現代卓球では以前よりサービスエースを取ることが非常に難しくなっている。

基本的な考え方として、結局サービスというものは、効かないものだと思ったほうが良い。サービスエースがとれればそれに越したことはないが、あまりそれを期待しないことが重要である。サービスエースがとれている時に、３球目や５球目のことをあまり考えず、自らのサービス力を過信し、サービスに頼り切ることは避けたほうが良い。

むしろ、サービスエースを取った時は「ラッキーポイント」だと思うべきだろう。サービスは威力があってしかるべきだが、あまりサービスエースにこだわらないほうが試合が有利に展開していくため、後半になっても思い切ったサービスが出せる。このように3球目・5球目の展開を常に考えたうえでサービスを出す、という意識を持てば、サービスを出す時に迷ったり、良いサービスが出せるだろうかという心配がかなり少なくなる。

要するにサービスはラリー戦で打ち勝つために出し、そこからのラリーパターンを戦術的に結びつける必要があるのだ。そういう考えに基づくと、大きなラリー戦に非常に強い選手なら長いサービスを多用できるだろうし、台上が非常に得意だという選手はショートサービスからの展開が有効になる。つまり、自分の戦型に応じたサービスの出し方を考えるべきなのだ。

逆に、台上テクニックが苦手な選手は、小さいサービスを出すとラリーが台上プレーから始まり、うまく主導権を握れないことになる。逆に、ラリー戦に弱い選手が長いサービスを出すことによって、相手がレシーブから大技で来た時に、自分の展開に持ち込めない失敗例もある。サービスを出す時には、そのあたりを注意しなければいけない。

相手の得意・苦手を考えた戦術が重要

サービスからのラリー展開を間違えないためには、相手がどういうサービスに対して強いか、という情報を知ることが大事だ。相手のクセをつかんで、どういったサービスに弱いかを知れば、自分の展開に持ち込みやすい。

相手のことを何も考えず、試合の前半から様々な種類のサービスを出していくと、ゲームの後半に競った時、どういうサービスを出せば良いかがわからなくなる時がある。現在のルールではサービスが2本交替なので、2本の中でいろいろなコースにいろいろなサービスを出すというのは難しい。そのため、一番相手の弱いところに最初から最後まで徹底して出し切る、という狙いを持ったサービスのほうが良いのだ。

サービスを出す側の選手はよく経験するのだが、いくら効いていても同じサービスをずっと出していれば相手に慣れられるから、違うサービスを出したほうが良いだろうと勝手に判断してしまうことがある。ところが、レシーブ側としては、嫌なサービスは最後まで嫌なものだ。たった1試合の間に、その嫌なサービスに対するレシーブが突然うまくなるはずはない。そういった考え方で、サービス戦術は徹底しなければいけない。

そのような「相手本位」なサービス戦術の考え方は非常に重要だ。例えば、自分は大きなラリーより台上技術が得意だが、相手もラリーより台上が得意だという場合。こういう試合で終盤に競り合ったなら、ロングサービスを出していくべきだ。つまり、自分の得意・不得意よりも、相手の苦手な技術を優先したサービス戦術が有効なのだ。

自分は短いサービスが得意で、長いサービスを出すのが苦手、という選手もいるだろう。しかし、相手が台上のテクニックが得意であれば、その得意サービスは効かなくなるのだ。長いサービスのほうが相手にとっては嫌なのだから、思い切って長いサービスを出さなければいけない。相手に楽をさせないことを考えるべきである。

自分の得意サービスがマイナスになることもあるし、逆に出すのが苦手なサービスも相手にとっては嫌なサービスになる場合がある。くれぐれも自分のサービスを過信しないことだ。

ただし、自分が得意で相手も得意というパターンを完全に理解したうえで、あえて得意サービスを出して勝負する場合はかまわない。「決め打ち」という言葉もあるように、覚悟を決めてやることは決して悪くはないのだ。しかし、この場合も点数を取れる確信が持てる場合に限るだろう。

基本的には、卓球は自分の得意なところと相手の弱点をぶつけるスポーツだ。しかし、やはり相手のレベルが高くなれば、得意なところと得意なところ、弱点と弱点の勝負になってくる。その中で、試合の終盤では特に、弱点同士の勝負に持ち込むのが得策と言える。

困った時は相手に強打されないサービス

いろいろな種類のサービスを持っていることは、有利か不利かといえば絶対有利に決まっている。ただ、例えば50種類のサービスがあっても、出すフォームが50種類あれば、50回サービスを出したあとの、2回目では相手に何のサービスかわかってしまう。逆に、同じモーションからたった2種類しかなくても、試合の最後まで上回転と下回転がわからなければ、50種類のサービス以上の効果があるかもしれない。単純に種類がたくさんあるから良いとは限らないのだ。

それでも結局、サービスが効かなくなった時にどうするか。普遍的に、もっとも強打をされにくいサービスとしては、ミドル前にワンバウンドで出るか出ないかのサービスがある。これはレシーブ強打を受けにくく、非常に安全である。また、ミドルへサービスを出すことには、レシーバーがバックで処理するかフォアで処理するか迷ってしまうという効果もある。いきなり両ハンドで打たれるような単調なコースではいけないのだ。

もちろん、ミドル前の安全なサービスは、相手もレシーブ強打できない代わりに、自分の3球目もなかなか思い切って打てないものだ。ただ、どういうサービスが効くかわからない場合、いきなりサービスでリスクを背負うよりは、レシーブ、3球目、4球目に持ち込んだほうが失点の危険性は低い。

ここ1本というところで一か八か、相手のフォア側へロングサービスを出してみるという戦術もないわけではない。しかし、相手に読まれていた時は一瞬で失点することになるので、それだけのリスクを背負ったサービスはなかなか出せない。中途半端な気持ちでは、サービスミスすることもあるだろう。腹を決めてサービス出す時はまだ良いが、覚悟が決まらない時は、安全にサービスを出してラリー戦に持ち込むほうが良いだろう。

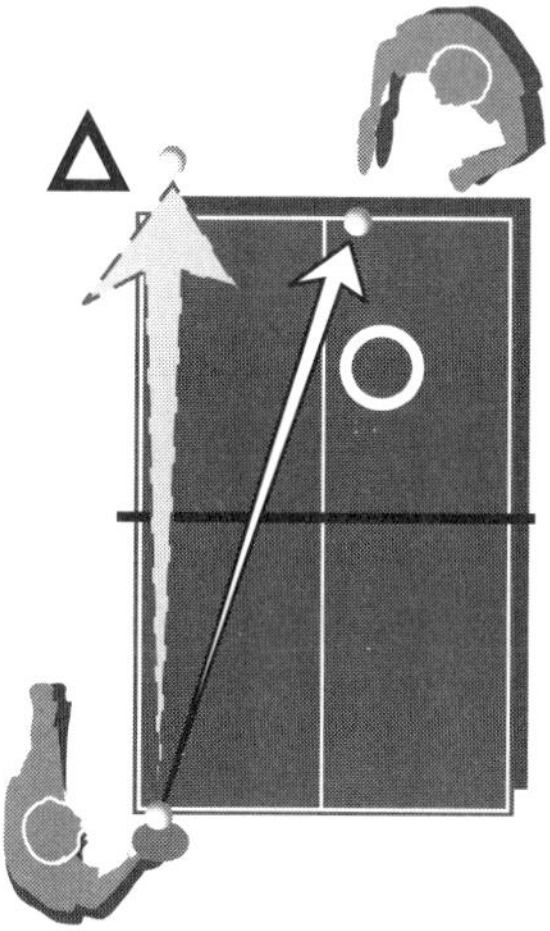

【図】ミドルへのハーフロングサービス
試合終盤で有効なサービスがない時には、ミドルへのハーフロングサービスで相手のレシーブ強打を防ぐのが定石。覚悟を決めて相手のフォア側へロングサービスを出す手もあるが、リスクは高い

20 レシーブができない時の対処法

ラリー戦と4球目のカウンターに活路がある

実戦におけるレシーブは、3段階の考え方で待つのが定石だ。

第一は、レシーブからのアタック。相手が少しでもあまいサービスを出してきたら一発の攻撃でポイントするという、最高のレシーブである。

第二は、自分から強打しない代わりに、相手にも3球目を強く打たせないレシーブ。これは、レシーブから直接ポイントを狙うとミスをしてしまいそうな、難しいサービスが来た場合に使う。

そして第三は、返球のコースやタイミング、強さなどを全く度外視して、絶対にミスをしない、という考え方によるレシーブ。これは、相手のサービスが非常に巧妙で変化が全くわからず、ふつうにレシーブするとミスをしてしまいそうだ、という場合に使う。

まずは、この3つをどう組み合わせるかがレシーブの基本的なコツである。とりわけ、試合中にレシーブから得点がなかなかできない場合には、第二・第三の待ち方が重要になってくる。第二の待ち方では、自分もレシーブを強く打てないけれども、相手も3球目を強く打てない、ということによってもみ合いになるので、ラリー戦での得点をイメージすることが重要だ。

第三の待ち方では、ただレシーブを返すだけであるから、レシーブの場合にはほとんど2点を失う覚悟が必要だ。それでも、相手が3球目のパワードライブやスマッシュでポイントしにくるところを、偶然でも良いのでコースを読んで4球目のカウンターで打ち返す努力はしなければいけない。特にレシーブが苦手な人は、レシーブが苦手な分だけ相手の3球目攻撃に対する4球目のブロック・カウンターを日常からたくさん練習しておくことが重要だ。

ともかく、11点制のゲームでは、2本連続のレシーブの失敗は試合の行方を大きく左右する。レシーブが思うようにできない試合では、ゲームの最初からジュースになっているような緊張感で、レシーブ時の集中力をラリー時の2~3倍までに高める意識が必要だ。

第二バウンドの直後にタイミングを合わせる

良いレシーブをするためには、サービスを出された瞬間に、構えからパッと出ていく一歩目のスタートを100分の1秒でも早く切れるほうが絶対に良い。その際に一番重要なのは、相手サービスの第一バウンドがどこに落ちたのかを一瞬で判断し、それから自分のコートのどの位置にバウンドするのかをいち早く予測することだ（図1参照）。

常識的に、相手サービスの第一バウンドがネット際に落ちていれば短いサービスになり、エンドライン際に落ちていれば長いサービスになる。巧妙なサービスの使い手なら、同じ第一バウンドの位置からサービスの長短を自在に操ることもできるが、それでも相手のラケットの動きやインパクトの強弱など

A：第一バウンドがネットに近い場合は短いサービスが来ることが多いので、一度ラケットを台上に先回りして差し出し、そこからストップやフリックで仕掛けるテクニックが有効だ

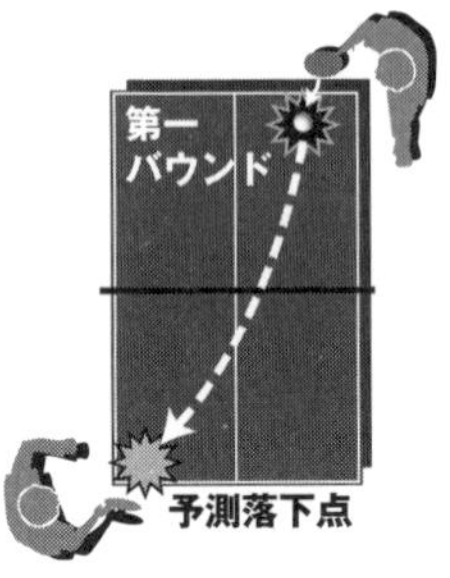

B：第一バウンドがエンドライン近くの場合は長いサービスが来ることが多い。この場合もバウンド直後をとらえる意識でアタックを仕掛けよう

【図1】相手サービスの第二バウンドを予測
レシーブでは、相手サービスの第一バウンドから、自分のコートでの第二バウンドの位置をすばやく予測する能力が重要だ。さらに、第二バウンドの直後をとらえる意識で打球する。これを徹底することによって、レシーブ時の展開をより攻撃的にしていくことが可能なのだ

を注意して見れば、自分のコートのどのあたりに第二バウンドが落ちるかを予測することは可能だ。それに基づいてすばやくレシーブ動作のスタートを切ることが、良いレシーブにつながる。

次に、その第二バウンドの直後にラケットを合わせる意識が重要だ。相手サービスが短い場合は、まずラケットを第二バウンドの落下点に先回りして持っていく。そのままストップをしても良いし、ボールがバウンドすると同時にラケットを後ろに引いて、そこからフリックをすることも可能だ。特に、この方法でのフリックレシーブは相手にとって逆モーションとなるので、非常に効果が高い。

相手サービスが長い場合にも、第二バウンドの直後に打球する意識を持つことが大切だ。長いサービスに対するレシーブが苦手な選手はバウンド直後にこだわっていないため、どうしてもボールをじっくり見て打ってしまう。そのため、バックサイドでは詰まり気味になり、フォアサイドでは斜め後ろに下がりながら打球することになって、もし返球できたとしてもラリーの主導権は相手に握られることになる。

一方、長いサービスに対するドライブレシーブが得意な選手は、常にバウンド直後にタイミングを合わせている。1本でもそういうタイミングのレシーブが返ると、相手は待たれているような気がして長いサービスが出しにくくなり、その後のレシーブの的が絞りやすくなる。

つまり、レシーブの打球点はすべてバウンド直後に合わせるべきなのだ。そうすれば、相手サービスの長短をそれほど気にせずにレシーブに入ることができるし、コースだけ見て返せば良い。それができれば、試合中にレシーブで混乱することがずいぶん少なくなるはずだ。

勇気と決断力を持って「決め打ち」する

選手というものは、どこにどんなサービスが来てもすべて良いレシーブで返球したいという気持ちが強いが、それではいけない。かつて、ぶっつけサービスや異質同色ラバーによるラケットを反転させてのサービスが許されていた時代では、私は相手の5本のサービスのうち、3本は切ってくるかもしれないが、2本は切って来ないだろう、というような読み方で「決め打ち」のレシーブをしていた。

相手のサービスの変化がわからない場合には、そのような「決め打ち」をしないとレシーブできない場合がある。だから、1本1本あまりにも神経質になってレシーブするというのでなく、2本のうち1本は決め打ちをするという

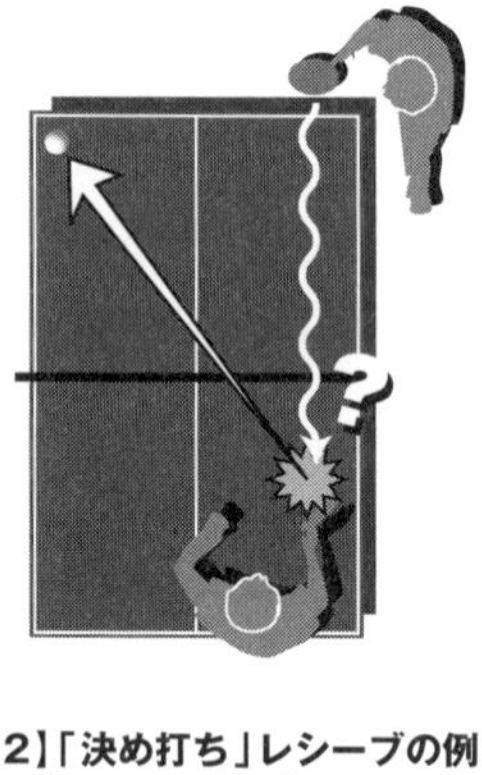

【図2】「決め打ち」レシーブの例
例えば、フォア前に来るサービスの回転がわからない場合。2本とも恐る恐るレシーブするより、2本に1本は「上回転に違いない！」などと決め込んで強打するほうが、成功した時の得点率は高くなって良い

ほうが、レシーブからの得点率は上がるだろう（右ページ図2参照）。そうすることによって迷いがなくなり、レシーブに回った時にでも勇気を持って積極攻撃ができるタイプの選手になる。

また、日本の選手は競った時のレシーブで多くの場合、ツッツキで安全にコースを突いて入れることを考えてしまう。ひょっとしたら相手が3球目攻撃をミスしてくれるのではないか、という他力本願な戦術だ。一方で外国の選手は、レシーブから一発で打ち抜いてしまわないと、ポイントできないんだ、という気持ちで構えに入る選手が多い。ここが大きな違いなのだ。試合の後半になればなるほど、レシーブ時の積極攻撃、決め打ちをするくらいのレシーブの考え方が重要だ。

特に、試合後半の競った場面では、サービスのコントロールの精度は必ず落ちる。サービスを安全に出してくる選手も多い。そこを狙わないといけない。相手の心理状態を分析して、後半になればなるほど、レシーブが有利だと思わなければいけないのだ。

その中でレシーブミスをしたとしても、それほど大きなダメージを受ける必要はない。例えば、レシーブミスをしなくても、ただ単調に入れたのでは、相手にもろに3球目攻撃を食らって失点してしまう。それは結果として、直接レシーブミスをしたのと同じだ。同じレシーブミスをするのであれば、積極的に攻撃したほうが良い。

レシーブは結局のところ、上手・下手の問題ではなく、勇気と決断力である。レシーブではサーバーよりも常に強気、強気で押していくことが重要なのだ。

21 ドライブが入らない時の対処法

調子が悪い時こそ思い切って振り切るべし

ドライブの技術レベルの低い選手は往々にして、日頃の練習の時、安定志向によるドライブの練習が多い。これは、がむしゃらにドライブをしてミスが多い選手を見た指導者が、「もっと安全なドライブをしなさい」という注意をする傾向が強いせいでもある。当然のことながら、そういう指導を受けてきた選手は、あまり力一杯振り回すことができない。そのため、いったん試合中に、日頃打っている安定したドライブが入らなくなってきたら、途端に自信をなくして消極的になってしまう。そして、消極的になればなるほど、ますますボールを入れにいこうとして、スイングが不十分になり、回転もスピードも落ちて相手に狙われる……という悪循環に陥っていくのだ。

実際にそういうパターンにはまった時の解決策としては、やはり思い切り振ってみることだ。思い切って振り回してみて、それがたまたま入って1ポイントが取れた場合、急に自信が深まる。その1球が入ることによって、それまでうまくいかなかったものが、どんどん入り出すというようなことが起こり得る。だから、ドライブが入らなくなった時には思い切って、ミスをしても良いから、一発で打ち抜くくらいの気持ちで振っていくことだ。特にドライブ型の選手であれば、安定志向を捨て、一発のドライブですべてのポイントを取るつもりで、全力で振り切る練習を日頃からたくさんしておくことが重要だ。それによって、いざ入らなくなった時にでも自信を失わずにすむのである。

一方で、ドライブ型というのはカットマンと同じように、ボールに食らいついてドライブで粘って粘って粘り切る、という戦い方が成り立つ。最悪、後陣でのロビングまで追い込まれても、そこから不意を突き、前に出てカウンターで打つというのが本来のドライブ型である。だから、ドライブの調子が悪くなったとしても、フットワークを使って粘り抜き、ボールに食らいつくことを忘れないことだ。その中で徐々に調子を上げて、一発逆転を狙って思い切って振り切っていく。何しろ、ラケットを振り切れないままで、迷ったままに試合が終わってしまう、というパターンだけは絶対に避けなければいけない。

単調にならないように戦術・技術に幅を持たせる

試合中にドライブが入らなくなった時の解決策として、自らの戦術転換で切り抜ける方法もある。例えば、フォアハンドドライブの調子が悪くなってきたら、それまでオールフォアで回り込んでいたのを回らずにショートを多用していくとか（図1参照）、中・後陣からのドライブが入らなくなったら、台との位置を変えて、後陣に下がらずに前陣でのブロック主戦に切り替えてみる、などの方法が考えられる。そういう戦術をとる中で、狙い球を絞って打つことを覚え、だんだんドライブの調子を上げていくのだ。そのようにドライブだけの一本調子にならないで、柔軟な戦術変更ができるドライブ型を目指すことが重要である。

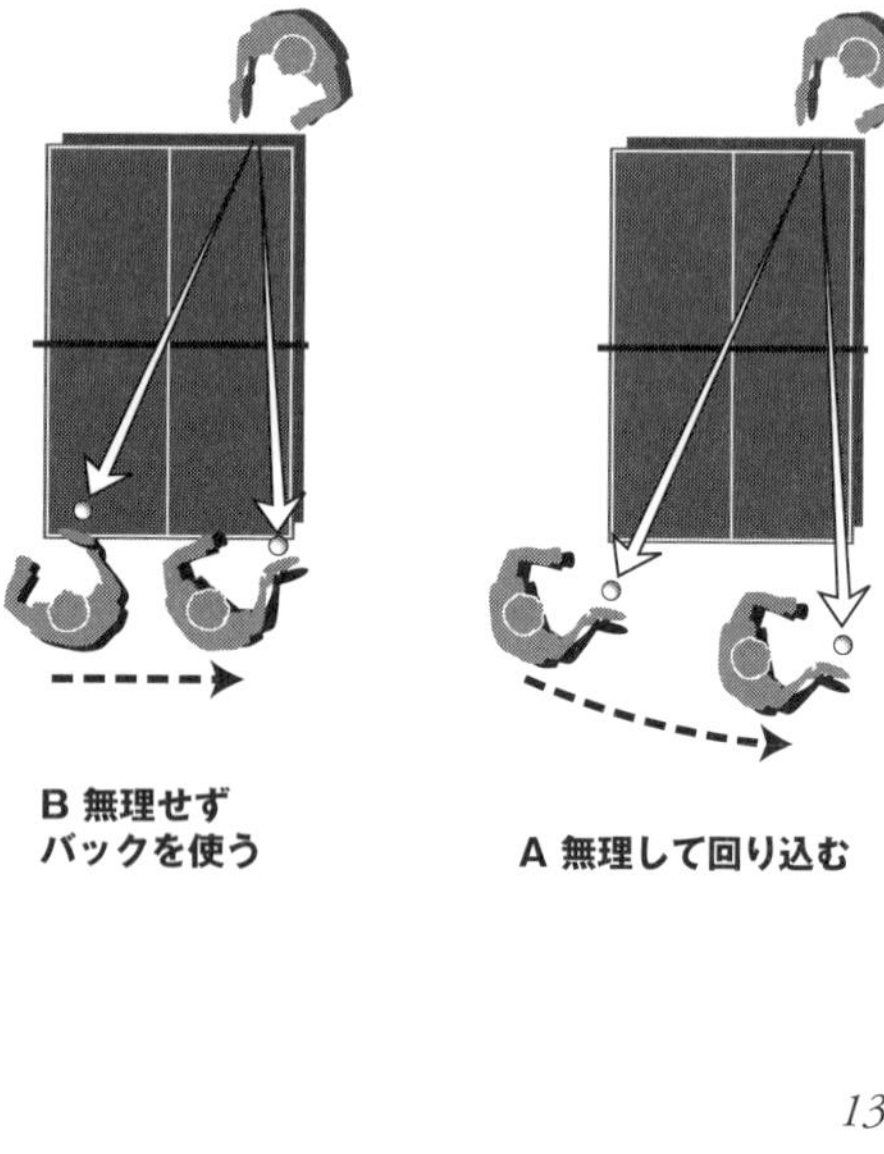

【図1】回り込みの調子が悪い時
回り込んでのドライブの調子が悪い時に無理して回り込むことばかり意識していると、回り込んでもミスが出やすいうえ、不意にフォア側に飛ばされた時に反応が遅れてしまう（A）。一方、バック側を無理せずにバックハンドで対応すれば、バック側を突かれた時のミスが減り、フォア側のボールにも反応良く対処できて、良いボールが打てる（B）

　また、ドライブ自体も単調なのは良くない。通常のスピードドライブだけでなく、サイドスピンのかかった両サイドに曲がるドライブ、ストレートを突く逆モーションの非常に速いドライブ、同じモーションから緩急の差をつけたドライブ……など、何種類ものバリエーションを使っていくことが望ましい。そして、その中で「今日はどのドライブが一番調子が良いか」ということを見極めて、一番状態の良いものから優先的に使っていく判断力が必要になる。日頃一番得意なドライブの調子が悪いからといって、そのドライブの調子が良くなるまで使い続けているうちに試合が終わってしまう、という事態は避けなければいけない。今日はこのドライブの調子が良い、このドライブは調子が悪い、ということを試合の早い段階で見極めて、それを中心に戦術を組み立てることが重要なのである。

　つまり、ドライブ型には戦うパターンがたくさんあるのだから、なるべく単調にならないことが大事なのだ。対戦相手のスタイルによって有効なドライブの種類も変わってくるだろう。ゲームに勝つためには、サービスと同じくらい

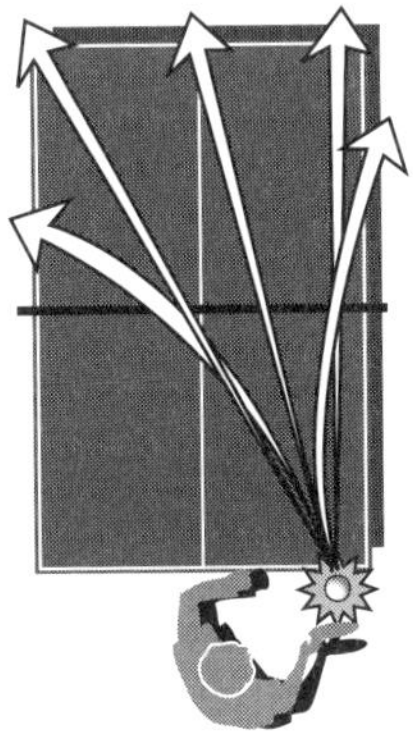

【図2】ドライブのバリエーション
例えばフォアハンドドライブでも、豊富な球種やコースを身につけることが重要。その中から、調子の良いものをピックアップし、その日の試合の中心技術として使う戦術を組み立てるのだ

何種類ものドライブを打ち分けられるようなパターンを身につけておくことが必要だ。そうすれば、1種類や2種類のドライブが調子悪くなっても、使えるドライブはまだたくさんある、という余裕を持つことができる。それを両ハンドで使えれば、バリエーションはますます豊富になっていくのだ（前ページ図2参照）。

自分の調子や相手の球質を見極めて技術を選択

例えば、シェークハンドにおけるフォアのドライブとバックのドライブでは使う筋肉が違う。そのため、今日はフォアハンドドライブは調子が良いけれどもバックハンドドライブは調子が悪いという状態に陥ることがよくある。ほかにも、回り込んだ時のドライブだけはすごく調子が良いとか、飛びつきのドライブだけは入るなど、その時その時によってドライブの調子は変わるものだ。

使う筋肉の状態によって、どうしても飛びつけない時や、どうしても回り込めない時はある。それを無理して飛びつきにいったり、回り込みばかりを意識して調子の悪い部分にこだわっていくと、どんどんポイントを失ってしまう。そうではなく、その日の調子に逆らわずに、優先順位で一番調子の良いものから使っていくことを考えるべきだ。自らの状態をゲームが進んでいく中で把握し、調子が良いものから順番に使っていくことが、非常に重要なのである。

つまり、自分と格闘してはいけないのだ。ドライブ型の選手は特に、この落とし穴にはまり、ムキになってしまうことが多い。卓球は相手に勝たないといけないのだから、あまりに自分のプレーに執着し過ぎると、いつまでも調子が上がらないまま試合が終わってしまうことになる。

自分の調子を謙虚に分析していれば、出足から3ゲームを連続で落としても、やっと調子の良いドライブが見つかったために、4ゲーム目からそのボールがすごく入り出して逆転勝ちする、ということもある。だから、1ゲーム1ゲームで、自らのドライブの調子をチェックしたうえで試合を組み立てていく戦術眼が重要なのだ。

また、裏ソフトの場合だとバウンドして伸びてくる、表ソフトのボールだと伸びて来ない、粒高だともっと飛んで来ない、という相手の用具による球質の変化にも注意する必要がある。それによって、自分のドライブのタイミングであるとか、スイングを崩される場合があるのだ。つまり、試合で勝ち上がって行くうえでいろいろなタイプと対戦することによって、自らの好不調も変わってくる。常に戦術の中で相手ボールのタイミングやスピードを判断し、それに合わせて自分の技術を組み立てていかないと、独り相撲をして終わってしまうということになる。これはドライブマンに限らず、どの戦型にも言えることだろう。

22 スマッシュが入らない時の対処法

バリエーション豊かなスマッシュ技術を駆使

一般的にスマッシュと言えば、フラット打法による無回転で直線的なボールをイメージしやすいが、それは数あるスマッシュの中の1種類に過ぎない。その中で、スマッシュの球種として最も有効に活用できるのがドライブスマッシュ（ややトップスピンをかけて打つスマッシュ）である。前進回転がかかって弧を描くドライブスマッシュのボールは、スマッシュの中でも一番安定するのだ。

また、対ドライブのスマッシュでは、相手ボールの回転軸を変えて、ボールに逆らわずに打つ打法が絶対に必要だ。縦に回転してくるボールに対し、インパクトを横方向にスライドさせながら打つ。すなわち、外側に流して打ったり、内側に巻き込んで打ったりすると、スマッシュが安定するのだ（図

1参照)。

対ドライブだけでなく、横回転や下回転のボールに対しても、この考え方は重要だ。ラケット角度やスイング方向を調節し、ボールの回転軸を変えてスマッシュするテクニックを身につけることは、スマッシュ型としてのプレーをより多彩にする効果がある。

スマッシュの打法が1種類しかなければ、当然スマッシュで打つことのできるボールの範囲は狭まってしまうが、インパクトの回転軸をずらすことができれば、それだけ様々な相手ボールに対応したスマッシュが打てることになり、スマッシュの活用機会が大幅に増えるのだ。

どんなに相手ボールの回転が強くても、それ以上のミートの強さで回転を殺すのが、究極のスマッシュだ。しかし、常にそのような打ち方はできないから、回転軸を変える打法が必要になるのである。

さらに、力一杯打つばかりでなく、時には軽打でコースを狙ったり、逆モーションで打ったりする方法も有効だ。特に、スマッシュの場合にはドライブのように回転に変化をつけるのではなく、スピード

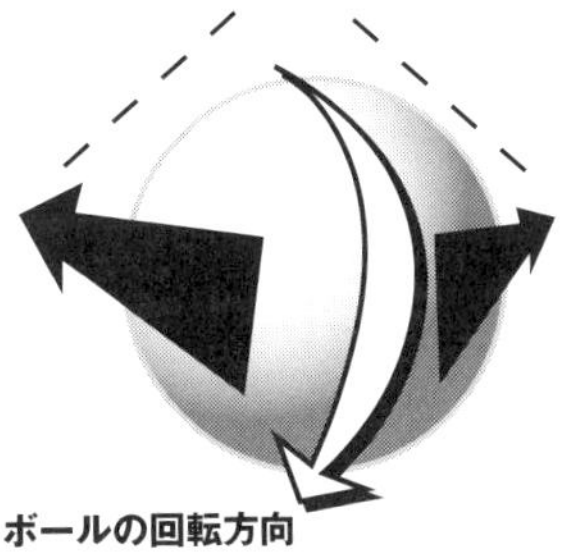

【図1】回転軸をずらすスマッシュ
図はボールを真後ろから見た様子。強烈なトップスピンがかかったドライブなどに対して、図のように横方向へインパクトをスライドさせれば、回転の影響をそれほど受けずにスマッシュできる。左右に曲がる球道となるため、相手も取りづらい

に変化をつけることが重要。同じバックスイングをとってから、最大スピードで打ち込むスマッシュと軽くいなすようなスマッシュを使い分けると、相手には強く打ってくるのか弱く打ってくるのかがわからない。そのようなバックスイングのとり方と緩急の使い分けが、スマッシュ型には求められるのだ。

現代卓球ではドライブ全盛のため、ブロックをするほうもスマッシュの球質には慣れていないことが多い。そのため、スマッシュボールにあまりスピードがなくても、非常にブロックしづらくなる。だから、ドライブ型の選手にもスマッシュ打法は必要なのである。

そして、ドライブのバックスイングからスマッシュを打つ、あるいはスマッシュのバックスイングからドライブに切り替えるという変幻自在の攻撃打法を身につけることが理想的だ（図2参照）。それに

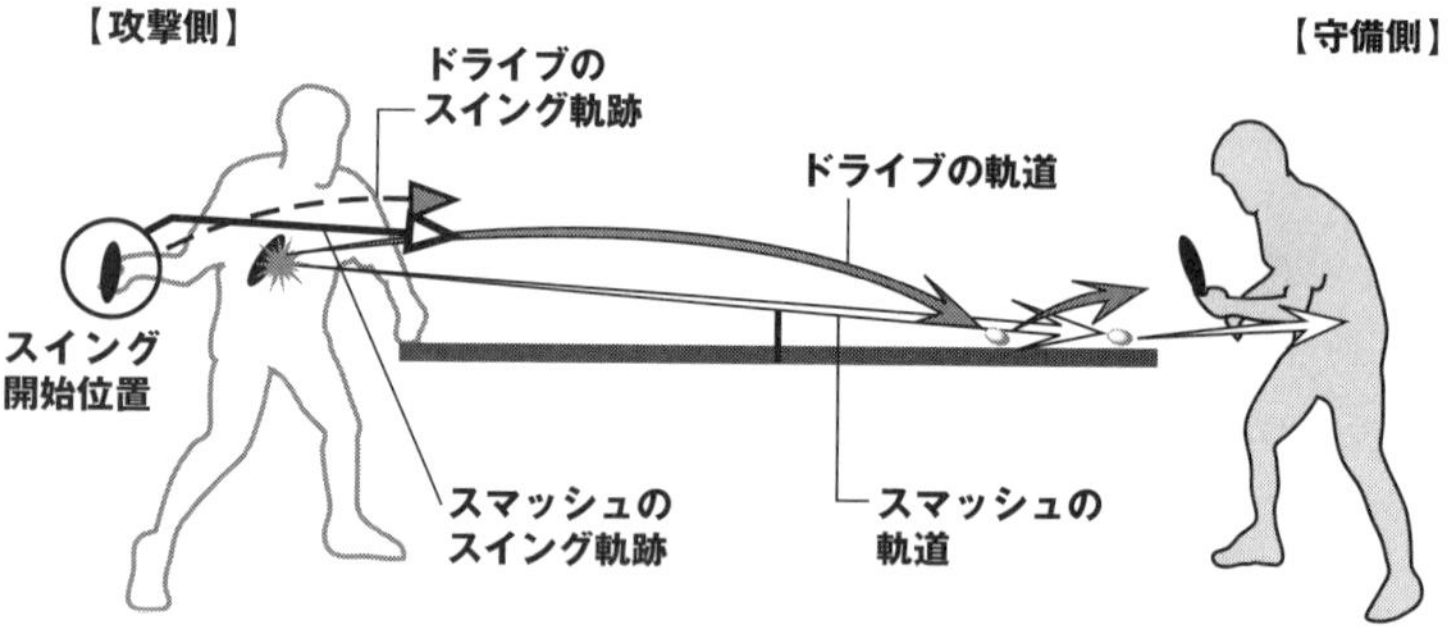

【図2】同じバックスイングから攻撃打法に変化をつける
攻撃側がスマッシュとドライブのバックスイングの高さ（スイング開始位置）を同じにすることによって、守備側のブロックのタイミングを大きく狂わせることができる。さらに、このスイング開始位置から軽くいなすようなスマッシュも織りまぜれば、守備側はますますブロックの的が絞りづらくなるのだ

よって相手は、ドライブが来るのかスマッシュが来るのかがわからずに、ブロックミスを繰り返すことになるだろう。

覚悟と決断力を持って打って打って打ちまくる

ドライブとスマッシュを併用する選手にとって重要なのは、来たボールをスマッシュで打つのかドライブで打つのかを、バックスイングを引いてから決めるのではなく、あらかじめ決めておくこと。つまり、スマッシュを打つ選手には「決め打ち」という考え方が必要なのだ。

このボールに対してはスマッシュで攻める、このボールに対してはドライブでつなぐ……というように、打つ前に決断を固めておく。そこを迷い出すと、スイングが中途半端になって入らなくなるのである。特にスマッシュ型の場合は、どんな低いドライブだろうが、どんなスピードのあるボールだろうが、「このボールは絶対スマッシュで打つんだ」という覚悟・決断力が求められるのである。

スマッシュを打つ際の判断基準として、バウンドがネットより低いボールはドライブして、ネットより高いボールはスマッシュを打つ、というセオリーがある。しかし、その時の調子によって、かなり低いボールまでスマッシュが入る時もあるし、高いボールでも入らない時がある。ここで大切なのは、スマッシュ型はいかなる時でも、「打って打って打ちまくるんだ」という気持ちをキープすることだ。負けても良いから打ちまくるんだという、精神的な部分――ここが崩れてしまうと、スマッシュ型は成り立たなくなるのだ。

だから、スマッシュ型はメンタルの部分で誰よりも、強気・強気で押していかなければならない。その気持ちをキープしていれば、技術的な調子が悪い時でも、一気に自信を回復することができる。例えば、ネットより低いボールを打ってすごく良いスマッシュが入ると、「こんな難しいボールが入った」という自信が芽生え、非常にタイミングが良くなってスマッシュが連続して入るようになることがある。逆に、恐がったり迷ったりしてボールを入れに行くと、ますますスマッシュが打てなくなる、という悪循環に陥ってしまうのだ。

スマッシュチャンスを作るテクニックも重要

スマッシュ型の戦術的な狙いは、最終的にスマッシュという決定打で得点することである。そのために大事なのは、スマッシュに結びつけるまでの前段階のラリーに、かなりの神経を使うことだ。逆モーションなどで相手の意表を突くコース取りをしたり、返球タイミングを早くしたり、ボールに緩

22 スマッシュが入らない時の対処法

急をつけるなど、そういう工夫がチャンスボールを導き出し、スマッシュに結びついてくる。特に、前陣速攻のスマッシュ型であれば、台上で先手を取る技術にこだわるべきだ。そこを考慮しないで、ただスマッシュを打てば良いという考え方では、やはり安定した成績を残すことはできないだろう。

チャンスボールを導き出す具体的な方法としては、まずナックルボールをどれだけ多用できて、相手にフルスイングをさせないかがカギになる。これは、特に表ソフト系の選手が有利な部分だ。もうひとつはコース。両サイドから強い両ハンドドライブを打ってくる選手に対しては、フルスイングさせないためにミドルを突く。バック系が弱い選手に対しては徹底してバックを突くなど、コースの突き方を戦術的に徹底することで、自分のスマッシュチャンスを作り出していくのだ。

さらに、相手より先に攻める姿勢が望まれる。先に攻めることによって相手を受け身にさせておき、そこで強打する。また、あらかじめ台から距離をとっているドライブ型に対しては、相手が後ろに下がっているところに一生懸命スマッシュを打ってもあまり効果がないので、ストップや軽打などで一度相手を前に寄せておいてからスマッシュを打つのが定石だ。

以上の方法がどれもうまくいかない場合は、相手に強いボールを打たせておいて、それを待ち構えてカウンターで打つ。相手がフルスイングしてくるところをカウンターで打つのだから、リスクは大きいが、その一発で確実に仕留められる。どのような状況でも、最後にはスマッシュを打つイメージを持ってプレーすることが肝心なのだ。

23 ブロックが入らない時の対処法

台との距離と吸収感が安定したブロックのコツ

日本の選手は特に、バックハンドのブロック系技術が弱い。その理由のひとつは、台との距離が適正でないということだ。外国の選手と比べると、日本の選手はブロックの立ち位置が台から遠い。一般的にブロックは、相手ボールがバウンドしてから放物線の頂点に到達するまでの上昇期にインパクトすると返球しやすい。逆に、頂点を越えて落ちてくる時にインパクトして返そうとすると、これほど難しいものはない。ブロックがうまくいかない時は、まずは台との距離をチェックしてみると良いだろう。

ブロックが上手な人は、必ず相手ボールのスピードと自分のコートに到達するタイミングを計り、手で一度バックスイングを引き、その反動でラケットを出していく。これは、野球のボールをキャッチする感覚に似ている。キャッチングが下手な人は、ボールに向かっていくようにキャッチしようとするが、これでは反発力が生じるのでキャッチしにくい。一方、上手な人のキャッチングは、相手が投げたボールの飛んでくるスピードに合わせて、その勢いを吸収するように受け取る。この吸収するリズム感、タイミングの取り方が、キャッチングの極意だと言える。

卓球におけるブロックも同じで、ボールをいったん吸収するようなタイミングでインパクトしにいくのがコツだ。相手ボールのスピードが速くても遅くても、その勢いを吸収することを意識していれば、相手の緩急に対してあわてないで手を動かせる。ボールに合わせてラケットを軽く引いてから前に振り

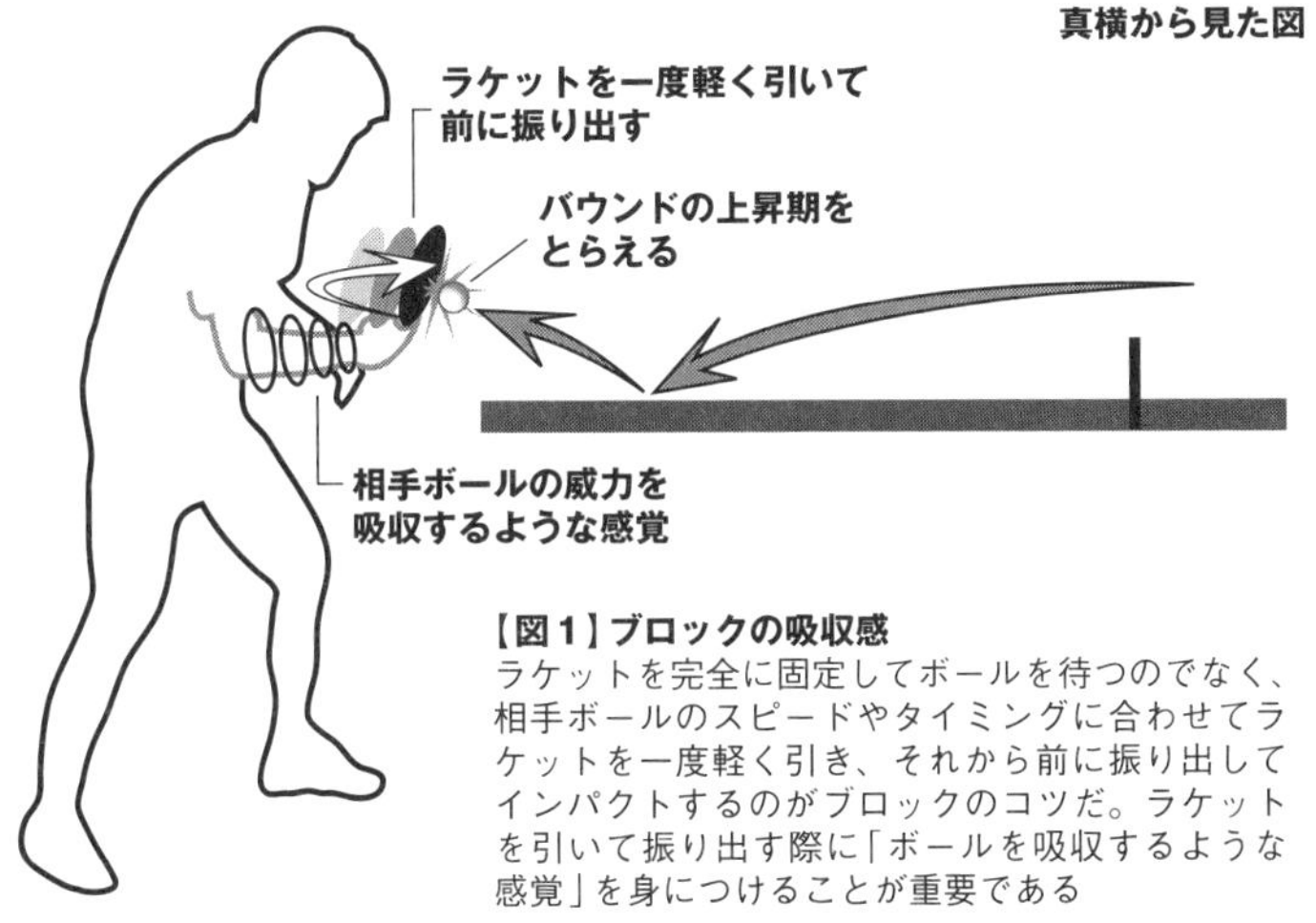
真横から見た図
ラケットを一度軽く引いて
前に振り出す
バウンドの上昇期を
とらえる
相手ボールの威力を
吸収するような感覚

【図1】ブロックの吸収感
ラケットを完全に固定してボールを待つのでなく、相手ボールのスピードやタイミングに合わせてラケットを一度軽く引き、それから前に振り出してインパクトするのがブロックのコツだ。ラケットを引いて振り出す際に「ボールを吸収するような感覚」を身につけることが重要である

出していく。その「吸収感」とも言うべきタイミングを覚えれば、ブロック技術はずいぶん向上するのだ(前ページ図1参照)。

ブロックのタイミングが合わないという人は、吸収感がなく、飛んでくるボールにラケットをいきなり当てていることが多い。どのようなボールが飛んできても、ラケットを壁のように固定して当ててしまう。そういうブロックだとコントロールができない。

また実戦では、ブロックが苦手な人ほどすぐに、バックの次はフォア、フォアの次はバックとコースを変えたがる傾向がある。その際にラケット角度を変えることによって、ミスする確率を自ら高めてしまっているのだ。逆にブロックが上手な人は、試合中はあまりコースを変えない。相手のバックであればバックに徹底的に返す。そして、相手が先に打つコースを変えてくるまで待つのだ。相手が変化したと思ったら、こちらもコースを変える。そのような余裕が必要だ。

ブロック技術の低さを攻撃でカバーする

攻撃は最大の防御と言われるように、基本として攻めることに意識を置かないと、ブロックもうまくならない。最初から守りに入ったのでは良いブロックができないし、相手も安心して攻め込んでくるのだ。攻め込んだけれども攻め切れない時にブロックをする、という初期設定のほうがブロックはしやすい。最初から「ブロックするぞ」と構えているほうが、実はタイミングが取りにくいのだ。

ブロックでも、常に相手に対して攻撃的なボールを入れていく意識が必要だ。攻撃的なボールを返球し続けることによって、相手に十分な体勢でボールを待たせないことができる。それによって相手の攻撃の威力は弱まるので、余計にブロックがしやすい。そのような良い循環でブロックをしていくことが望ましい。

また、完全に自分はブロックがへたくそだと感じている人は、とにかく受け身にならないで攻撃しまくるというのも、ひとつの解決策だ。先手攻撃を第一優先に考えて、それをもって自分の「守備」とするという考え方もある。できないブロックをなんとかしようと思うよりも、ブロックができないのであれば、試合の中でブロックを使う手数を少なくして、足を使って攻撃していくのだ。そして、打てないボールだけやむを得ずブロックする。

これは、昔の日本における、オールフォアで打って、打てないボールだけバックで打つ、という考え方と似ている。この考え方は、別に時代遅れではないのだ。せっかくオールフォアで動けるのに、そのフォアを使わないで、「現代卓球ではバックに来たらバックハンドで打つものだ」と思っている人は多いだろう。だが、へたくそなバックハンドを多用していれば、そのバックが狙われやすくなるのは当然だ。ブロックについても、すべてのボールを攻撃できる能力を磨けば、わざわざへたくそなブロックに頼る必要はない。フットワークと攻撃の手数があれば、ブロック力の低さはカバーできる問題なのである。

球質の違うボールを練習段階から受けておく

ブロックの場合には、ワンサイドでコースも決めてしまって行う練習が多い。初心者のうちはそれで良いかもしれないが、ある程度上達してくると、実戦的な応用が必要だ。単純に、ワンコースのドライブに対するブロック練習だけでは1種類の技術しか身につかず、実戦でとっさに球質の違うボールが来ると、ラケットの角度が出せない。練習段階から、もっと実戦に応じたボールを受けるパターンを組み合わせていかないと、総合的なブロック技術はあま

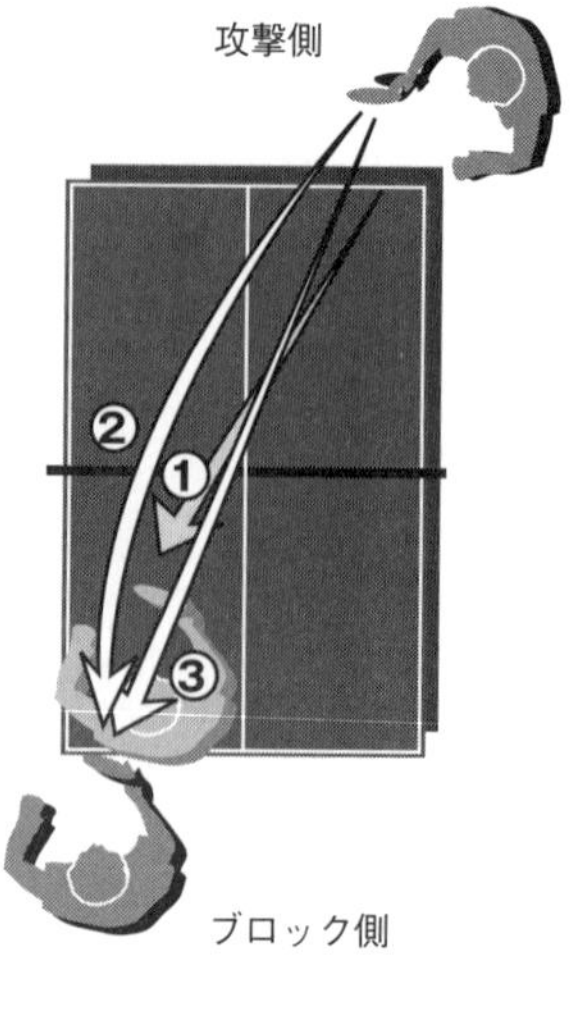

【図2】総合的ブロック練習
相手の①下回転サービス ②ツッツキ打ちのドライブ③ロングボールに対するドライブに対して、ツッツキ→ブロック→ブロックの順番で返球し、回転の変化に対応する。慣れてきたらコースをランダムにする

り上達しないのだ。だから、ブロックをひとつの技術課題として考えた練習をする際にも、球質や打法の違う技術をいくつか組み合わせて、その中にブロックを入れるということが大事だ。

例えば、相手に下回転サービスを出させて、ツッツキをする。ここでツッツキという技術がひとつ入る。続いて、相手が下回転ボールに対して打ってくるドライブをブロック。これが2つめの技術だ。そのボールはブロックするとロングボール（前進回転）になるから、次は相手がロングボールに対して打ってくるドライブをブロック。これだけでも、3種類の技術を使うことになる（右ページ図2参照）。この練習は、コースをランダムにするなど工夫を施せば、上級者にとってもかなり良い練習となる。

相手が下回転系のボールをドライブする時には、回転量が多い。相手がロング系のボールをドライブする時には、回転量よりもスピードがある。その判断がきちんとできていないと、実戦でのブロックは安定しない。例えば、サービスが台から出てしまった時、相手にドライブをかけられるとブロックがオーバーしてしまう選手が多く見受けられるが、そういう場合にも関わってくる。相手の攻撃球のスピードや回転によって、ブロック時のラケット角度が違ってくるし、インパクトの強さも変えなければいけない。ブロック技術は、球質の違うボールを受ける練習をたくさん行うことで上達させるほかはないのだ。

24 カットが入らない時の対処法

打球点を一定にして不安定さを解消する

カット主戦型の選手、いわゆるカットマンが試合中、カットが入らなくなる原因には、第一に、スイングする時のタイミングと打球点がバラバラになってしまうことが考えられる。打球点を自在に変えてカットできるに越したことはないが、調子の悪い時は、その打球点のズレが直接ミスにつながることが多い。

そのような場合は、できるだけ打球点を一定にしてスイングすることを心がけるべきだ（左ページ図1参照）。また、スイングそのものが相手の回転に負けないように、鋭くダウンスイングすることも重要だ。ただし、体や腕には力を入れないで、リラックスした状態から鋭く振ることに注意しなければいけない。もうひとつは、すばやくニュートラル（基本姿勢）に戻るよう心がけること。これは、自分がカットして返球したボールが相手コートにバウンドした時には、すでにニュートラルで構えていることが目安になる。

以上の3点に気をつければ、カットは自《おの》ずと入るようになってくる。回転の変化・コース・深さなどの要素は、そのあとに考えるべきことである。いきなり低くて深い、良いカットを入れようと思っても、そうはいかない。段階を経ることが大事だ。

相手がカットに対して打ってくるドライブには、ループ、スピードドライブ、曲がるドライブ、表ソフトのナックルボールなど、いろいろな球質がある。カットマンはそれに対応しなければいけないのだから、打球点、すなわち台との距離を調整することに、まず全力を注がなければいけない。同じカットマン

真横から見た図

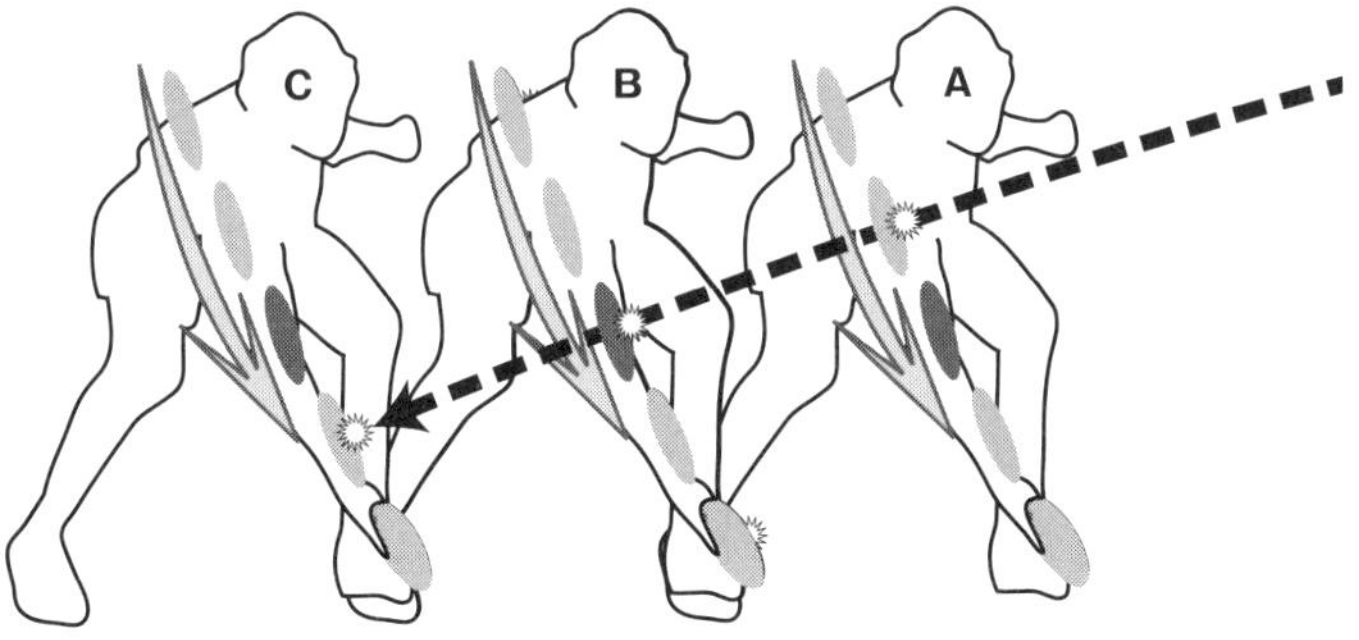

【図1】カットの打球点を一定にする
Bの高さでインパクトするのが一番安定するというカットマンの場合、同じボールに対してAの位置では打球点が高くなりすぎ、Cの位置では打球点が低くなりすぎる。カットのフィーリングが悪い時には特に、常にBの高さでインパクトできるよう、相手ボールの長短に合わせて前後の距離を調整することが必要になる

でも前陣型、中陣型、後陣型というように、台との距離は様々だ。どこでカットしても良いのだが、やはり自分で「ここでカットしたら絶対にミスをしない」というタイミングとポイントを覚えておく必要がある。それができれば、あとはスイングの速さとニュートラルへの戻りを意識すれば良い。

カットによる粘りと攻撃のバランスを考える

カットが入らない場合には、まずはミスをしないように高くても良いから入れることから始めるべきだ。そうすると、当然スマッシュを打たれることになる。ここで重要なのは、スマッシュされたボールを追いかけて、一生懸命フットワークを使うこと。それで1球でも返球できると、だんだんタイミングが合ってくる。大きく動くトレーニングになるので、足の動きが良くなってくるのだ。最初のうちは打ち抜かれても構わない。

カットマンの場合は「鉄壁の守備」が基本だ。どんなボールを打たれても粘り強く追いかけていくという努力をすることによって、入らないカットがだんだん入るようになってくる。粘りが身上なので、精神的にまず崩れないで、苦しいラリーから逃げないようにカットしていくことが大切だ。そのうちにだんだん、カット自体のレベルも上がってくる。

一方で試合中、入らないカットに見切りをつけて攻撃を仕掛ける選手もいる。これも戦術のひとつだが、カットに自信がないから攻撃をするという考え方は消極的で良くない。自信を持ってカットを入れることによって、攻撃するチャンスボールも多くなるというのが良い循環である。良いカットが出せない時に攻撃しようと思ったら、無理なボールを攻撃することになってしまうため、攻撃のミスが目立つようになる。

カットがうまくいかないから攻撃に移るという考え方ではなく、あくまでカット＋攻撃のパターンを作ることが重要だ。カットマンがレベルの高いパフォーマンスを見せるためには、カットと攻撃が結びついていないといけない。

相手がカット打ちがへたで、カットを入れておけば簡単にポイントできるのに、無理に攻撃して自滅

カットと攻撃のコンビネーションで世界のトップクラスで活躍する朱世赫（韓国）

するカットマンもいる。これは、カットと攻撃を結びつけた練習が足りないせいである。ある程度カットができるようになってきたら、練習の中でカットと攻撃をバランス良く結びつけることが大事なのである。

カットの場合には、ダウンスイングなので腰を曲げて沈み込む。攻撃する時には、腰をふつうの状態からグッと持ち上げていかないと打てない。つまり、カットマンの攻撃時には、攻撃型の選手が攻撃を仕掛ける時の2倍くらいパワーが必要なのだ。これは、日頃からカットと攻撃をセットにして練習をしていないと、試合のその場で対応することは難しい。

カットの飛行曲線の頂点はネットより手前に

カット打ちの得意な選手は、ドライブに回転をかけたように見せて、手首を使わずナックルで返球したり、回転がかかってないように見せて、すごく回転をかけたドライブを打ってオーバーミスをさせるなどのテクニックを駆使してくる。

それに対してカットマンは、どうしてもスマッシュを打たれるという恐怖感があるので、カットが高くなることを避けようとする。ネットすれすれのカットで返球しようと考えるために、カットの飛び方が非常にまちまちになってしまうのだ。相手のドライブに回転がかかっていなければネットに届かない、回転がかかっているとオーバーする。そのような不安定なカットでは、高いレベルでは通用しない。カットの飛ばし方を一定にする技術をまず覚えないといけないのだ。

安定したカットのためには、ネットよりも少し手前に、カットの飛行曲線の頂点を作ることが原則だ（頂点の原則／図2参照）。この原則さえ守っていれば、相手のドライブに回転がかかっていれば少し高く入るけれども、回転がかかっていなければネットすれすれに入るというように、簡単にミスをすることがなくなって、いろいろな回転の違ったボールに対応できるようになる。つまり、カットマンの場合はフォーム云々《うんぬん》よりもボールの飛ばし方を身につけることが最優先なのである。

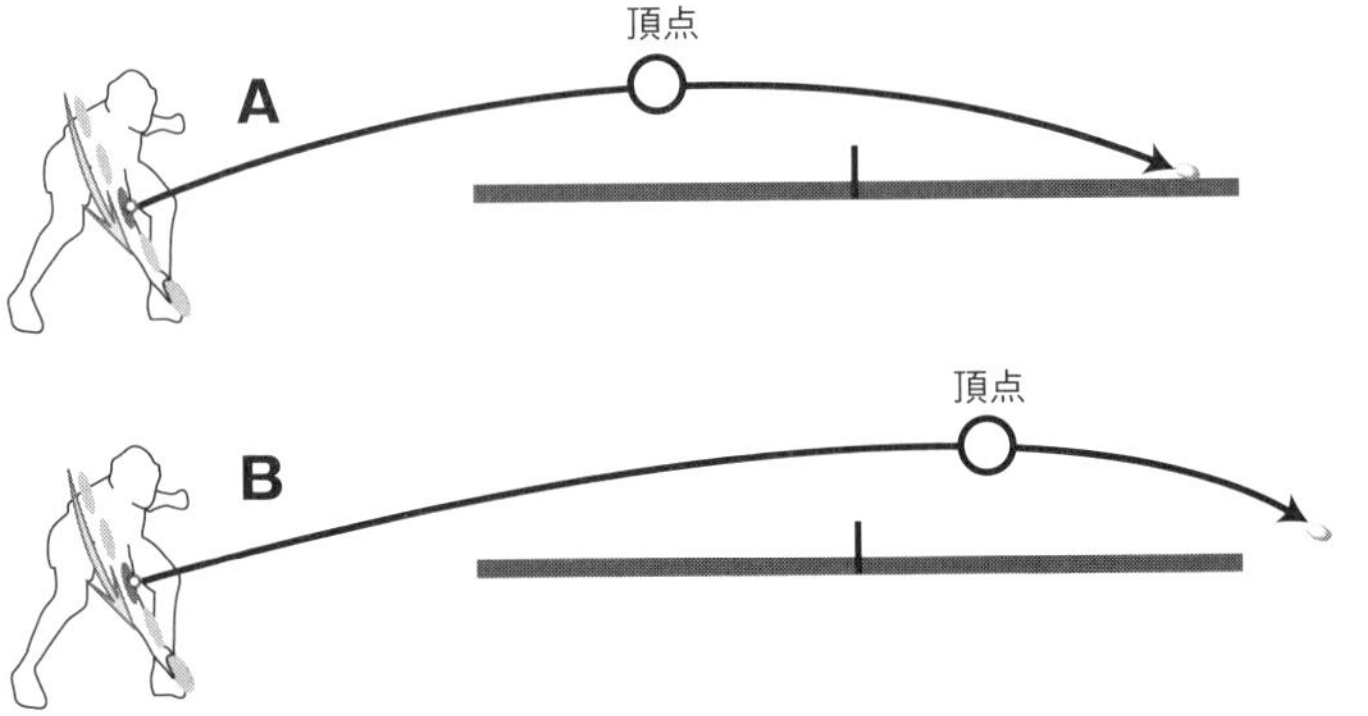

【図2】頂点の原則＝カットの距離感
Aのように、カットの飛行曲線の頂点をネットの手前に持ってくれば、少なくともオーバーミスはしない。しかし、Bのように飛行曲線の頂点がネットを越えてしまうと、かなりの確率でオーバーミスになる

特にカットマンは前後に大きく動くので、前陣・中陣・後陣という違った距離から、相手コートに向かって正確にボールを飛ばさないといけない。そのため、頂点の原則を感覚的にマスターすることが大事だ。それを無視して、常に深く低く返すんだというところをいきなり意識してしまうと、難しすぎてコントロールできない。ここが、カットが不安定になる一番の原因なのだ。

ちなみに、切るカット主体のカットマンは、あまり回転のかかっていないドライブを混ぜられると、ネットミスが多くなる。逆に、ナックルを主体としたカットマンは、スイングがどうしても遅いため、強い回転のかかったドライブをオーバーミスすることが多い。切るタイプ、切らないタイプいずれにしても、頂点の原則に基づいた飛ばす距離感をしっかりつかまないと、自滅する場合がある。

自分のスイングに合った回転量のボールはうまく合わせられるが、回転が違うボールが来た場合にはすごく不安定になるカットマンは意外と多い。まずは距離感をつかんで、そこから変化を考えるのが正しい順序なのだ。

第5章

戦型別
これからの戦術

25 これからのシェークドライブ型の戦術

飛びついたあとの居合抜きバックハンド

世界トップクラスのシェークハンドドライブ型のプレーには、攻めと守りが同居している。傍目《はため》には守りに入っているような状態でも、実際には守りに入っておらず、カウンターで攻撃できるケースが多い。練習の中でも、そのような内容のシステム練習が多くなっている。

それと比較すると、日本のシェークドライブはまだ、攻める時と守る時がはっきりしている。日本選手が守りに入ってしまいやすいひとつの理由には、プレー領域の問題がある。

どんな選手でも通常、バックハンドで守る時には体の中心でブロックやカウンターをする。これ自体は問題ない。ところが、フォア側に来たボールを飛びついてフォアハンドで打ち、次のボールがバック側に返ってきた場合、多くの日本選手は、体の正面でブロックできる位置まで何とか戻ろうとする。これが、日本のシェークハンドのバックハンドが向上しない大きな原因である。

例えば、バックサイドに大きく回り込んだあとでも、フォア側に飛びつくのは前進のダッシュだから、筋力があれば十分可能だ。ところがフォア側へ飛びついたあとにバックへ戻る際には、その何倍もスピードが落ちるうえ、バランスも崩れるので難しい。つまり、バックサイドのブロックの位置から飛びつき、次の打球までに元の位置に戻るのは、ほぼ不可能なのだ。

実際、外国のトップ選手はフォアへ飛びついたあと、バックミドルあたりでニュートラルに戻る。そこからバックサイドに来たボールに対しては、左腰からラケットを振り回してドライブで攻撃する。左腰の刀を抜く瞬間に相手を斬る「居合抜き」のようなスイングで、バックハンドドライブを放つのだ。従来ならば守らなければいけないところに来たボールに対して攻撃できるというのは、技術的な進歩である。

ところが、日本のシェークドライブでは、これがほとんどできていない。今すぐ改善しないといけない大きなポイントである。これからのシェークドライブに間違いなく必要となる戦術であり、このシステムが欠けていては戦えないと言っても過言ではない。

ちなみに、フォアに飛びつく際には腰を回すのでなく、ひじを引いてバックスイングをとる肩甲骨打法を使うと良い。日本古来の腰を回す打法では、体が回転してしまうために戻りが遅くなるが、肩甲骨打法なら正面を向いたまま振れるため、バックに戻りやすい。外国のトップ選手は肩甲骨打法を身につけているため、スタンスを保ったまま飛びついて打ち、そのままの形で戻ることができるのだ。

ドライブ系のインパクトによる台上フリック

また、レシーブなどで台上のボールを打つ時のラケットの操作にも、新しい考え方が必要だ。例えば下回転系のボールに対しては、まずラケット面を上に向け、どれくらい切れているかを見定めながらラケットを差し込む。ここで、日本のシェークドライブは、面を上に向けた状態から前に返しながら角度打法でフリックすることが多いが、それではオーバーミスをする危険性が高い（左ページ図1参照）。

これからのフリックは、インパクトの瞬間にラケット面を前傾させ、ドライブをかける状態でミートすることが重要だ。ラケット面を上に向けた状態で入りながらも、インパクトする時には手首で強いドライブ回転をかけられる角度を作る。台上のツッツキはそれほど切れないので、自分の力でドライブをかけるインパクトを覚えないと、台上の争いで先手が取れないのだ。ヨーロッパのトップ選手は、台上のボールはほとんど全部両ハンドでドライブできる。

下回転がすごくかかっていた38㎜ボール時代には、面を上に向けて乗せるようにインパクトすると、相手の回転量でドライブボールになった。ところが、40㎜ボールはそれほど切れないため、同じようにインパクトするとドライブ回転にならず、オーバーするようになっているのだ。

面を伏せた状態でインパクトすると、ボールが落ちてしまうのではないかという恐怖感もあるかもしれないが、自分でスピンをかけないとオーバーするのだから、インパクト時には今まで以上に手首を使い、自分の力でスピンを作って台上フリックをするという考え方でないといけない。つまり、ドライブ並みのスイングスピードで台上処理をするのだ。

ただし、台上で打つボールは比較的スピードが出ないので、小さく止めるストップ技術も有効に使うべきだ。台上で先手を取るといっても、ただ単調に

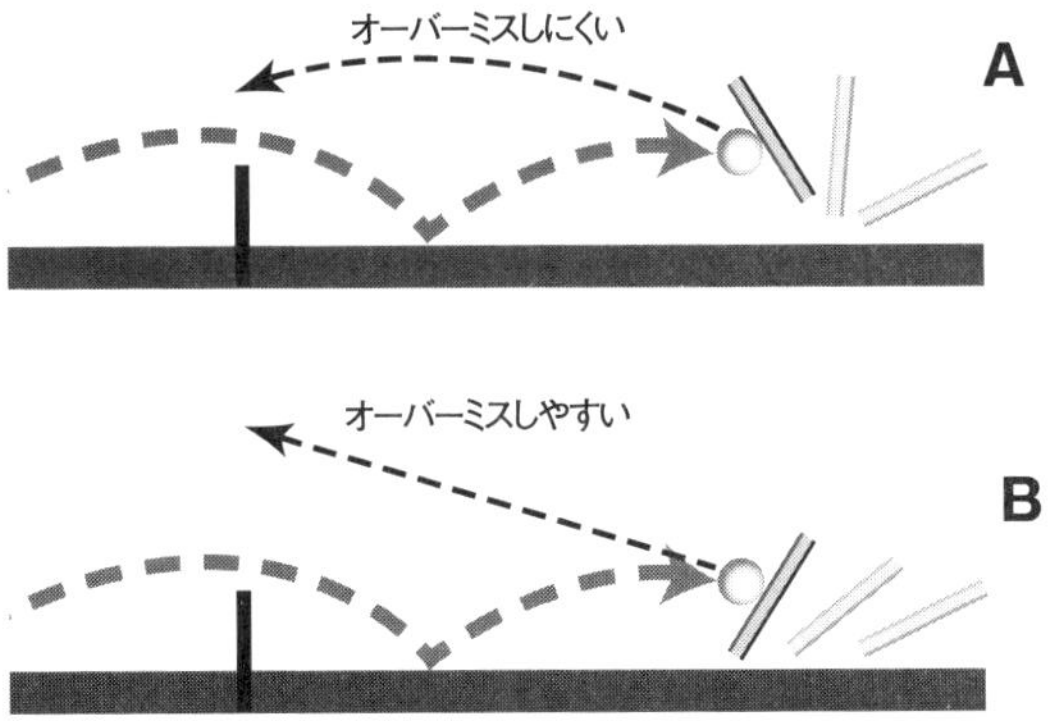

【図1】フリックは台上ドライブで
Aのように、インパクトでのラケット角度を前傾させて回転をかければ、フリックはオーバーミスしにくい。しかし、Bのように角度打法で面を上に向けて当ててしまうと、オーバーミスすることが多い

攻撃するのでは、相手のカウンターにつかまることが少なくない。それを打開するには、ストップで相手の様子を見ながら、いかに機を見て台上ドライブで先手を取るかという駆け引きが重要になってくるのだ。

思い切り切ったサービスのブレが変化を生む

サービスについては、それほど多種類のサービスを考えて出すよりも、3球目や5球目に結びつけられるようなサービスを第一に考えたほうが良い。サービスエースを取るという考え方をなくすわけではないが、サービスを持ったから必ずしも有利であるという考え方は、11点制になってからはあまり通用しない。サービスが2本交替であるということは、

全面をカバーするほどの、バックハンドによる台上ドライブを戦術として使う張継科（中国）

25 これからのシェークドライブ型の戦術

常にジュースアゲインでサービスを出しているようなものである。

サービスを3球目・5球目に結びつけるためには、サービスを落とす位置と、ブレーキのかかるサービスとスピードのあるサービスというようなタイミングが重要だ。フォロースルーやスイングの変化で回転をわかりにくくするテクニックも有効だが、インパクトを隠すことができないので、ラケット操作のみで相手のレシーブを狂わせるのは非常に難しくなっている。

その中で重要なのは、手首の使い方だ。手首を最大限に使い、インパクト時のスイングスピードを速くすれば、サービスを出す位置や回転がナチュラルにブレてくる。失敗する可能性もあるが、中国やヨーロッパのサービスを得意にしている選手は、そのブレの誤差を変化につなげるテクニックを持っているのだ。

切ろうと思って思い切りスイングしたら、当たるところがちょっと変わって、自分の意識と少し違う回転のサービスが出る。このように、サーバー自身の意識と違うサービスが出てくるというのは、レシーバーとしても非常に読みにくい。そのような微妙な変化サービスが、最近では増えているのだ。

そして、3球目・5球目では、特にバックハンド系で攻撃パターンを作ることが重要である。バックハンド攻撃で1ポイントを取れるスタイルを目指すことは、国際競争に負けないスタイルを作るための必修課題だ。世界のシェークドライブでは、それが主流になってきている。その流れに乗り遅れないようにすることが肝心なのである。

26 これからのペンドライブ型の戦術

オールフォアの台上処理と飛びつき攻撃が軸

ペンホルダー裏ソフトドライブ型は元々日本のお家芸だったのだが、今や日本国内では衰退し、アテネ五輪で優勝した韓国の柳承敏や、09年世界チャンピオンの王皓《ワン・ハオ》（中国）、北京五輪で優勝した中国の馬琳などが世界の第一線で活躍している。

シェークハンドと比べるとペンは、バックハンドがやや弱い。そこで中国は、それを克服するために馬琳や王皓、劉国梁などのように、裏面を使ったバックハンドドライブを後発的に編み出した。ペンの裏面ドライブはラケット面が内側を向いているために、すごくカーブがかかる。そういうものを利用し、ペンもシェークと同じようにバックハンド攻撃に重きを置くのが、ひとつの考え方だ。

しかし、ペンドライブ型の最大の攻撃パターンは、やはり台上攻撃とフットワークを生かしたフォアハンド攻撃の結びつきである。台上攻撃を仕掛けるためには、すべてフォアハンドで台上処理をすることが前提だ。

フォアハンドで台上のレシーブをするということは、フォア側をがら空きにしておいてフォアに来るボールを待ち、飛びついてカウンター攻撃をするスタイルにならざるを得ない。それには、フォアに飛びついて打つ時のボールの威力が必要だ。つまり、サイドに動く反動を使って威力を増すという打ち方が求められるのだ(図1参照)。

特にペンの場合は指に力が入りやすいため、フォアに飛びついてのクロスボールが非常に打ちやすいという特長がある。ドライブだけではなく、飛びついてのフォアハンドスマッシュもスムーズにでき

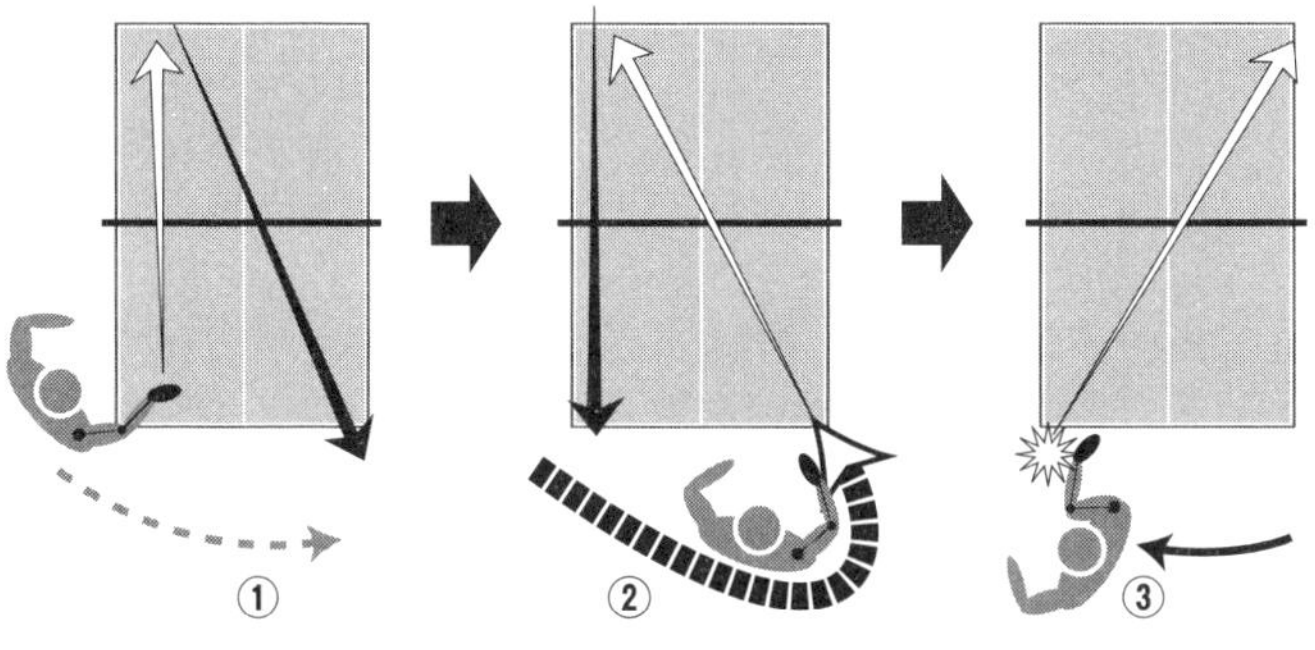

【図1】フォアへの飛びつきから戻ってバックハンド強打（ペンドライブ型の基本システム）
①ではバック前のボールを回り込んでフリック。台上のボールはすべてフォアハンドで処理する。②ではフォア側への返球に対し、飛びついてドライブ or スマッシュ。飛びついた時の反動を打球のパワーに変換することが重要。③ではひじ関節を折り畳んでバックハンド強打。やや背中を向けた体勢からでも打てるようにしておく必要がある

る。しかも単板ラケットの場合は反発力が強いので、動きながらの打球でもスピードが落ちない。

　そういう特長を生かしたうえで、いかに前陣でプレーできるかがカギになる。表ソフト速攻型の前陣ではなく、裏ソフトのドライブによる前・中陣型を目指し、速いフットワークを使って攻めの卓球をすることが重要だ。

　前・中陣でプレーできれば、バックショートが受け身にならず、攻撃的なカウンターショートができる。身のこなしを速くすれば、前陣でのバックハンド強打も使える。これからのペンドライブ型は、フォアハンドの威力とともにバックハンドの弱点を補強する前・中陣でのプレーが望ましい。

バック前のボールをフォアハンド強打で攻める馬琳（中国）

飛びついたあとのバックハンド強打が必要

台上をオールフォアで処理し、フォア側をがら空きにして飛びついて攻撃するスタイルとなると、当然ながら飛びついたあとのバック側のカバーが必要だ。バック側に戻りながらバックハンドを打てる形を作っておかないと、フォアハンド一本槍では戦えない（169ページ図1参照）。

その点ペンホルダーには、ひじを体の内側に入れ、ひじ関節を折り畳むように打つ独特のバックハンド強打がある。これは、シェークハンドのバックハンドと違い、球質がナックルになるので相手側としては非常にやりにくい。これからのペンドライブ型は、このバックハンド強打を多用する戦型を目指すべきだ。

フォアに揺さぶられたあとに、バックへ飛びつきながら裏面バックハンドで攻める王皓（中国）

ペンの場合は、フォアに飛びついたあとにバックハンドを打つ時、相手に背中を見せるような形からでも打てる。シェークの場合は背中を向けるとバックハンドを打つのが難しいが、ペンは背中を向けてもラケット面が前を向くので、しっかり強打できるのだ。この打法を身につければ、フォアに飛びついたあとの得点源が生まれる。この部分に関しては、ペンのバックハンドは不利ではないのだ。

ペンの場合は、裏面打法を除けば、バックハンドを待ち構えた状態から打つ戦術は、ほとんど必要ない。待ち構えて打てるのであれば、フォアハンドで打ったほうが良いからだ。しかし、フォアに飛びついたあとのフォローという意味では、バックハンド強打が非常に重要となる。

フォアに飛びついて攻撃したあとにバックショートで防御するようでは、飛びつくことに何の意味もなくなってしまう。飛びついて打ったあとに連続してバックで攻撃できるシステムが、きちんとスタイルとして確立されている必要があるのだ。ペンのバックハンドはせっかく、ひじを内側に入れると打球点が遅れても振れるという利点があるのだから、それを生かすことが重要だ。

バック系技術はショートと裏面打法を併用すべし

ペンホルダーの場合には先手を取るための戦術として、球質の変化を利用することが効果的である。

特に、バックショートに関しては、シェークハンドのハーフボレーよりもナックル性のボールになりやすいという特長がある。40㎜ボールになってからは特に、ナックルボールに対して回転をかけて持ち上げる選手が増えているため、ペンのバックショートは非常に効果的なのだ。

そして、相手が少し持ち上げたループボールをカウンターで上から攻撃していく。そういった連携が、ペンドライブ型としての持ち味と言える。

ところで、裏面打法の名手・王皓は、バック系の技術はすべて裏面でカバーするようにしている。裏面打法は、バッククロスのサイドを切るように曲がっていくドライブを打つのには適しているが、ストレートにはスピードのあるボールが打てないという欠点がある。

だから、相手としてはクロスで待っていれば、ほ

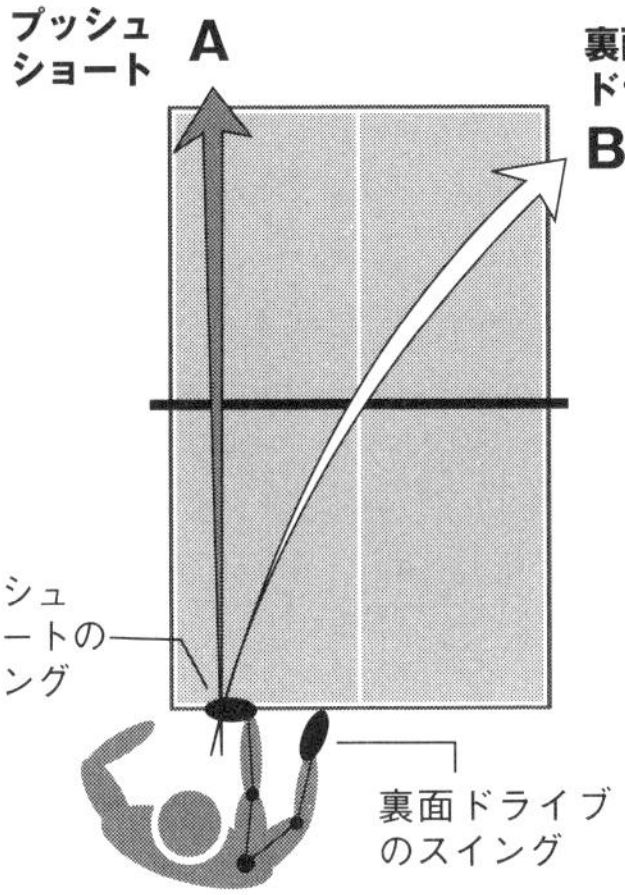

【図2】ショートと裏面打法の併用
バックサイドの同じ位置からプッシュショートと裏面打法を使い分ければ、相手には非常にコースがわかりづらい。また、ミドルを突かれた時にショートが使えると便利である

とんど間違いなくブロックやカウンターができる。もしストレートに打たれたとしても、スピードがないために十分追いつけるのだ。特に、ミドルに来るボールに対しては、裏面打法では良いボールが打てない。そのあたりに、裏面打法の欠点がある。実際、アテネ五輪の決勝で王皓はそこを突かれて柳承敏に敗れている。

裏面を使うペンの中国選手の中でも、馬琳はショートも併用することができるタイプだ。王皓よりも馬琳のほうがオールマイティーに、いろいろな戦型に対して戦えるスタイルと言える。裏面だけでは技術の幅が狭まり、苦手とする選手が出てきてしまう。戦型に偏らず、あらゆる戦型に対応する場合にはやはりショートの技術が必要になってくる。ペンのバック技術は、馬琳のようにショートと裏面打法を両方兼ね備えることが、これからは当然必要になってくるだろう（前ページ図2参照）。

アテネ五輪の決勝で柳承敏に敗れた王皓にしても、ミドルに狙われたボールをプッシュショートで相手のフォアへ突き放す技術があれば、もう少し勝負になったかもしれない。バッククロスのサイドを切る裏面ドライブと併用すれば、効果は倍増するだろう。

また、ペンでは親指と人さし指の操作が、フォア・バックの切り替えの際に大変重要な役割を果たす。指をすばやく動かすためには、握力が強くないといけない。握力がなくなってくると、切り替えが遅くなるうえ、強いボールが打てなくなる。ペンの選手は、握力を強化することも忘れてはならない。

27 これからのシェーク異質攻撃型の戦術

まずはバック表ソフトの前後の位置を合わせる

バック面に表ソフトラバー、フォア面に裏ソフトラバーを使うシェークハンド異質攻撃型が最も気をつけなければいけないのは、バック面の表ソフトでは、台との距離が一定でないとミスが出やすいということだ。フォア面の裏ソフトのドライブは打球点が前後にずれても打てるため、台との距離が一定にならないことがある。ところが、表ソフトにとって台との距離がまちまちになることは、非常に不安定な要素となる。この場合、ミスが出るのはバックハンドだが、問題はフォアハンドにあるのだ（次ページ図1参照）。

だから、バック表ソフトのシェーク攻撃型は、フォアハンドをもっと高い打球点で打つ意識が必要となる。ドライブで来るのかスマッシュで来るのか、バックスイングの時点まで相手にわからないくらいの高い位置からドライブとスマッシュを併用するのだ。それにより、バック面の表ソフトの攻撃は生きてくる。

高い打球点のフォアハンド攻撃を身につけ、前・中陣でしっかりプレーできないとバックもフォアもつぶされてしまい、そこで戦術的に追い込まれる可能性がある。例えば、対戦相手の戦型がシェーク、ペン、ドライブ、異質……などのように試合ごとに変わった時、選手は球質の違いによって自分の立つ位置を乱されやすい。特に表ソフトのバックの技術は、一定した回転のドライブで攻められたボールに対しては、意外と楽にブロックできたりするが、いったん前後に動かされると対応がかなり難しい。自分が立つ台との距離を試合ごとに正確に測っていな

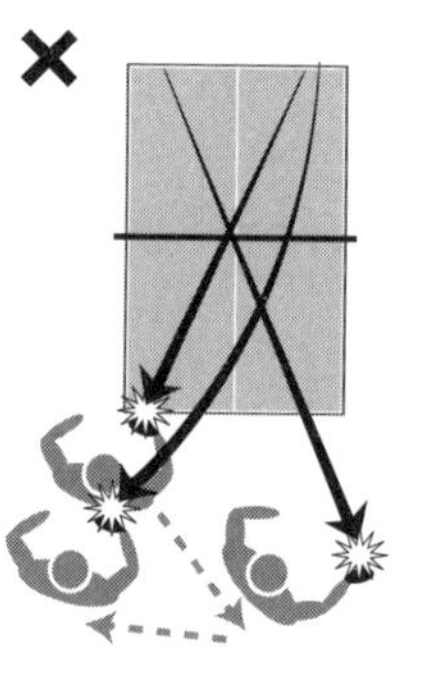

※台との距離がバラバラになる失敗例。たいていの場合は、フォアハンド攻撃時に後ろへ下がり過ぎることが原因になっている

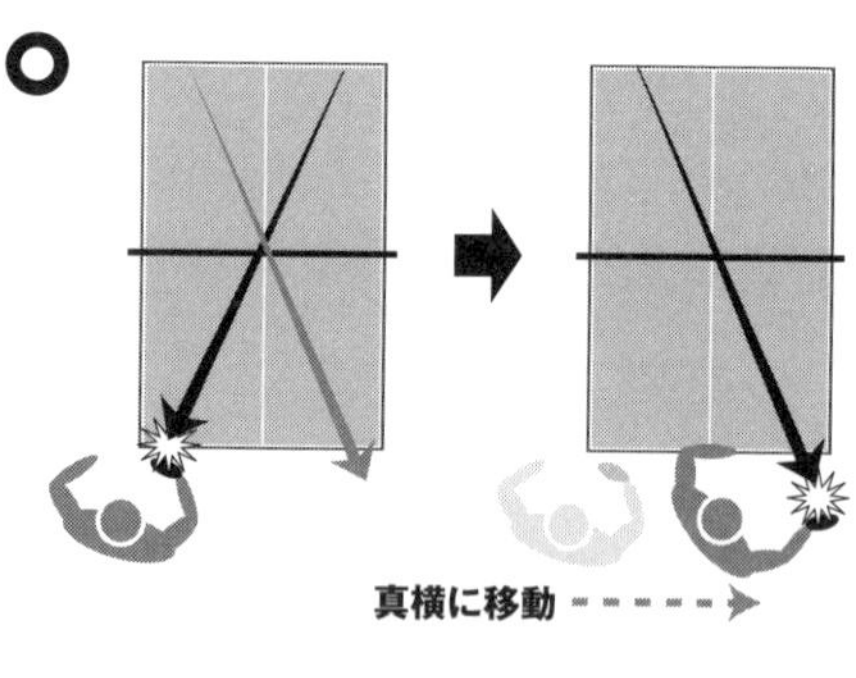

【図1】バックハンドの位置に台との距離を合わせる
表ソフトのバックハンドで安定した返球をするには、ある程度前陣に構え、その距離を保つことが重要。前後に動かされるとミスが出やすくなる。フォア側に揺さぶられても、決して後ろに下がらず、台との距離をキープしたまま平行移動する

いと、相手のスタイルが変わることによって無意識にプレーを乱されてしまう。あるいはフォームを崩されたりすることもある。

飛んでくるボールと飛んで来ないボールに対して、全く同じ位置でプレーするのは不可能だ。シェーク異質攻撃の選手は、相手のスタイルによって最適な自分の位置がどこかという距離感を正確にとらえる眼力が大事である。試合のスタートでは、その位置を合わせることに最大限の注意を払わなければいけない。しかも、それはバックハンドの距離を基本にして合わせることが重要だ。

球質の変化を最大限に生かすプレーをしよう

バック面が表ソフトのシェーク速攻型の名手・王涛《ワン・タオ》（中国／96年アトランタ五輪2位）は、表ソフトによるバックハンドの球質の変化をものすごく多用した。ナックル、トップスピン、横回転……それらを相手ボールの球質に合わせて変化させた。相手が強烈なドライブで来ればナックル性のカウンターで応酬。相手があまりドライブをかけて来なかったら、こちらからスピンをかけて返したり、スピンをかけるようなフォームでナックルにしたりした。バック表ソフトでありながら、そのように裏ソフト以上の回転・球質の変化を駆使して成功したのである。

バック面が表ソフトだからといって、ただラバーに頼ってブロックをするだけでは戦えない。例えば、バック側深くに来る切れたツッツキに対しては、表ソフトでもドライブすれば良い。持ち上げるような角度打法では、どうしても相手に上からたたき込まれてしまうので、思い切り回転をかけることが重要だ。

表ソフトでドライブをかけると、相手ボールの球質をそのまま残して返しやすく、相手コートにバウンド後、ボールが滑ったり曲がったりする。ただポンポン早く打つだけではなく、そういった回転系の技術も使わないといけない。特に表ソフトは、横回転のボールをドライブで返すとバウンドが横に跳ねる。それを生かさない手はない。ふつうに弾いて打つだけではもったいないのだ。

また、台上のボールを表ソフトのバックハンド

多彩なバックハンド技術で、世界タイトルを何個も獲得した王涛（中国）

で払う技術は、絶対身につける必要がある。バック表ソフトでありながら、台上のボールを積極的に払う選手は、今はあまり見当たらない。そこが少しあまいように感じられる。

あとは両面異質のカットマンのようにラケットを反転させ、フォア側のボールを表ソフトのスマッシュで打ったり、バック側のボールを裏ソフトのドライブで返球する技術にも挑戦するべきだ。カットマンに比べれば、前陣でプレーする攻撃型は時間的な余裕が少なく反転の難度は高いが、戦術的に1回でもそういうことをやると、「ひょっとしたら持ち替えてくるんじゃないか」という恐怖感を相手に与えられるので、決してマイナスにはならない。

【図2】表ソフトの対横回転バックハンドドライブ
横回転の入った相手ボールを表ソフトでドライブすると、バウンドが横に跳ねることがある。とりわけ、強烈な横回転サービスを表ソフトのバックハンドで打つと、相手コートにバウンド後に変化する

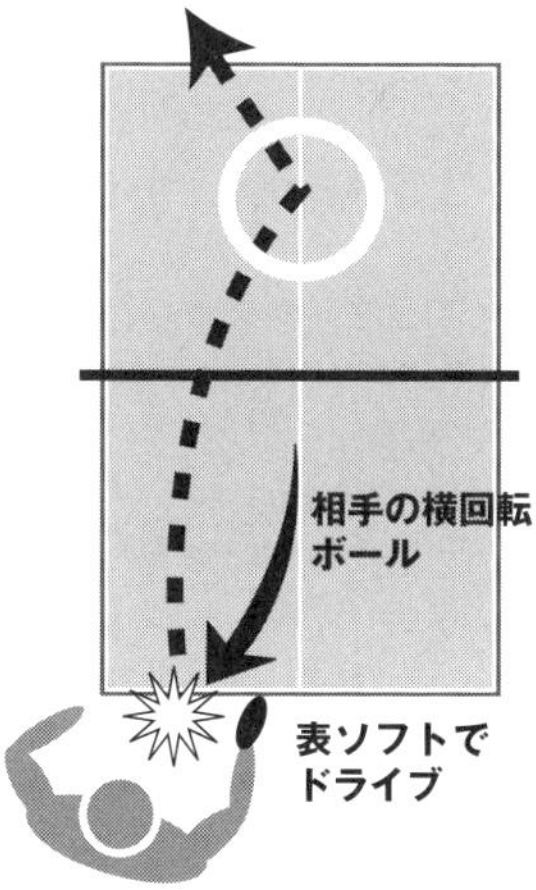

粒高使用者は反転と短く止める技術が課題

バック面に粒高ラバーを貼る選手の場合、球質の変化は出せるのだが、スピードが出ないのが弱点になる。粒の腰が弱いため、一定以上のスピードのボールを無理に出そうとするとミスが出るのだ。結局粒高は、相手のボールを利用しないと返球ができない。自分の力でバックハンドを打つ場合には、バック表ソフトの場合以上に反転技術が重要になってくる。

相手からどちらに打たれるかわからない時に、瞬間的に反転技術を使うのは難しいが、相手の返球までに時間的な余裕がある場合には、反転技術を積極的に取り入れたほうが良い。自分なりのパターンを作り、どんどん反転させて攻撃すれば高い効果があるだろう。

粒高を使用したシェークの異質攻撃で成功しようと思うなら、鄧亜萍《デン・ヤピン》（中国／世界選手権優勝3回、五輪優勝2回）のように、床についたらパーンと跳ねるゴムボールのような筋肉を身につけ、圧倒的なスピード卓球を展開する必要がある。粒高はボール自体のスピードが限定されてしまうので、その分、タイミングの早さやコースの厳しさを追求する。それが粒高使用の異質シェークに要求される能力だ。

また、日本の場合には、粒高を使用する選手に対する技術的な要求度が高すぎるという問題もある。

打ったり止めたりプッシュしたり……いろいろな技術がいっぺんにできないといけないように指導者が教えてしまう。それでは、なかなか技術の精度が高まらない。まずカットならカットだけ教え、それを高いレベルで使いこなせるようになってから次の技術をマスターさせる、というやり方にするべきだ。

特に、徹底して小さく止める技術をマスターすることは最優先課題である。それから、深く押し込む技術を覚え、攻撃選手を前に踏み込ませたり、中陣に下げたりというように前後に揺さぶる。ボールの長短で相手の打球点を一定にさせない戦術が、粒高使用選手としては有効だ。その代わり、フォアハンドの攻撃技術は多様化させなければいけない。シュートやカーブなど、多彩な球質を操って相手を翻弄していこう。

28 これからのペン速攻型の戦術

ひじ締めバックハンドと肩甲骨打法を習得せよ

ペンホルダーの速攻型が現代卓球を勝ち抜くには、両ハンドでのカウンター技術が必要である。基本的には、サービスからの3球目・5球目の速攻と台上攻撃を軸に、いかにして先手を取るかが重要なのだが、先手を取られた時にも両ハンドのカウンターで得点を狙う。現代の卓球では、ブロックだけでは相手に連続攻撃をされてしまう。だから、常にカウンターを狙えるようなスタイルが必要とされるのだ。

そのためには、両ハンドの切り替えをできる限りすばやく行う技術が大事になる。従来のペン速攻型にはフォアハンド主戦の選手が多く、バックハンドはほとんど全部「ひじ伸ばし式」のショート打法に頼っている。だが、この形ではとっさにバックハンドを強打することができない。

77年世界チャンピオン・河野満さんのバックショートは、「ひじ締め式」の打法によるショートだった。チャンスがあればいつでもバックハンドが打てたし、打てなかったらショートで守ることができた。まさに攻守兼備のバックハンドである。

ひじ締め式のバックハンド強打の形からショートをすることはできるのだが、ひじ伸ばし式のショートの形からバックハンド強打を放つのは非常に難しい。ショートはペン表ソフトの速攻型にとって大事な技術ではあるが、ひじ伸ばし式のショートを多用する「右打ち左押し」タイプの表ソフト速攻は、中国が90年代になってあきらめたスタイルだ。これからはバックハンドでどんどん強打できるよう、ひじ締め式のショート打法を身につけないと通用しな

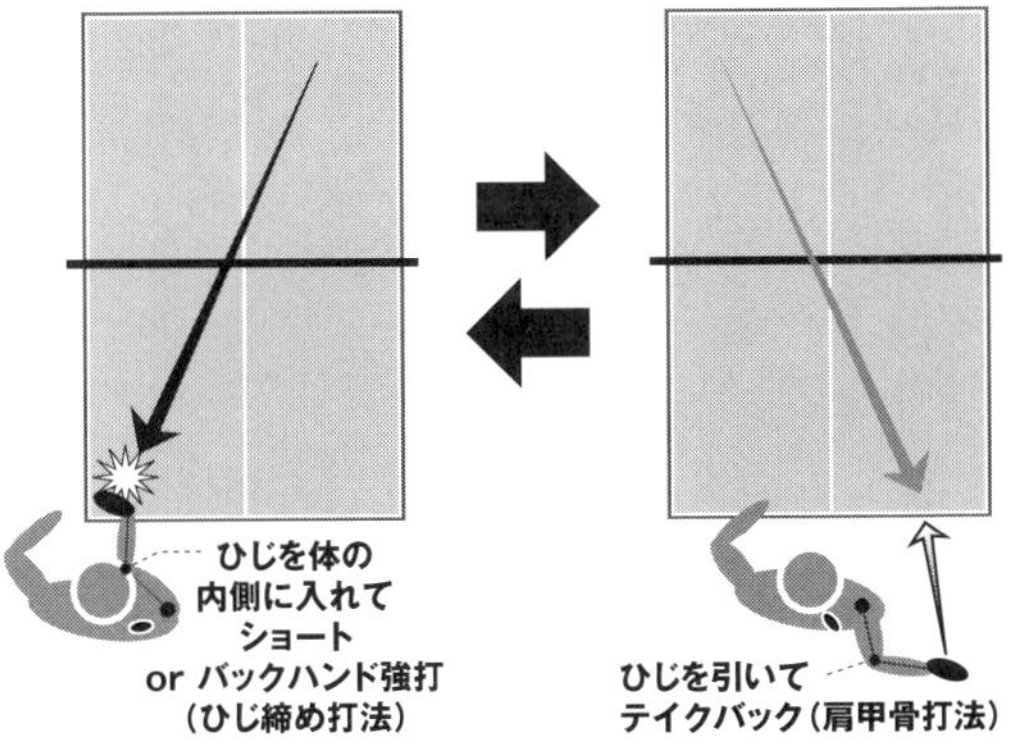

【図1】ペン速攻型の前陣での切り替え
ペン表ソフト速攻型が、前陣での両ハンドカウンタープレーを可能にするには、ひじで切り替えを行うことが重要。特にバックハンドは、ひじを体の内側に入れる「ひじ締め式」でないと、いざという時に強打ができないので注意したい。フォアハンドでは、ラケットを引こうとせず、ひじを引く意識（肩甲骨打法）が肝心だ

い。それを利用して、両ハンドのカウンター技術を高めていくのだ。

ひじ締め式のショートで重要なのは、ひじを体の内側に入れることである。ひじを内側に入れれば、肩が自然と入るのだから、余裕のある時はそのままバックハンドを振れば良い。ひじが内側に入っていないと、全部ひじ伸ばし式のショートになってしまうから注意が必要だ。

また、ひじ締め式のショートからフォアハンドへの切り替えでは、ラケットではなくひじを引くのがコツになる。いわゆる肩甲骨打法である。結局は肩甲骨打法ができないと、前陣での速攻プレーは成り立たなくなる(前ページ図1参照)。

肩甲骨打法によるフォアハンドのバックスイングでは、ラケット面を下に向けてひじを引けば肩甲骨が動きやすく、十分にラケットを引くことができる。ラケット面を正面に向けたままでは肩甲骨が動かず、十分にテイクバックできない。肩甲骨が動かないと、ラケットを引くのに腰を回す必要が生じ、それだけ打球が遅れてしまう。そして、間に合わないから中・後陣に下がるという悪循環にはまるのだ。

世界卓球史上、もっとも完成したペン表ソフト速攻型とも言われる日本の河野満。ラケット面を伏せるフォアハンドのテイクバックやひじ締め式のショート&バックハンド強打、台上の逆モーションなど、現代卓球でも十分通用する技術を持っていた

ラケット面を正面に向けたまま打つと、相手に打つコースがわかってしまうのもデメリットとなる。ラケット面を一時的に伏せても、インパクトの瞬間に適正なラケット角度が出せれば良い。河野さんもラケット面は下を向けてバックスイングをとっていたし、戦型は違うが王楠《ワン・ナン》（中国／世界選手権優勝3回、シドニー五輪優勝）はバックスイング時にラケット面が反り返っていた。それでも、インパクトの時にはきちんとミートできるのだ。トップ選手はそういう打法がきちんとできているのである。

レシーブ＆ブロックからのラリー能力も高めよう

ペン表ソフトの速攻型において、前陣での両ハンドプレーとともに重要なのが台上攻撃だ。特に、逆モーションを使った台上処理は、ペン速攻の生命線とも言える。ペンホルダーの台上は、全部フォアハンドで処理するのが基本である。バック前に出されたサービスに対し、フォアハンドで逆モーションを入れてストレートに払う技術などは、ペン表ソフトの有利な点だ。その点、河野さんの台上プレーは、ストップするのかアタックするのかが非常にわかりにくかった。台上アタックのコースにしても、全部逆モーションを入れるため、相手の動き出しを常に遅らせて3球目攻撃を完璧に封じ込めることができていた。

そして、表ソフトの場合にはレシーブ&ブロックのシステムを作ることがカギとなる。レシーブで相手に3球目を力一杯振らせないようにして、さらにブロックでもう一本嫌なボールを入れて相手の体勢を崩し、アタックする。そういう2段・3段構えの戦術が必要なのだ。

速攻だからといって、いきなりレシーブ&4球目攻撃で好き放題に打てるような時代ではない。まずは相手のストライクゾーンをちょっとはずして、それからラリーを自分のペースに持ち込み、連打で勝負する。そういうシステムを練習で作り上げておけば、調子の悪い時にも、いきなりバンバン打って入らずに負けるということが少なくなる。表ソフトの速攻でありながら、ラリー戦にも強い。そのようなブロック力と攻撃力を兼ね備えた卓球を目指すと良い。

絶対的な威力の攻撃球でハイリスクなプレーを

ラリー戦になったら、前陣で両ハンドでないとペン表ソフトは戦えない。いくらフォアハンド主戦型でも、バックハンドが全く振れず、ショートしかできないというのではいけない。フォアハンドで常にアタックを狙うのは当然だが、バックハンドでも基本はアタックである。バックハンドを振る時間がない時にショートを使う。さらに高いレベルを目指すなら、バックハンドのカウンターも前陣でできるようにしなければいけない。

　現代卓球の威力のあるスピードドライブを、前陣でバックハンドでカウンターなんて無理だ……という固定観念を持ってはいけない。ショートだけで得点はできるか。できないだろう。それなら、どうやって得点するのかを考える必要がある。得点できるパターンをいくつ持っているか、ということが重要だ。そして、打法というものは得点するために作らなければいけない。そこが大事なのだ。

　ミスをするリスクはあっても、命中率さえ高めていけば確実にポイントできるという打法を作らなければいけない。命中率は100%だけれども、相手は何もミスしてくれない、というのでは得点打として使えない。相手のミス待ちでは勝てない。自分でいかに積極果敢に1ポイント取りにいく技術を身につけるか。速攻型はそこが勝負なのだ
　勝負の世界なのだから、下の選手に勝つ練習をしていても仕方がない。自分より強い選手に勝つためにはどうしたら良いかということを考えたら、当然ハイリスク・ハイリターンな方向に答えが出てくる。日本の卓球はどちらかといえばミス待ちになっている。いかに凡ミスをしないかという卓球を作ってきたが、これからはもっとリスキーにいかないとポイントにつながらない。

　攻撃球に絶対的な威力・スピードのない選手は現代卓球では勝ち抜けない。40㎜ボールになったばかりの時に比べ、今はボールが見えないほどのスピードになっている。用具の進歩もあるが、それだけ各国の選手がトレーニングを積んできているということだ。それに乗り遅れてはいけない。

29 これからのカットマンの戦術

戦い方とスイングの使い分けを習得すべし

カットマンには、「三種の神器」とも言える三つの得点源がある。

第一は、サービス・レシーブでポイントをすること。特に台上でポイントできることが非常に重要だ。第二は、変化カットでポイントすること。台上でもみ合って、そこでポイントができない場合は、一発目の変化カットでポイントをあげなければいけない。第三は、攻撃力でポイントすること。相手がしぶとく変化に対応し、ミスをしてくれないという場合には、ナックルカットや変化カットを駆使し、相手のドライブボールをアタックしてポイントすることになる。

この三つの柱でカットマンはゲームを組み立てていく。それでも通用しない時には、30本でも50本でも粘り抜いて体力戦に持ち込み、相手をへばらせて勝つ。これは最後の手段と言える。

また、カットマンの心構えとして、三つの意識が必要だ。ひとつは、カットでポイントをする意識。もうひとつは、相手のストップを狙うストップ攻撃の意識。三つ目は、サービス・レシーブから攻撃する意識である。

得点源の柱が三つ、心構えとしての意識も三つ。これらをミックスして戦うのが、カットマンの理想形である。

話は変わるが、カットマンは、相手ボールの球質によってカットスイングの軌道を変えなければいけない。

相手ボールがスマッシュのように、ナックル性であまり回転のかかっていない場合。この時のカットスイングは、まず上方にラケットを振り上げ、そこから斜め前方に振り下げていく軌道となる。横から見ると、アルファベットの「I」の大文字を筆記体（$\mathscr{I}$）で書くようなスイングだ。

一方、相手ボールにものすごくトップスピンがかかっている場合。この時は、まず斜め後方へラケットを引き下げ、そこから振り上げたラケットを真下方向へ振り下げていく軌道となる。横から見るとアルファベット「L」の小文字を筆記体（ℓ）で書くようなスイングだ（次ページ図1参照）。

カットマンに多いのは、ナックル性サービスを出された時に「L」字スイングをしてしまい、ポロっとネットミスをするパターン。反対に、強いトップスピンがかかったボールに対して「I」字スイングをしてオーバーミスをするパターン。この2種類が典型的である。いずれも、片方のスイングしかできないのが原因だ。

カットマンは、この「I」字と「L」字の2種類のバックスイングのとり方を、両方ともマスターしないといけない。そして、スピードボールと回転のかかったボールの双方に対応させてスイングを使い分ける技術が必要だ。

表ソフトで打たれたり、ドライブを打たれたり、スマッシュを打たれたり。そのような多種多様な攻撃球に対して、スイングの使い分けができなければものすごく苦労することになる。

上下と前後、3次元の変化カットを駆使しよう

カットマンの心理として、常に低くて深くて良い

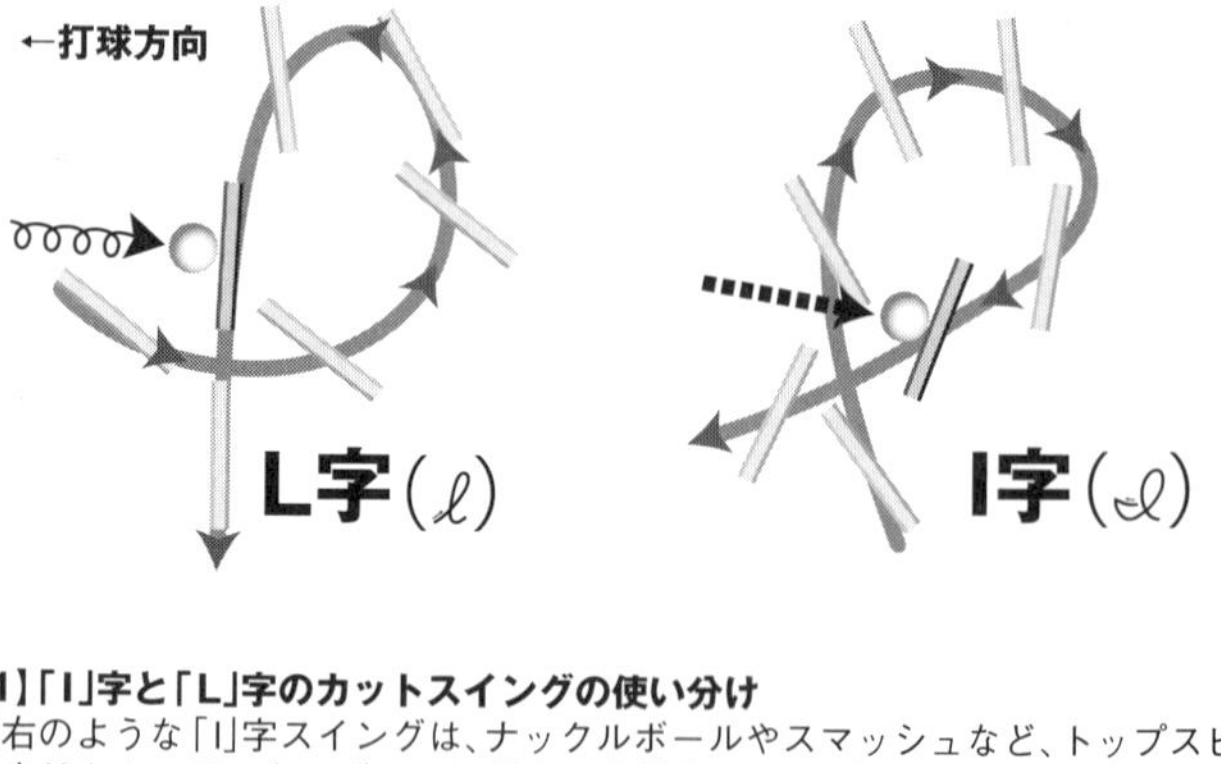

【図1】「I」字と「L」字のカットスイングの使い分け
上図右のような「I」字スイングは、ナックルボールやスマッシュなど、トップスピンのあまりかかっていないボールに対して有効なスイングライン。左のような「L」字スイングは、トップスピンが強烈にかかったドライブなどを抑えるのに有効なスイングラインだ。この両者の使い分けをしっかりすることが、凡ミスを減らすことにつながる

カットを入れたいという気持ちがある。しかし、攻撃側としては、高いボールを打ったり低いボールを打ったりするとラケットの角度が変わって打ちにくいものだ。だからカットマンは、意識的に高いボールを入れたり、ロビングを入れるなどの工夫をすると良い。

また、バウンド後に伸びていかないカットと、バウンドしてから伸びるカットの使い分けも、相手の台との距離を狂わせることができて効果的だ。

そのような上下と前後の球質の変化が加われば、カットはより多彩になる。回転の変化だけではなく、上下と前後、3次元でボールの質を変えていくことが、カットマンの新境地を開く（図2参照）。

特に高いカットというのは、打つほうとしてはどうしても、ラケットの角度をかぶせようという意識が働く。その結果、ネットミスをすることが多い。

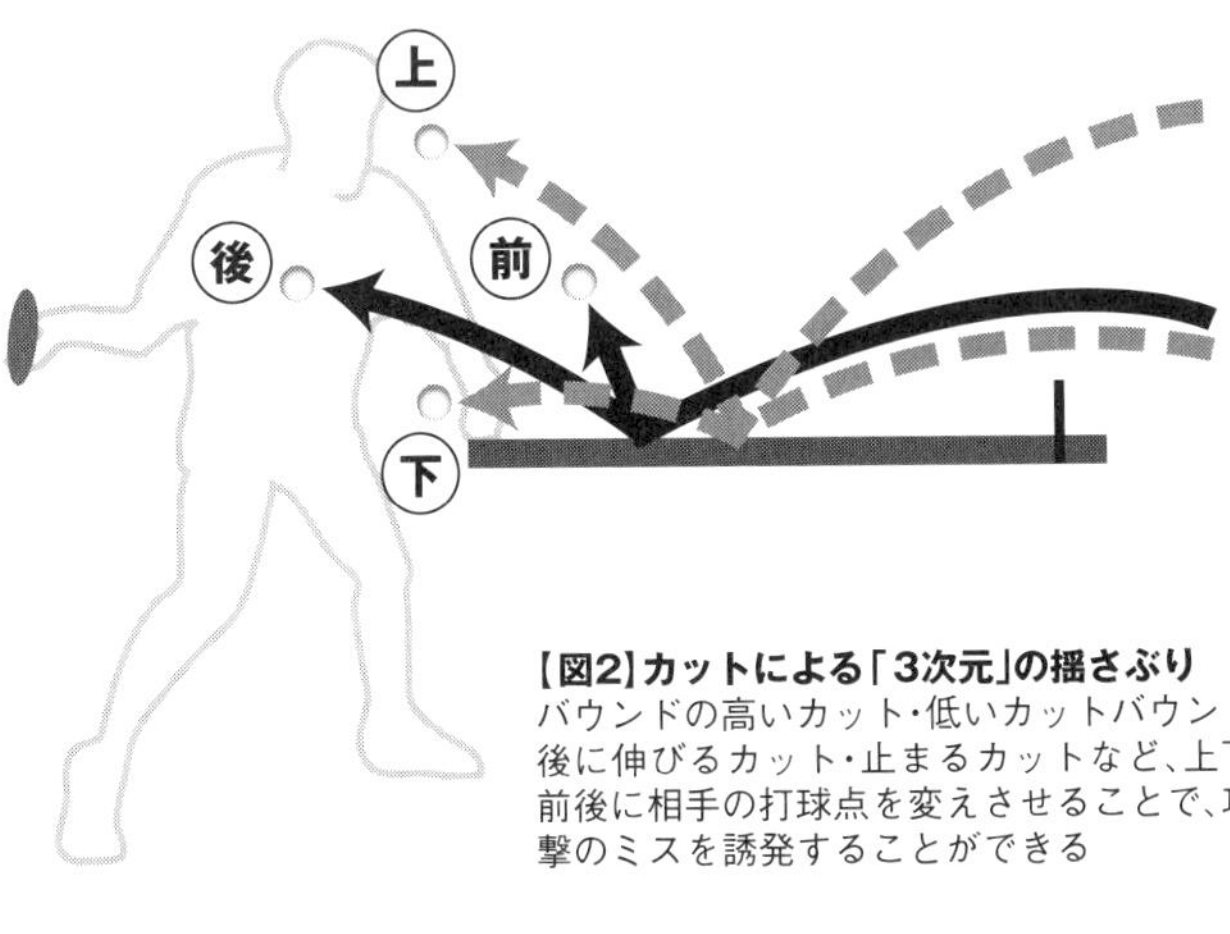

【図2】カットによる「3次元」の揺さぶり
バウンドの高いカット・低いカットバウンド後に伸びるカット・止まるカットなど、上下前後に相手の打球点を変えさせることで、攻撃のミスを誘発することができる

また、高いカットを送って、相手にチャンスボールだと思わせると、相手は「やった」と思って強いボールを打ってくる。その強打に対してシューッと糸を引くような良いカットで返すことができれば、相手はまたストップをして元に戻らなければならず、「せっかく追い込んだのに、またイチからやり直しか」というように、心理的にかなりの負担となる。そのように、カットマンは攻撃側の心理面も考えなければいけない。

得点時は速攻、失点時は粘りのプレーが肝心

今、世界で活躍しているカットマンには、ものすごい攻撃力がある。しかも、サービスを持ったら全部3球目攻撃を仕掛ける。レシーブも、少しでも長くてあまいサービスであれば攻撃をする。ツッツキにしても、昔のように台から下がってゆっくりのんびりしたタイプのツッツキではなく、攻撃選手がツッツキをするくらいの早いタイミングで打球する。攻撃側としては、カットマンを早く後ろに下げたいという気持ちがあるが、そこで前陣で速いツッツキをすることにより、攻撃側の焦りを誘うことができる。それで振り回して、相手の体勢が崩れたらカウンター攻撃を仕掛けるのだ。

そのように、そう簡単にはカットに入らないのが、現在のカットマンの主戦術だ。攻撃対攻撃でも

み合っておき、それからカットに入る。最初からバレバレのカットマンでは通用しないのである。カットマンもそれだけリスクを背負わないといけない時代になってきた。

また、カットの位置から前に寄せられた時や、前陣でストップ処理をする時、カットマンは自らの意識を攻撃選手に切り替えなければいけない。前陣に寄せられた時にドライブをかけられたら、また後ろに下がるという「どたばたカットマン」になっては勝ち目がない。

だから、ストップに対しては全部攻撃するつもりで前に出て、直接攻撃できなかったとしても、次球をブロックやカウンターを狙っていくことが肝心だ。ストップを打てなかったからといって中陣でニュートラルに戻って、またカットに戻るというのでは、相手に楽をさせてしまう。前についい

09年世界ジュニアチャンピオンの武楊は、変化カットと攻撃で中国女子の中で有望視されるカットマンだ

た時には攻撃選手になる。そういう変わり身の早さが必要なのだ。

すべて中・後陣でポイントするカットマンは、すでに時代遅れだ。前に寄せられても前陣カットという手段がある。ブロックやカウンターもできる。攻撃選手のように、カットマンも攻めと守りを同居させなければいけないのだ。特に前陣では、攻撃型としての意識を持ち、そこでのしのぎ合いに持ち込むというプレースタイルを作ることが大切だ。

そして、カットマンの戦い方として、自分がポイントする時には、必ず「速攻」でポイントすることだ。逆に、ポイントを取られる時は、20球でも30球でもラリーを続けてから取られるのが良い。1ポイントを取るのに長いラリーが必要になって、失点する時は3球目攻撃であっという間に取られる……そういうパターンになってはカットマンに勝ち目はない。

つまり、カットマンはポイントの「失い方」が重要なのだ。長いラリーでポイントを取られるのは良しとして、速攻でポイントを取られることだけは絶対に避けなければいけない。現代のカットマンには、そういう戦術が要求されるのだ。

第6章

実戦での戦術の使い方

30 ショートサービスからの3球目攻撃

相手レシーブに合わせた3球目の対処法がある

まずは、ショートサービスからの3球目攻撃について考えてみよう。自分がショートサービスを出した時、まずは相手がツッツキでレシーブをしてくるケースが考えられる。この時の3球目攻撃では、特にバックサイドの回り込みをすばやくしてフォアハンドで攻撃することが重要だ。つまり、相手がツッツキをしてくるようなショートサービスを出した場合の3球目攻撃は、オールフォアで攻めることが基本原則なのだ。気持ちの準備としては、バック側に来る確率が80％、フォア側に来る確率が20％くらいのヤマを張っておくと良い。

この時、バック側に来たボールは80％の確率でヤマを張っているわけだから、当然一発で仕留めるつもりで3球目強打をすることが必要になる。一方で、相手が自分のフォア側にツッツキをしてきたり、小さくストップされるケースもある。この場合には、フォアサイド、もしくはフォア前に飛び込んでいって3球目攻撃をすることになるが、フォア側には20％くらいの確率でしかヤマを張っていないので、それほど強くは打てない。そのため、自ずと相手にカウンターを打たれないようにつなぎ、5球目で勝負を仕掛ける形になる。ツッツキレシーブに対しては、そういう組み立てで3球目を待つことが重要だ（図1参照）。

次は相手がレシーブでストップしてくるケースを考える。この場合、非常に小さなストップを無理に攻撃すると、逆にそれをカウンターで待たれることがあるので注意が必要だ。だから、ストップレシーブに対してはダブルストップで様子を見ることが重

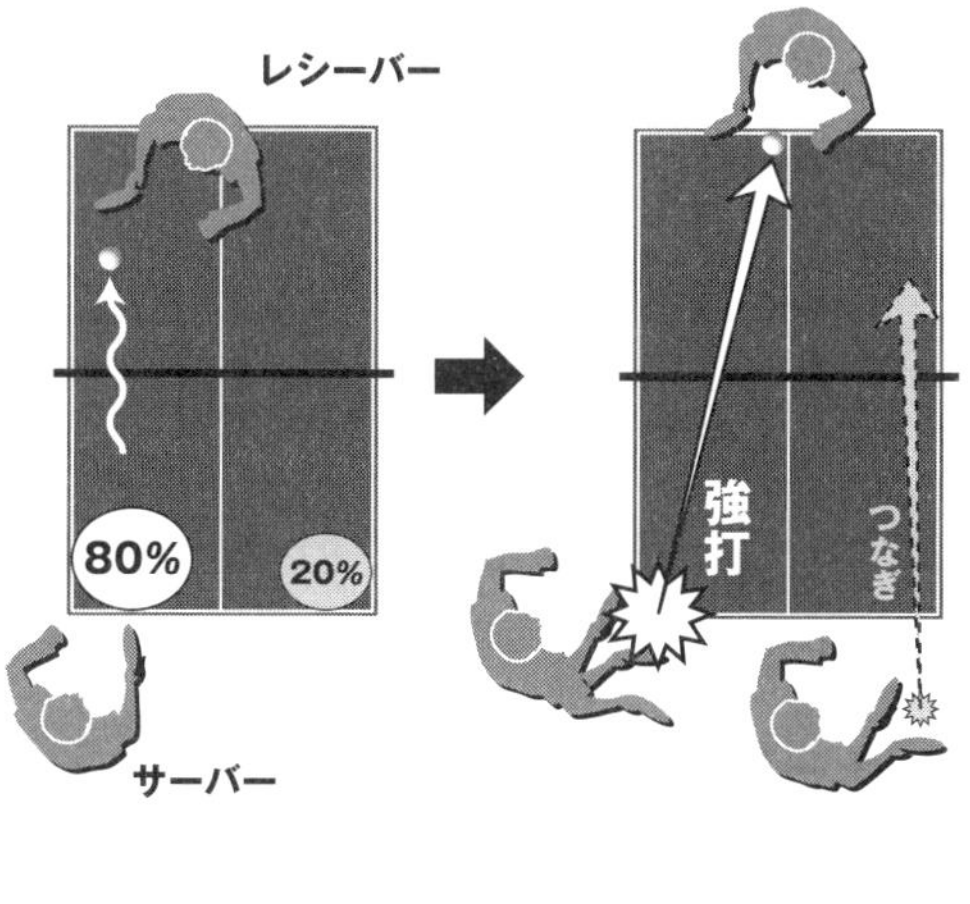

【図1】80％・20％の待ち方（対ツッツキレシーブ）
相手のツッツキレシーブに対しては基本的に、バック側に80％、フォア側に20％くらいの意識で3球目を待ち、実際にバック側に来たレシーブに対しては回り込んでフォアハンド強打、フォア側に来たレシーブに対してはつないで5球目を狙う。自分のスタイルに合わせて、80％・20％の意識の置きどころは様々に変わってくる

要になる。3球目攻撃はできないものの、ダブルストップをミドルなどに入れて相手の出方をうかがい、5球目攻撃につなぐのである。

また、相手のストップレシーブに対してヤマを張る作戦も考えられる。相手が必ずストップしてくると予測を固めた時には、徹底して台上でアタックをする意識が必要だ。ただし、小さく止められたボールを踏み込んで打つ場合には、戻りを早くしなければいけない。5球目に備えてステップバックしていないと、3球目を止められた時に体勢が崩れ、連続攻撃ができない。ダブルストップをするにせよ台上攻撃を仕掛けるにせよ、相手のストップレシーブに対しては、5球目の体勢をすばやく作ることが重要課題だ。

そして、レシーブで相手がフリックしてくるケースがある。フリックレシーブに対する3球目攻撃の前提として、まず相手にフリックをさせるようなサービスを出すことがカギとなる。バウンドが低くて変化もわかりにくいようなサービスでは、相手がストップやツッツキでしかレシーブできないので、アタックされない程度で少しあまいサービスを出し、相手のフリックを誘い出すのだ。

適度に払いやすいサービスを出せば、相手のフリックのコースはクロスが多くなるので、それを狙って3球目攻撃を仕掛ける。フォア前にサービスを出した時には、フォアクロスに払われたボールに飛びついて3球目攻撃。バック前にサービスを出して相手にバックハンドでフリックをさせた時には、3球目でバックハンド攻撃、あるいは回り込んでのフォアハンド攻撃。フリックレシーブに対しての

３球目攻撃は、そのように「狙い打ち」することが重要である。

80％・20％の待ち方と青ランプ・赤ランプの判断

くり返すが、ショートサービスからの３球目攻撃では、相手レシーブの予測をする――ヤマを張るということが非常に重要だ。例えば、相手のレシーブがフォア側に50％、バック側にも50％の確率で来ると予測したとする。この時、レシーブがどちらに来ても１００％の力で３球目を打つという芸当は、どんな選手でも不可能である。つまり、フォア・バック50％ずつという待ち方では、威力のある３球目攻撃はできないのだ。

だからこそ、ヤマを張るということが３球目の戦

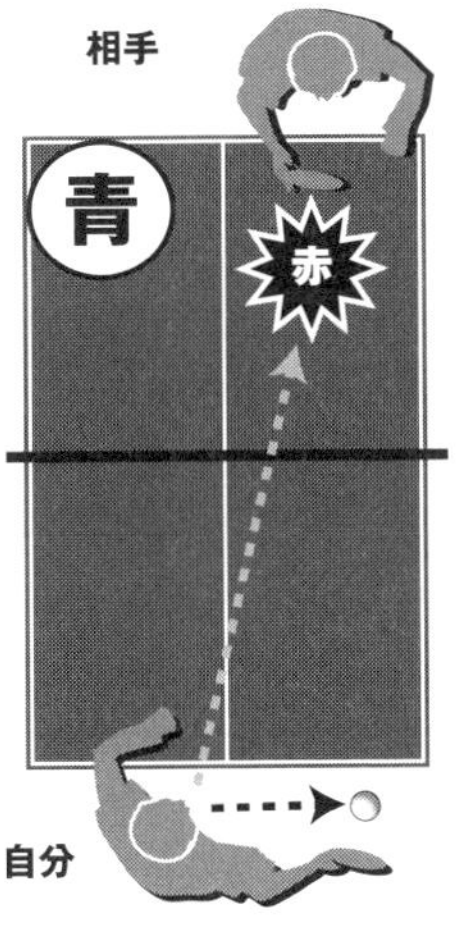

【図２】
３球目における青ランプ・赤ランプの判断
3球目攻撃は、ただ打てば良いというものではない。ボールと同時に相手のポジション・構えなどを視野に入れ、赤ランプ（相手が待っているところ）のコースを避けて打たなければいけない

術としては非常に重要になる。ただし、これは「フォア側に来たレシーブは100％の力で打てるが、バック側に来たら逆を突かれて手も足も出ない」というような、単なる博打《ばくち》ではいけない。「フォア側に来たレシーブは80％の力で打ち、バックに来た時には20％の力で返球する」という、80％・20％の待ち方が求められるのだ。

80％・20％の待ち方をしていれば、80％のポイントにレシーブが来た場合に、かなり威力のある3球目攻撃を仕掛けることができる。逆に、20％のポイントに予想外のレシーブが来た時には、3球目をつないで5球目以降の勝負に結びつけていく。そういう割り切りが大事である。

このような80％・20％の待ち方は、自分がショートサービスを出した時の基本的なシステムパターンとなる。3球目で自分のパターンに持ち込むために、相手のツッツキ、ストップ、フリックそれぞれのレシーブに、どのくらいのパーセンテージでヤマを張って勝負するかというシステムを、あらかじめ組み立てておくことが重要なのだ。そして、どこにヤマを張るかは、自分のスタイルに合わせて考えなければいけない。

例えば、速攻選手がショートサービスからの3球目攻撃を狙う場合は、前陣についてすばやく動けるという特長を活かすために、どこにどんなレシーブが来てもオールフォアで打つんだという覚悟が必要になる。特にペンホルダーはどうしてもバックハンドが弱いので、バック側をフォアハンドでカバーするという考え方がより重要である。フォア側に来たら攻撃するが、バック側に来たらショートするという待ち方ではレベルが低い。ある程度リスクを背負っても、オールフォアで3球目を狙うべきなのだ。

シェーク攻撃型の場合は、バック側に来たらバックハンドのドライブまたは強打でしとめるというパターンが絶対に必要である。そのためにはフォアとバックを同等に打つための筋力、瞬間的に両ハンドを早く振り回せるだけのパワーが不可欠だ。

そのように、自分の戦型や、得意または不得意な技術を考慮したうえで、それに応じた3球目攻撃の待ち方のシステムを作らないといけない。そして、ツッツキ・ストップ・フリックのそれぞれについて、それを繰り返し練習することがレベルアップにつながる。

また、3球目攻撃では、相手コートのどこに打つかということも考える必要がある。相手がバックサイドにいる場合、フォアサイドにいる場合、あるいはセンターにいる場合。それぞれのケースで、3球目攻撃をどこに打ち分ければいいかは違ってくる。ただ単に3球目攻撃をしても、相手の待っているところに打ったのではカウンターを食らってしまう危険性がある。だから、3球目攻撃をする瞬間に、ボールと同時に相手コートおよび相手の位置を確認し、どこに打てば「青ランプ」（相手が待っていないコース）で、どこに打つと「赤ランプ」（相手が待っているコース）なのかを判断しながら打つ能力も高めなければいけないのだ。

31 ロングサービスからの3球目攻撃

サービスのモーション・コース・回転に工夫を

ここでは、ロングサービスの効果的な使い方について考えてみよう。ロングサービスは2バウンド目が台から出るのだから、レシーバーがそれを待っている場合は、レシーブから一発で攻め込まれるリスクがある。だから、ロングサービスを3球目攻撃に結びつけるためには、レシーバーがロングサービスにヤマを張らないよう、サービスのタイミングとコースを工夫することがまず重要だ。

ただ単に長いサービスを出すのではなく、非常にスピードの速いロングサービスや、ナックル性のロングサービス、あるいは横回転系のロングサービスなど、回転やスピードに変化をつけ、相手の待ちをはずすテクニックが要求される。また、ロングサービスを出す時には、バックスイングからインパクトまでがショートサービスと同じようなタイミングのモーションでないと効果がない。コースについても、相手レシーブのタイミングを狂わせるようなボディーアクションを使って、逆を突く。もしくは体を全然動かさないで、インパクトの瞬間にラケットの角度だけを返して逆を突く。そのような工夫がロングサービスには絶対に必要である。

その中で、相手レシーバーが極端にバックサイド寄りに構え、回り込みの姿勢が見てとれる場合には、バックストレートへのロングサービスが有効である（利き腕が同じ場合）。逆に、少しミドル寄りに構え、両ハンドレシーブを主にするような選手の場合は、あまり動かなくてもストレートへのロングサービスに対応できるため、ストレートに出すのにはリスクが伴う。この場合は、バックミドルへ速いロングサービスを出してバックハンドでのあまいレシーブを誘い、3球目攻撃で追いうちをかけるのが定石だ。

このように、あくまでもロングサービスを出す時には、レシーバーの立ち位置をよく確かめてサービスを出すことが大事になる（次ページ図1参照）。

ショートサービスに対する台上バックドライブレシーブ技術の発達により、世界のトップレベルでもロングサービスが増加傾向にある。とりわけ、斜め下回転系のロングサービスが多い。これは、レシーブを下から持ち上げさせて、3球目で上からカウンター攻撃をたたき込むためのサービスだ。このようなサービスでは、相手レシーブを詰まらせることが必須条件となる。レシーブが詰まってしまうような、速さのあるサービスや、コーナーギリギリに入る一番深いサービスなどを有効に使い、レシーバーに決して待ち伏せされないようにしなければいけない。

また、相手の振り遅れを誘う、ドライブ回転の伸びるサービスは、相手の体から思い切り遠いところに出すか、フォアハンドでレシーブするかバックハンドでレシーブするか迷うような、体の真正面に出すことが有効である（左ページ図2参照）。

3球目ブロック攻撃からラリー戦に持ち込む覚悟で

ロングサービスからの3球目攻撃では、自分から攻めるというよりもカウンター技術が中心となる。ロングサービスを出したあとの待ち方は、3球目

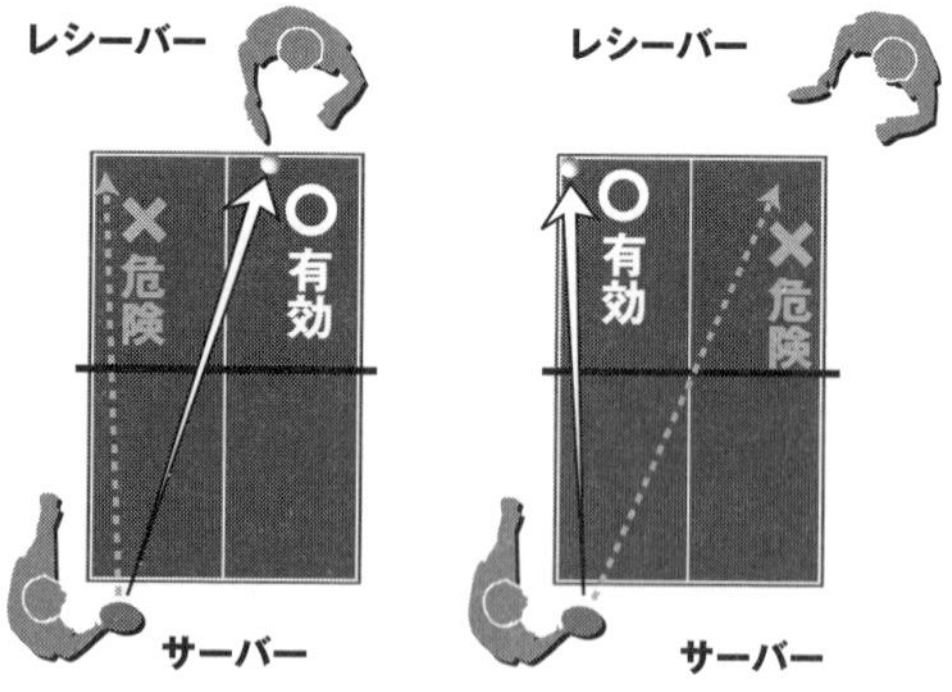

【図1】相手の立ち位置によって有効なロングサービスが違う
右図のようにレシーバーがバックサイド寄りに構え、バック側のサービスに対する回り込みレシーブの姿勢を見せている場合には、バックストレートへのロングサービスが有効。左図のようにレシーバーが卓球台のミドル寄りに構え、両ハンドでレシーブする姿勢を見せている場合には、バックミドルへのロングサービスが有効となる。サービスを出す前に、相手の位置・姿勢を確認しよう

「攻撃」ではなく、3球目「ブロック攻撃」とも言うべきカウンター重視のスタイルを基本としなければいけない。ショートサービスからの3球目攻撃のようにフルスイングはせず、両ハンドのブロックを中心としたカウンター技術による、タイミングの早さとコースで勝負するのだ。そして、5球目以降はラリー戦に持ち込むという覚悟が不可欠になる。

ただし、ロングサービスでうまく相手の逆を突くことに成功した場合には、オールフォアで3球目攻撃をするのが鉄則だ。レシーバーのスタートがほんのわずかでも遅れた場合は、オールフォアで一発で攻め込んでいく。そういう先手攻撃を仕掛けることが、2番目の戦術として必要だ。そのためにも、ロングサービスを出したあとは特に、いち早く相手の動きを確認しなければならない。

また、ロングサービスを使う場合に考慮すべきなのが、選手それぞれのスタイルだ。試合の中で、ショートサービスを多用するタイプとロングサービスを多用するタイプは違う。戦型に応じて、自分の3球目攻撃のパターンに持ち込むためには、ショートサービスが多いほうが良いのか、ロングサービスが多いほうが良いのかを考えなければいけない。

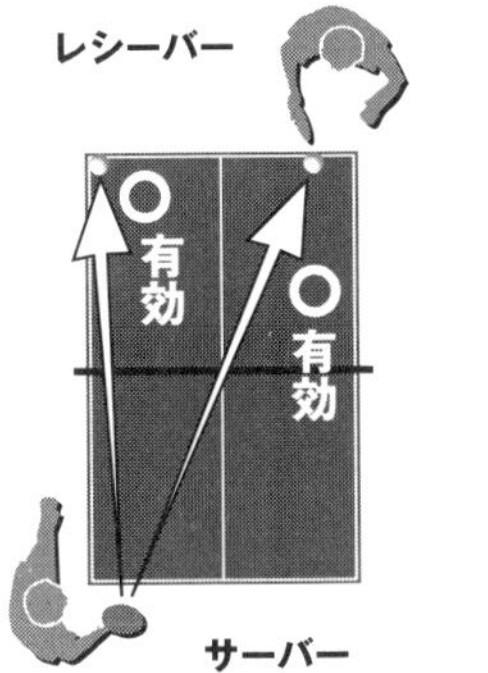

【図2】伸びるロングサービスを出すコース
ドライブ回転を強くかけた伸びるロングサービスは、レシーバーの体から遠いところか、逆に真正面へ出すのが効果的だ

ただし、実戦では戦型に合う合わないよりも、戦術的な考え方を優先しなければいけない時がある。例えば、相手が明らかにフォア前のサービスを嫌がっている場合に、自分のスタイルと違うからと言って、勝負どころでフォア前へのショートサービスを出さないという選択は間違っている。

大事なのは試合全体の展開を読む力である。試合の前半でフォア前のサービスを嫌がっている選手は、最後までフォア前を嫌がる。試合中にフォア前のレシーブが突然うまくなることはないのだ。だから、効果的なサービスを発見したらそれを変えずに、最後まで徹底して使い切ることが肝心だ。相手がある程度慣れてきても、効くサービスは最後まで出していく。その徹底ぶりが勝利を呼び込むことになるのだ。

ショートサービスとのコンビネーションが重要

ショートサービスとロングサービスのコンビネーションとしては、フォア前とバックコーナー、バック前とフォアコーナーという、相手コートの「対角」の関係にある2つのポイントをうまく使い分けるのが定石だ（左ページ図3参照）。

このサービス戦術の定石に対しては、相手ももちろん警戒してくる。しかし、例えばフォア前とバックの深いところのレシーブが両方とも得意だという選手は多くない。フォア前は良いが、バックの深いところは少し詰まるなど、必ず程度の差が出てくる。それを見ながら、フォア前のショートサービスが有効であればそちらを使うし、バックコーナーへのロングサービスが有効であればそれを中心に使う。そうやって相手を崩していくのだ。

その中で忘れてはいけないのが、サービスモーションの工夫や、微妙なコースの調整である。同じバックコーナー付近を狙うロングサービスでも、フォア前に出しそうなモーションを一瞬入れることで、相手の出足は止まる。また、相手レシーブの構えの位置によって、ちょっとミドル寄りのコースが有効な場合もあれば、サイドを切るほうが良いこともある。それは、ボール１、２個分の差で違ってくるのだ。そのような微妙なコントロールを駆使して、１００分の1秒でも相手の出足を止めさせる意識が必要だ。そういう工夫でサービスが効いてくるのだ。相手が警戒しているポイントにサービスを出す時には特に、モーションや微妙なコントロールに気を使うことを忘れてはいけない。

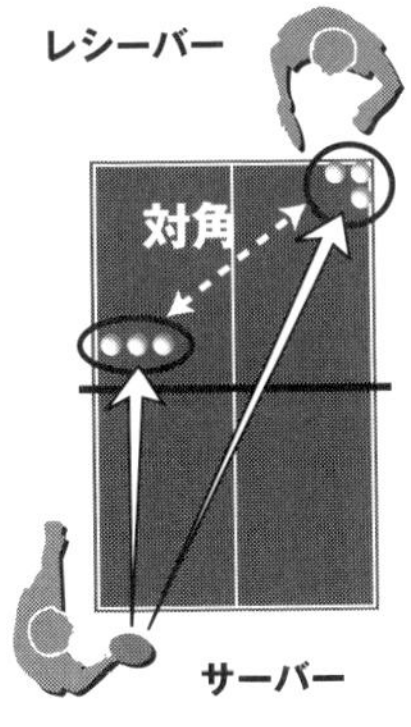

【図３】対角のポイントへのサービス配球
図のようにフォア前とバック深く、またはバック前とフォア深くという「対角」のポイントへサービスを出し分ける戦術が効果的。その中で、ボール1、2個分のコントロールを追求していこう

32 逆モーションの技術・戦術

腰と肩で段階的にためを作って打球する

逆モーションという打法は、上半身（体幹）の回転と、腕の振りをバラバラにするという考え方が基本になっている。フォアハンドを例にとると、腕と体幹が一体になって回転すると単純なフォームになるが、体の回転より腕の振りを遅らせると、少しタイミングが変わる。逆に、体の回転を止めて腕だけを振ると、これも相手としてはコースが読みにくくなる。これが逆モーションの仕組みだ。

例えば自分がフォアクロスに狙って打とうとした時に、相手がそのコースに予測して待っているのが見えた場合。ある程度のレベルの選手であれば、打つ瞬間にボールを見ながら、自分が打つコースと相手の位置関係も同時に視野に入れている。フォアクロスに打とうと思っていても、そこが「赤ランプ」（打ってはいけない場所）だと判断した場合は、インパクトの瞬間にコースを変えなければいけない（図1参照）。ところが、ボールがラケットに当たる瞬間のコースチェンジだから、足のスタンスや体の向きを変えている時間がない。そこで、逆モーションを使うのだ。

卓球のスイングには、「ため」というものがある。フォアハンドの場合、最初は腰でためて打つのだが、スイングを始めてしまった後に、腰でもう一段階ためるのは無理である。ここでスイングにためを作るには、肩を使わなければいけない。肩関節は、ボールを打とうとスイングを開始した瞬間から、まだ動かすことができる。それを利用してスイングをずらすのだ。

腰でためてスイングを開始した時にフォアクロスで待たれていれば、打つ瞬間に肩関節をぐっとずら

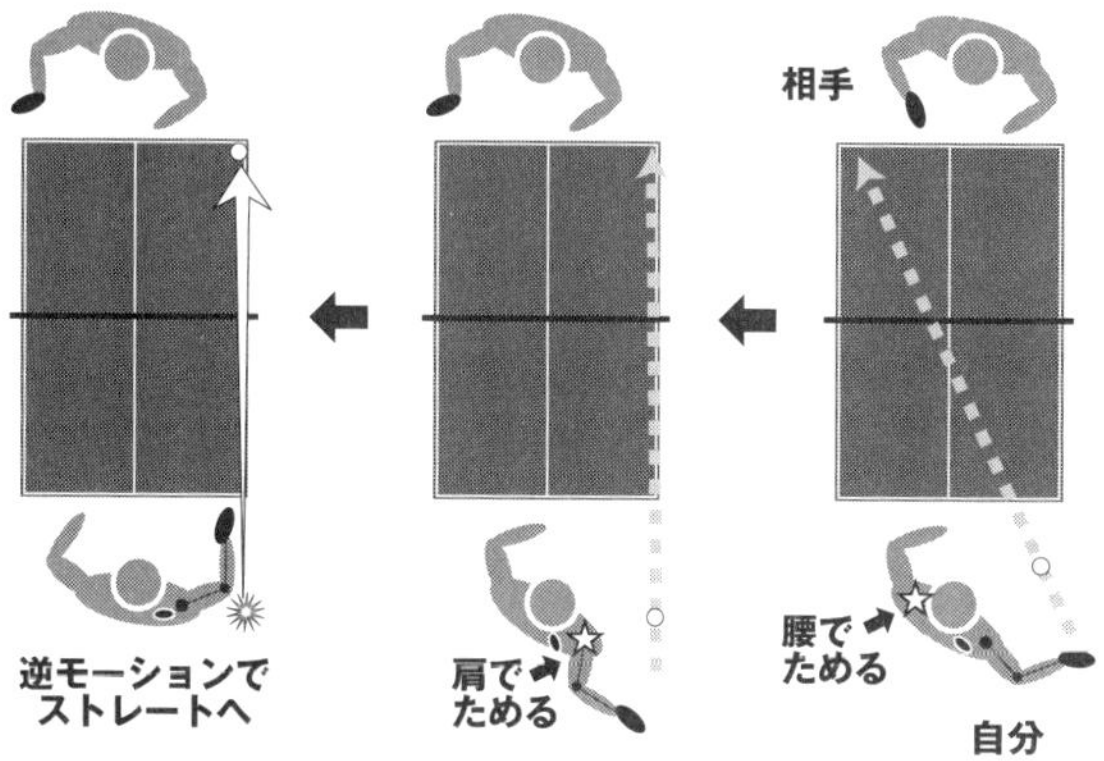

【図1】腰・肩を使った逆モーション
第1段階のテイクバックではフォアクロスに打つ準備をして腰でためていたが、相手がフォア側で待っているのを見て、肩でもう一段階のためを作り、ストレートへ打つ。このように相手をよく見て、2つの関節でためを作って打つのが逆モーションの極意だ

して、そこからストレートに打つ。肩がちょっと動くだけで、逆モーションが成り立つのだ。それなりに高度な技術だが、フォアハンドで打つ時に、一回一回体の向きを変えて、ストレート・クロスへ打ち分けていたのでは相手に読まれてしまう。こういう逆モーションの使い方をすれば、相手にコースを読まれずにすむのだ。

ちなみに逆モーションを使うには、体が緊張していてはいけない。ムチのようにしなやかに、肩から先がものすごくリラックスできている状態でないと、逆モーションは使えないのだ。ひじ・手首・指先に至るまで、非常にリラックスしている状態を作ることが、逆モーションの源となる。世界のトップ選手は、打つ瞬間までボールがどこに来るかわからないが、そのくらい相手をよく見ていて、体もリラックスできており、打つ瞬間にコースを変えられるだけのテクニックがあるということだ。

決定打の準備段階としての台上の逆モーション

現代卓球で逆モーションが非常に大事なのは、40㎜ボールになってからボールの威力や回転が少し落ちているからだ。そのため、逆モーションを入れて相手の体勢を崩しておいてから、強い打球でしとめるテクニックが必須となっている。決定球を打つ前の準備段階で、相手の体勢を崩せるかどうか。

台上の巧みな逆モーションプレーで、先手もしくは得点を狙う馬琳（中国）

そこで逆モーションの価値が出てくるのである。

ひとくちに逆モーションと言っても、手首の逆モーション、ひじから先の逆モーション、腕だけの逆モーション、体全体での逆モーション……など様々な種類があるが、卓球のラリーの中で、まず第1球目となる逆モーションは、台上での逆モーションだ。ここでは、ひじと手首を使うのだが、前腕のひじから手首の間の筋肉をねじるのがポイントである。ひじから先のねじりを使ってスイングすると、逆モーションを使いながらかなり威力のあるボールが出せるのだ。

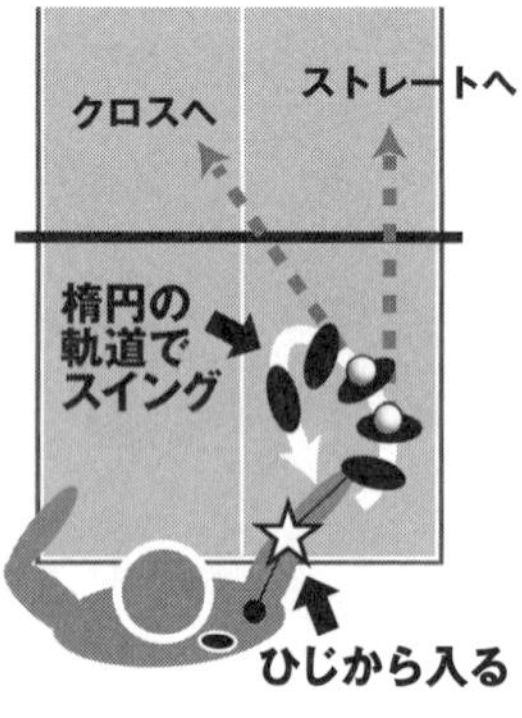

【図2】台上の逆モーション
台上の逆モーションではまずひじを入れ、前腕のねじりを使って楕円打法でスイングすることが重要。最終的には手首を使ってインパクト時のラケット面を変化させ、相手の逆を突いていこう

中国やヨーロッパの選手は、これが自由自在に使えるが、日本選手はここが弱いので強化しなければいけない。中国選手は特に、台上のボールを全部逆モーションで返球するようになっている。先にクロスに打つようなひじの角度で入ってきて手首だけでストレートに打ったり、ストレートに打つようなひじの角度から手首を返してクロスへ打ったりする。すべての台上技術でそういう工夫をしているのだ。

台上での逆モーションは一種の楕円打法である。ひじから先を円運動で回転させるのだ。直線運動では逆モーションを使いづらい。回転運動でひじから先のねじりを使ってスイングし、インパクトする瞬間に打球点とラケット面を変えて逆モーションを作り出す。ひじから入って、前腕の回転でスイングするのだが、ラケット面を微妙に変化させるには手首を使う。最終的には、手首・指先の使い方でラケット面を自由に変化させて、相手がインパクトの瞬間までコースをわからないようにするのだ(右ページ図2参照)。

緩急や回転、視線なども駆使すると効果的

逆モーションはコースだけのテクニックではない。例えば、強く来るだろうと思われるボールを強く打たないで、相手のタイミングをはずして緩く入れる「緩急」の逆モーションもある。ただ単に緩く入れるのでは相手に待たれるが、相手の待ちをはずす逆モーションとして、緩急を使いこなせる打法が必要だ。技術的には、打つ瞬間に手首を使ったり手首を使わなかったりすることだ。

カットでも、打つ瞬間に手首を使えばものすごく切れるが、手首を使わなければ切れない。これは、回転量の違いを生み出す逆モーションだ。ドライブでも、ひじから先をぐっとねじってボールを加速させる打法と、ひじから先のスイングを止めてボールを飛ばさないようにする打法を逆モーション的

に使い分けることが可能だ。

いずれも、バックスイングまでは同じフォームなのだが、インパクトからフォロースルーにかけてフォームの大きさやスイングのスピードを変えたりすることで、ボールの強弱をつけていく。これは相手にとって非常にわかりにくい逆モーションだ。

もっとレベルが高くなると、視線を向けているコースと逆のコースへ打つテクニックもある。ストレートに行きますよ、という目の使い方でクロスへ打つ……これも逆モーションだ。中堅クラスの選手は打つコースをそのまま見ていることが多いので、目を見ていれば「あっ、こっちに来るな」というのがわかって読むことができるが、トップレベルの選手は視線を利用することができるため、打つコースが非常に読みづらいのである。

現代卓球では、同じコースに同じボールを打ち続けていたのでは、相手に打ち返されてしまうだけだ。カウンター技術がこれだけ進んでいる中で、カウンターを食らわないにはどうすれば良いかというひとつの答えが、逆モーションなのである。

ただし、逆モーションを使うためには、元々のスイングが合理的にできていることが条件だ。逆モーションは応用に過ぎない。基本打法がしっかりしていなければ、効果が期待できないばかりか、体を傷めてしまうことにもなりかねない。関節を柔らかく使った無理のないスイングを身につけることが、逆モーションの前提条件なのである。

33 クロス・ストレートのコース取り

クロスは対角線の外側へストレートは威力を重視

コース取りについて考えてみよう。まず、クロスボールは、悪くても卓球台の対角線の延長線よりも外側にボールが出ていくようにコントロールするのが基本原則である。さらにサイドスピンをかけてサイドを切って入れれば、相手が届かないような厳しいコースとなる。そこまでしなければ、クロスボールと呼ぶことはできない（次ページ図1参照）。

ストレートボールに関しては、クロスボールに比べて圧倒的に距離が短いのだから、オーバーミスをしないような打法が必要だ。そのためには、クロスボールを打つ位置よりも、打球点が前でなければいけない。後ろに下がると、ストレートボールは球足が長くなってしまい、入る確率が低くなるうえに、相手に時間の余裕を与えてしまうので効果が薄い。だから、ストレートボールは前に踏み込んで打つのが原則だ。

ところで、フォアハンドの場合には余裕があるため、クロスボールにカーブをかけることができるが、バックハンドの場合には曲げることがなかなか難しい。だから、例えばショート系の技術をバッククロスの対角線より外側へボールが入るようにコントロールするには、自分で意識して狙わなくても、自然に対角線の外側に入っていくというように、練習段階からラケット角度をあらかじめセットしておくことが重要だ。

一般的にバッククロスで練習する時には、対角線上でラリーをしている場合が多いが、これでは不十分だ。やはりサイドを切るコースへコントロールすること。それも、手を出せば自動的にそこへボール

【図1】クロス・ストレートへの打ち方
クロスボールは対角線の外側へのコントロール、ストレートボールはタイミングの早さと威力がカギとなる。実戦だけでなく、練習段階からこのような厳しいコース取りを意識することが重要だ

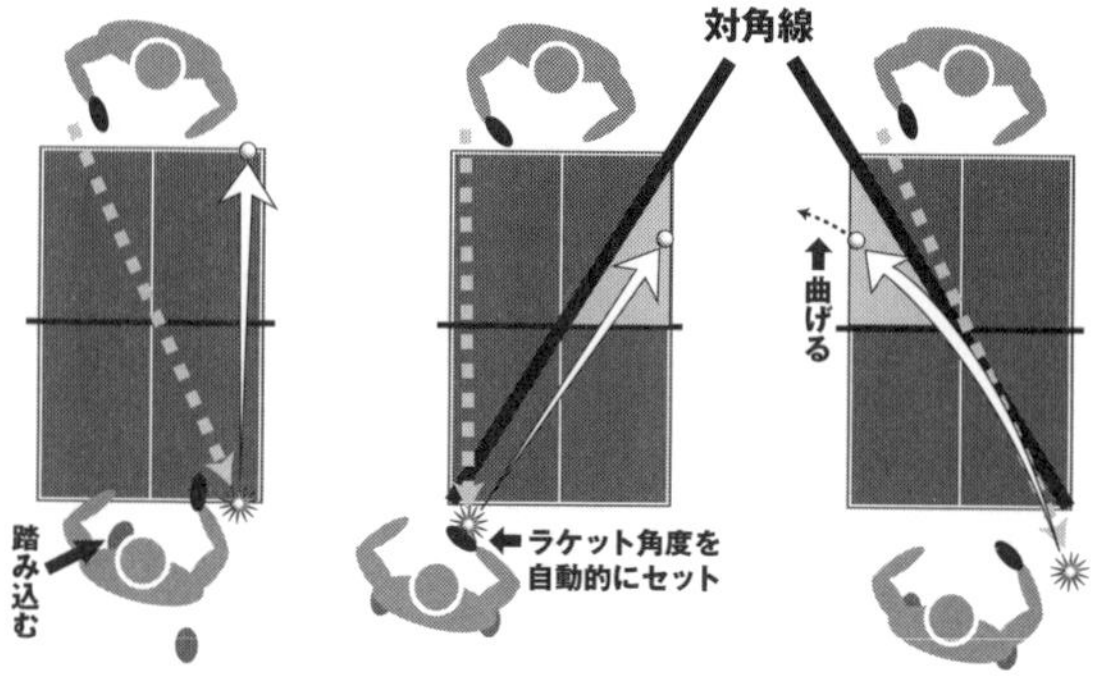

フォアストレート 踏み込んで打球タイミングを早くし、威力のあるボールを打つ

バッククロス（ブロック） 対角線の外側へボールが返るようにラケット角度を「セット」

フォアクロス 対角線の外側を「狙って」打つ。カーブをかければなお良し

が入っていくというように、体で覚える練習をしないと、実戦でのクロスボールは意味を失ってしまうのだ。

特にブロックなど守備系の技術に関しては、日頃から、ラケットに当たれば自動的に厳しいコースへいくようなセッティングをしておくべきだ。そうしないと、瞬間的に打ったボールがあまいコースに入り、連続攻撃を食らってしまう。守備力強化の必須条件は、返球するコースを厳しくすることだ。

一方、バックストレートのブロックはクロスと違い、バウンド後に伸びていくように返球しなければいけない。伸びないショート系でストレートに止めると、相手が踏み込んで強打してくる。ストレートコースは距離が短い分だけ、スピードがあって伸びるボールが必要なのだ。

ストレートボールは威力があって、クロスボールはコースが厳しい。そのようなメリハリをつけたコース取りを、今一度考え直す必要があるだろう。

タイミングとコースが良ければ、スピードがそれほどなくても1ポイントが取れる。それがコース取りの真髄だ。そこに逆モーションが入ればなお良い。日本選手はもっとコース取りを考えてスタイルを作ったり、戦術を考えたりする必要がある。力ばかりで対応しようとせず、クロスボールとストレートボールの使い方を見直さないといけない。大多数の選手の練習を見ていると、対角線の内側に入っているボールが多すぎる。外側へ出ていくボールは少ない。もっとボールにカーブ・シュートをかけて、クロスボールでサイドを切っていくという考え方でないと、高いレベルで戦えないのだ。

台上とドライブ戦のコース取りと打法の改善

台上のボールはネットに近いのだから、クロスボールでさらに厳しくサイドを切ることが可能だ。台に近ければ近いほど、コースが厳しくならなければいけない。台上のボールはひじから先の力でしか打てないために、フルスイングができず、スピードもある程度抑えられる。爆発的な威力のあるボールが打てないうえに、なおかつコースがあまいと、相手に狙い打ちされてしまうのだ。だからこそ、台上で打つボールほど、コースは厳しく突く必要がある。

その中で、台上のストレートボールは、相手の逆を突く場合に限定して使うべきだ。相手がバックで待っている時にバックストレートへ行く、相手がフォアで待っている時にフォアストレートへ行く。そのように、相手の位置関係によってストレートボールを有効に使っていこう。ただ単純に台上でストレートボールを使うとなれば、スピードも変化も中途半端になりやすいため、待たれてカウンターされる危険性がある。ストレートを突く場合は逆モーションで、なおかつ相手の位置関係をよく確認したうえで送球するのが原則だ。

また、中陣でのドライブ戦はフォアクロスでの引き合いが続きやすいが、これは踏み込まないからストレートに打てないのだ。打球点を落としたのでは球足が長くなるためにオーバーしやすくなって、ストレートに打てない。それが、どうしてもクロスの引き合いになってしまう原因だ。だから、ストレートに打つ場合には、ボールが台から出て来ないうちに台の中で打つというくらいの気持ちで打たないといけない。引き合いの位置から一歩踏み込んで打つことが、ストレート打ちには必要なのだ（216ページ図1参照）。

ただし、フォアクロスの対角線の外側で引き合っている場合には、ネットを迂回させてストレートに打つテクニックもある。この場合には、打球点がある程度落ちても関係ない。また、サイドに来たボールをよりサイドを切って返すというやり方もあるので、とにかくワイドにコースを使うことだ。日本選手は、対角線の内側に入ったボールばかりで練習するのではなく、サイドに来たボールに対してもっと練習をしたほうが良い。

また、日本選手の場合は、フォアクロスで引き合っているうちに体が回転して、右足が前にずれてしまう傾向にある。これでは、もう一本フォアに来た

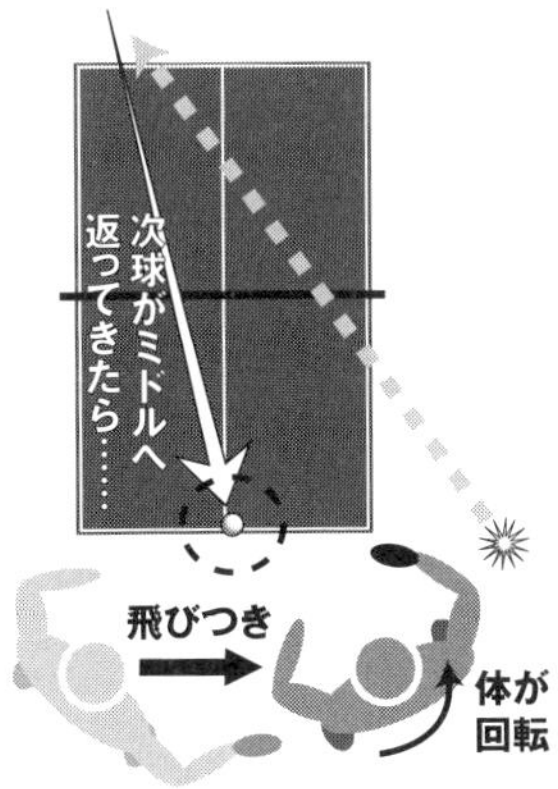

【図2】飛びつきの悪い例
フォア側へ飛びついた時に体が回転してしまうと、次球がミドルに来た時にフォアハンドで連打できない。肩甲骨打法を使って、体が回転しないように打つことを意識しよう

時に動けないし、ミドルに来たボールもフォアハンドで打てない。そのため、連続攻撃ができなくなるのだ（前ページ図2参照）。

これを避けるためには、フォアクロスへ飛びついた時にスタンスを変えず、そのままの足の形で続くボールを打つ動作が必要になる。ほとんどの選手が体を回転させてしまうのは、肩甲骨が使えていないからだ。「肩甲骨打法」であれば、体幹をほぼ固定させた状態で打つことができる。さらに、オールフォアの練習をしていないから戻れない、ということも言える。最近では軽視されがちなオールフォアだが、中国やヨーロッパの選手はみんな練習で行っている。その中で、ミドルに来たボールをフォアハンドで打つうちに、飛びついても体が回転しないようなフォームに修正されていくのだ。

そして、ヨーロッパの選手などは、フォアクロスでの引き合いの練習中、ミスをした位置からフリーハンドに持っていたボールを打ち返して、サイドを切る感覚を半ば遊びの中で覚えていく。これはイメージを鍛える意味で非常に有効な方法だ。日本選手の多くは几帳面《きちょうめん》なために、ミスをミスとしてまた最初から打ち直してしまう。そのような固定観念にとらわれていてはいけない。これからはもっと自由に、競技エリアと打法のバリエーションを拡げることが必要となるのだ。

34 サイドスピンの有効活用

肩甲骨打法＋サイドスピンで得点力を上げる

今回は、一般にカーブ・シュートと呼ばれるサイドスピン系技術の使い方を解説しよう。まず、カーブやシュートをかけたドライブを打つためには、体幹をしっかり安定させることが条件となる。体幹が動いてしまうと、ラケットが体に巻きつかず、力が分散してしまうからだ。つまり、サイドスピン系のドライブは、基本打法がしっかりしていないと使えないのだ。さもなくば、カーブならカーブ、シュートならシュートだけしか打てないような体の使い方になってしまう。

一方、肩甲骨打法を使えば、体幹をほとんど動かすことなく腕の振りを自由に変えられるので、カーブ・シュートが打ちやすいうえに連続カーブ、連続シュートというボールも打てる。世界のトップ選手は皆、肩甲骨を使った楕円打法でカーブ・シュートが打てるような形ができている。高いレベルのラリーは一発では終わらないのだから、カーブ・シュートをかけるたびに体が左右に流れるというのではいけないのだ。

カーブやシュートの重要性は、そのボールの軌道にある。ドライブを打たれた相手選手はたいていの場合、ボールが対角線上にバウンドすれば、その延長線上にラケットを持っていく。ドライブが直線的な軌道ならブロックにつかまってしまうが、カーブして曲がっていけば、それだけの誤差が生じるので予測しにくい。カーブやシュートの種類が少ないと、相手にドライブの軌道を予測されてカウンターを食らうことになる。相手にカウンターをさせないためにも、カーブ・シュートを打っていくことは重要なのだ（図1参照）。

【図1】肩甲骨打法＋サイドスピン（シュートドライブ）の威力と効果

肩甲骨打法には、バックスイング時に打つコースが相手からわかりづらく、フルスイングしても体幹がぶれにくいというメリットがある。これにサイドスピンを加えれば、高い得点率と戻りの早さを両立したハイレベルな攻撃となる

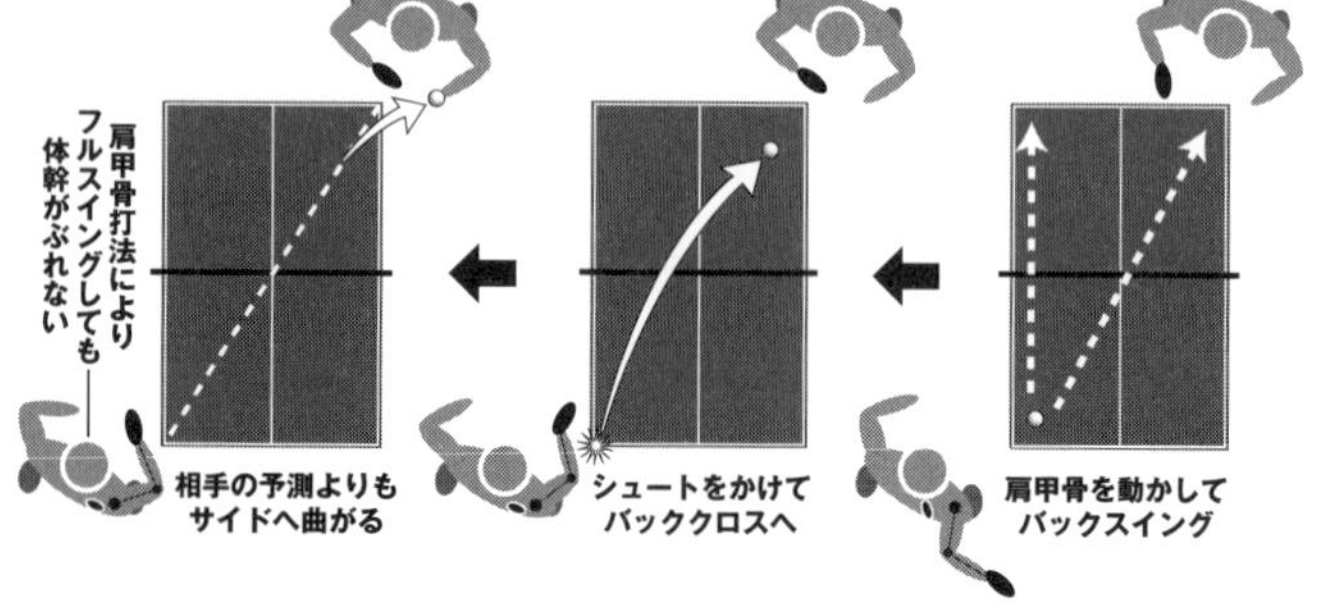
肩甲骨を動かして
バックスイング
シュートをかけて
バッククロスへ
相手の予測よりも
サイドへ曲がる
肩甲骨打法により
フルスイングしても
体幹がぶれない

打つコースがわかりづらい肩甲骨打法のバックスイング

前腕の捻りを使い、ボールの内側をこすってシュート回転をかける

相手の予想より外側へボールが曲がっていくため、得点率が高くなる

戦略的には、台から離れれば離れるほど、カーブ・シュートという技術が重要になる。台に近い時は打球タイミングの早さで勝負するのが鉄則だが、中・後陣からのドライブではサイドスピンをかけるのが定石なのだ。

技術的には、前腕や手首のひねりでシュート・カーブを使い分けていく。ムチがしなるように体を柔らかく使って、ひじなどの関節の可動範囲を拡げ、それを支える足腰をしっかり鍛えて、土台が崩れないようにすることが重要だ。そのためには相当高度なトレーニングが必要となる。

サイドスピンへの対処法と台上のサイドスピン

次に、相手がサイドスピンのボールを使ってきた時の対処法を考えたい。相手が中陣に下がってからのドライブでは、特に直線的なドライブよりサイドスピンがかかって飛んでくるケースが多い。その場合は少しでも前に出て打つ気持ちが重要だ。ボールが広角に曲がった状態から打ちにいくと、台との距離が離れてしまう。また、前に飛んでくる勢いが減速するので、打ち返す力加減もわかりにくく、ミスが出やすくなる。

だから、まずは相手のスイングの予測・見極めをいち早く行い、シュートが来るのかカーブが来るのかをしっかり判断することだ。カーブ系が多いのか、シュート系が多いのかという相手のクセを見切っておくことも有効となる。

また、相手がサイドスピン系のドライブを多用してくる場合には、できるだけ台上で先手を取ってその武器を封じるという対処法が必要になる。そして、台上で先手を取るためには、逆にこちらからサイドスピンを使うのが有効な手段だ。

台上でのサイドスピンをかける技術は、近年、非常に発達している。従来の台上技術は、ストップ・フリック・台上アタックなどのように比較的単調なテクニックが多かったのだが、最近の流行として、手首を使ったサイドスピンの台上処理がかなり幅広く使われ始めた。

台上処理もただコースを突くだけでなく、少しサイドスピンを入れることが常識になっている。特にレシーブでは、台から2バウンド目が出るか出ないかというサービスをサイドスピンで返球するテクニックが有効に使われている。

その中で、ツッツキでのサイドスピンは、それほど強烈な回転を入れる必要はない。大事なのはモーションであり、少し斜め回転を入れるのだが、フェイント系の逆モーションでサイドスピンに見せかけた使い方をするのが効果的だ。俗に「流し」と呼ばれる台上技術である。

また、ツッツキに少しサイドスピンを入れることで、ボールのバウンドを低く抑えることができる。ツッツキが浮くと相手に台上で強打される危険性があるので、今まで以上にサイドスピンを意識した台上処理で、バウンドを低く抑えることが重要だ。それと並行して、フリックなどトップスピン系の台上処理でも、コースをより厳しくするために少しサイドスピンを入れて両サイドに曲げるという考え方が必要である。

ブロックはトップスピンにサイドスピンを加える

また、ブロックでのサイドスピンの使い方も重要課題だ。日本選手のブロック系技術は、上から下にラケットを動かしてしまう傾向が強いが、それではナックル性のブロックはできるけれども、トップスピンのブロックができない。ラケットが下から上に動かないとトップスピンは出せないからだ。ナックル性のブロックは相手コートにバウンドしてから伸びないため、ポイントにつながりにくい。これからのブロックの基本は、ラケットが下から上に出るようなトップスピン系でインパクトすることだ。特にそれが今は進んできて、単なるブロックではなくカウンターのブロックになっている。さらに、ラケット角度や手首の使い方によって、そのトップスピンのブロックをサイドに曲げる技術も発達してきた。現代卓球では、もはやブロックも単純な守備ではなく、守備と攻撃が同居して守っているのか攻めているのかわからないというような状態でなければいけないのだ。

これからはトップスピンにサイドスピンを加え、広角にコーナーを狙って入れるというブロックが主流となる。この時のラケット操作は、下から斜め上方向にドライブ系でスイングする。バックスイングとフォロースルーを小さくし、前・中陣でのドライブ系技術をコンパクトにしたような形で、ひじから先でスピンをかけていくのだ。

その際、注意したいのがバックスイング時のボールの待ち方。ボールというのは基本的にインパクトのラケット角度さえしっかり出ていれば相手コートに入るのだが、日本選手はバックスイングの時点でラケット角度を決めてしまおうとしすぎる。そうすると、ひじや手首が固定されてしまい、インパクトでの威力が落ちるうえ、相手に打つコースが読まれやすい。そして、インパクトでのラケット角度を自由に変化させられないため、サイドスピンでのブロックができなくなってしまうのである。

ボールを待っている時のひじから先を非常に柔らかくしておき、インパクトの瞬間にどういうラケット角度でも出せるための準備をしておく。そして、よりコンパクトなスイングでひじを中心に前腕をひねり、ボールに様々な回転をかけていく。それが、これからの理想的なブロックテクニックだ。

35 台上が苦手な人の戦い方と技術

バウンドの落下点と頂点の間にラケットを入れる

今回は、台上が苦手な選手のための技術・戦術を紹介しよう。台上の一番最初の技術と言えばレシーブだ。台上がうまくないということは、すなわちレシーブが苦手だと言える。そして、そのような選手は、レシーブ練習はできるのに、試合になったらレシーブがうまくいかないというパターンが多い。

私が思うに、レシーブはメンタルである。レシーブの時は度胸を決めてかからなければいけない。台上レシーブの考え方には3つある。ひとつ目は、台上アタック。つまりレシーブからアタックでポイントを取ってしまうやり方だ。

次に、2番目の考え方として、アタックしたくてもできないような難しいボールが台上に来た時。このようなボールに対しては、自分もアタックできないけれど、相手にもアタックさせないような台上処理をする。流してみたり、コースをついてみたり、ストップしてみたり。そのような工夫を駆使して、相手の強打を封じるのだ。

最後に3番目は、それもできない場合。相手の変化が全くわからないため、無理をするとミスしてしまうという時には、高くなっても何とか入れるしかない。つまり、ただ入れるだけの台上処理をすることだ。そうすると当然、相手の3球目攻撃を食らう。そこで、それを待っていてブロックに賭けるのだ。台上処理には、そういう3つの方法しかない。

技術的に台上処理をうまくするにはどうしたら良いか。これは、ボールのバウンドに注意することだ。相手のサービスボールは、レシーバーのコートにバウンドしたあと、弧を描くように落下する。レシーバーはこの間に打球しなければいけないのだが、どの地点でボールをとらえるかが重要だ。「レシーブ＝台上」の考え方として、まず意識しなければいけないのがスタートダッシュである。相手のサービスが自陣のどこに落下してくるかという地点をいち早く見つけること。それができたら、バウンドの頂点までの間にラケットを差し込むことが重要だ(左ページ図1参照)。アタックにしてもストップにしても、バウンドしてから頂点に達するまでの範囲でインパクトしないと、払いもできないし、小さくストップすることもできない。

例えば下回転系のボールは、バウンドして上昇してくる時に、相手コートへ戻るような回転をしている。その状態で上昇してくるのだが、その上がってくるところでラケットを差し込んでやると、ボールを順回転のまま相手コートに運ぶことができ、ラケット操作も非常にやりやすい。自分から意識して手首を使わなくても、相手の回転を利用することでフリックができるのだ。

これに対して、バウンドの頂点を過ぎてボールが落ちてくるところをインパクトした場合には、ラケットをもっとボールの下に入れ、なおかつ手首を使ってドライブ系の回転をボールに与えないとコントロールしにくい。これは非常に難しいテクニックとなる。だから、台上がうまくなるためには、可能な限りスタートダッシュを早くしてバウンドを見切り、その頂点までにラケット操作を行わなければいい

【図1】台上処理は頂点前でのインパクトが基本
レシーブに代表される台上処理では、すばやいスタートダッシュによって相手ボールの落下点をいち早く見つけ、そのボールが頂点まで上昇するまでの間（下図のグレーゾーン）にラケットを差し込み、インパクトしなければいけない。インパクトが頂点から遅れると、ラケット角度が非常に出しづらくなる

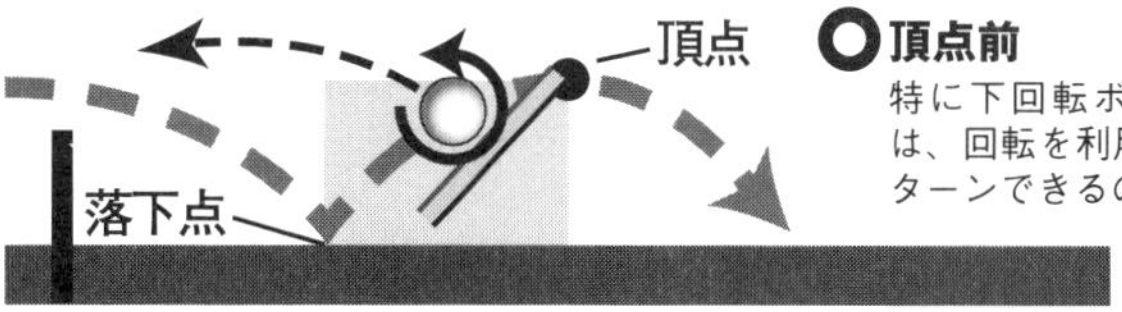
特に下回転ボールに対しては、回転を利用するだけでリターンできるので、非常に楽

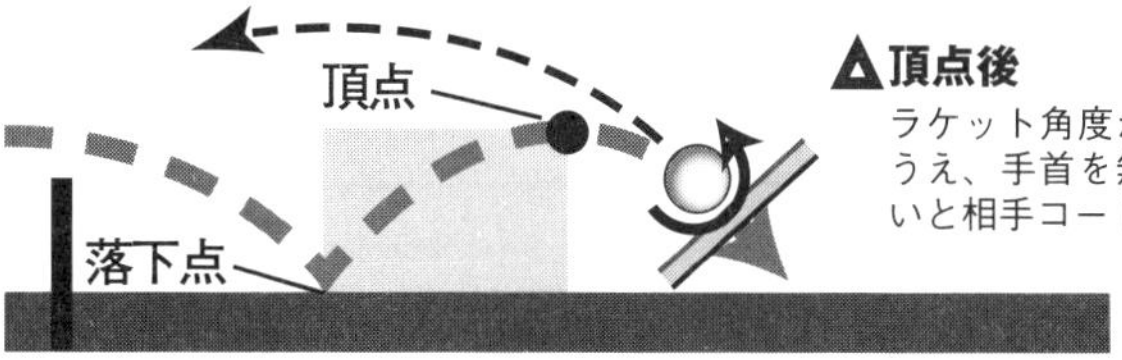
ラケット角度が出しづらいうえ、手首を無理に使わないと相手コートに返せない

けない。これが台上がうまくなるためのベストな方法なのだ。

余談だが、これは台上だけではなくて、例えばドライブのようなループボールに対しても言えることだ。自陣にバウンド後、頂点からボールが落ちてくるところにラケットを差し込んでブロックしようと思うと、ラケット角度が非常に難しい。ところが、相手ボールがバウンドして上昇してくる途中にラケットを合わせれば、ブロックの角度が非常に出しやすく、楽になるのである。台上処理でも、下回転ボールだけでなく、ロングボールに対してもバウンドの頂点までにラケット操作ができるかどうか。そこが大事なのだ。

ただ、相手ボールが非常に速いドライブなどの場合には、どの位置にバウンドするかという判断を行うのは難しい。そういう場合には、自分が決めた位置で、上下にラケットを調整してブロックをするしかない。しかし、自分のコートにバウンドする位置がわかって頂点が見つけられれば、100分の1秒でも早くラケット操作をすることだ。状況に応じてこの両方を使いこなせば、台上やブロックは非常にやさしくなるのだ。

特にレシーブ時には、相手がトップスピンのサービスを出しても、豪速球のドライブと違ってボールの球足は見えるわけだから、いち早くそういうラケット操作をすることができる。そうすると、相手にとっても3球目のタイミングが早くなるので、それほど強く攻められることはない。いきなり第1チャンスボールを思い切り打ち込まれるという展開にはなりにくいので、最初の台上でのもみ合いをしのげば、大きなラリー展開に持っていきやすくなる。

ミドル～バック側では左足前で台上処理をする

台上のレシーブでもうひとつ重要なのは足の構え、すなわちスタンスである。フォア前に来たサービスに対しては誰でもフォアハンドで打つが、これは右足前でも左足前でも良い。ただし、左肩はしっかりと入れた状態でボールに近づくことが肝心だ。左肩を開いた状態でボールに近づくと体勢が崩れやすい。スタンスは右足前、左足前のいずれでも、上半身だけはフォアハンドを打つ形で入っていくことが望ましい。

そして問題なのは、ミドルからバックサイドにショートサービスやハーフロングサービスが来た場合だ。このようなコースのサービスに対しては、右足を差し込んでレシーブするのではなく、左足前でラケット操作をするのが鉄則となる。打法としてはフォアハンドでもバックハンドでも構わないが、必ず左足前でボールに向かわなければいけない。そして、インパクトの直前までフォアハンドで打つのかバックハンドで打つのかわからないような状態でラケットをスタートさせるとなお良い。

左足前でのレシーブであれば、そのあとの展開でもフォアハンドのスタンスになっているので、次球がフォア側に来てもそのまま打てるし、バック側に来てもそのまま打てる。時折、バックサイドに来たボールを右足前でツッツキする選手がいるが、この右足はそのあとすぐに元の位置へ引き戻さないと、どちらに打たれても苦労することになる。だから、バック半面にサービスが来た場合は、スタート時の差し込み足を常に左足にしておくことが非常に大事だ。そうしないことには、自分の得意のラリー展開に持っていけない（図2参照）。

これは、台上のボールはなるべくフォアハンドで処理するという意識を持っていれば、比較的簡単にできることだ。台上が苦手な選手は特に、常に攻めの姿勢を貫くことが、すべての面で良い結果を生むのである。

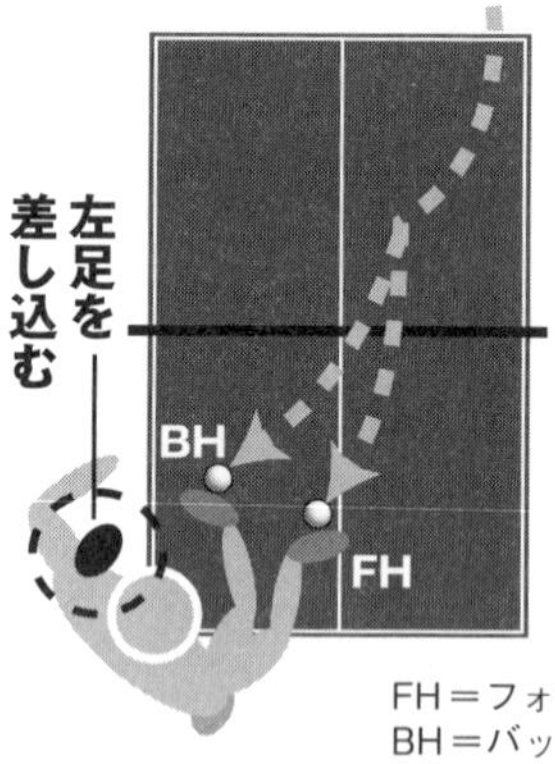

【図2】バック前は左足前で
ミドルからバック側に来たショートサービスをレシーブする場合は、フォアハンドで受けるにせよバックハンドで受けるにせよ、左足（右利き）を前に踏み込んで打球すると体勢が崩れにくく、打法も相手にわかりにくくなるので一石二鳥だ

FH＝フォアハンド
BH＝バックハンド

36 ラリー戦が苦手な人の戦い方と技術

位置取りやコース取りに注意し、より前陣で打つ

現代卓球において、ラリー戦は不可避と言えるほど重要になっているが、ラリー戦を勝ち抜くにはいくつかの要素がある。特に、基礎体力・筋力のようなフィジカルな部分が強いことと、コース・タイミングなどのバランスがとれていること、その両面が重要だ。

技術的には、フォアハンド・バックハンドという両ハンドの基本ストロークのバランスがとれていなければいけない。どちらかに大きな欠点があるというのでは、ラリー戦は勝ち抜けない。その中で、フットワークが非常に良い選手は、そのフットワークを使って、フォアハンドを主戦武器として戦うこともできる。

そして、ラリー戦に強くなるためには、まず自分がコートのどの位置でプレーするのか、すなわち自分のプレーゾーンがある程度きちんと決まっていることが重要だ。前陣でも中陣でも後陣でもできる、そういう選手はなかなかいるものではない。前・中陣なのか、中陣なのか、中・後陣なのか。自分の卓球を自分で知っていないと、いざという時に崩れてしまうから、それぞれの距離でのタイミングのとり方を研究する必要がある。

コース取りにしても、フォアクロスに持ち込んで勝利を得るのか、バッククロスに持ち込んでいくのか。そのように自分の得意コースを意識してボールを回すことが大事だ。例えば、「自分はストレートボールが得意だ」というような得意コースを持つことは、ラリー戦で優位に立つために不可欠となる。

また、ラリー戦では、いつまでもラリーをしていていつか得点を取るという姿勢ではいけない。ラリー戦になることは避けられないにしても、あえて不用意に長いラリーに持ち込むのではなく、自分から決定打を仕掛けてラリーを終わらせる意識が必要だ。特に、卓球はあくまでも前に出るスポーツなのだから、不用意に後ろへ下がるのは禁物である。もしも台から下がってしまったら、ラリー戦の中で徐々に台との距離を詰めて、相手よりも台に近いところで戦う姿勢が必要だ。そういう意識を持っているほうがラリー戦で優位に戦える。ラリー戦になったら、相手よりも自分のほうがよりコートに近い、という関係を作ることが勝利への鉄則だ。

ミスを恐れず打つ部分とミスなしで戦う部分を区別

ラリー戦は、自分の個性と相手の個性のぶつかり合いなのだから、いかに特長がしっかり出せるかという部分が大事になってくる。そして、徹底的に相手の弱点を突くことだ。自分は最少のエネルギーしか使わないのに、相手は最大のエネルギーを使わなければいけない、というような戦いに持ち込んでいく。自分が得意とする技術と、相手の苦手とする技術同士のラリー戦がベストだ。そういう考え方が重要である。

私が指導した選手の中では、武田明子（01年世界選手権ダブルス3位）が、ラリーを拒絶するタイプの代表と言える。彼女の卓球では、ラリーに持ち込ませないことが優先順位の第一となっていた。このようなタイプの選手では、自分の特長をどういう戦型の選手に対しても出せるということが重要だ。そして、いち早く相手の弱いところを見つけて、そこと自分の得意技術を戦わせることを考えなければいけない。

武田はフォア主戦だが、バックの粒高ラバーとの異質コンビネーションのバランスも特長だった。相手のペースに持ち込ませず、ラリーの早い段階で自分が主導権を奪う戦型であるために、時間をかけて1ポイントを取るということはせず、速攻戦術がベースとなっていた。

う。可能な限り、サービスでポイントを取ってしまう。レシーブ時には変化で相手を崩して4球目をたたく。そういう有無を言わせぬ速攻戦術が、彼女のようなタイプが勝ち残っていくために必要な戦い方なのだ。通常は、レシーブした後、相手の3球目攻撃をブロックして……というところがラリー戦の起点となるものだが、そうではなく、レシーブ自体で相手を完全に崩して4球目でポイントする。

それでも無論、相手が崩れずに対応してきてラリー戦に持ち込まれる場合もある。そういう時は非常に苦しい展開になるのだが、それでもフォアハンド主体でスマッシュを狙っていき、バックは絶対にミスをしないという確固たる形があった。そこが武田の卓球の長所であり、それを発揮していれば世界のトップと肩を並べて戦うこともできた。

そのように、大きなラリー戦を苦手とする選手に

速攻戦術をベースにして、ラリーに持ち込ませないプレースタイルだった武田明子（01年世界女子ダブルス銅メダリスト）

とっては、ミスをしない部分とミスを恐れずに攻めていく部分をはっきりと区別することが、ラリーに対応するための重要なポイントとなる（図1参照）。特に、ラリー戦を拒否する速攻タイプの場合は、調子が良い時は良いが、崩れる時はあっけなく崩れる場合が多いが、それはメンタルが大きく影響している。メンタルが崩れることによって、技術のバランスが悪くなり、技術がうまくいかないことによって、メンタルな部分がさらに崩れていく。そういう悪循環に陥った時は最悪の結果になってしまう。

技術は、その時々によって調子が変化するものだ。練習時には調子が悪くても、試合本番では調子が良くなったりすることもあるし、逆のケースも珍しくない。だから、予備的に使えるテクニックをたくさん持つことが重要だ。調子の悪い技術は、試合の中で使わなければよい。そういう部分まで自分を高め

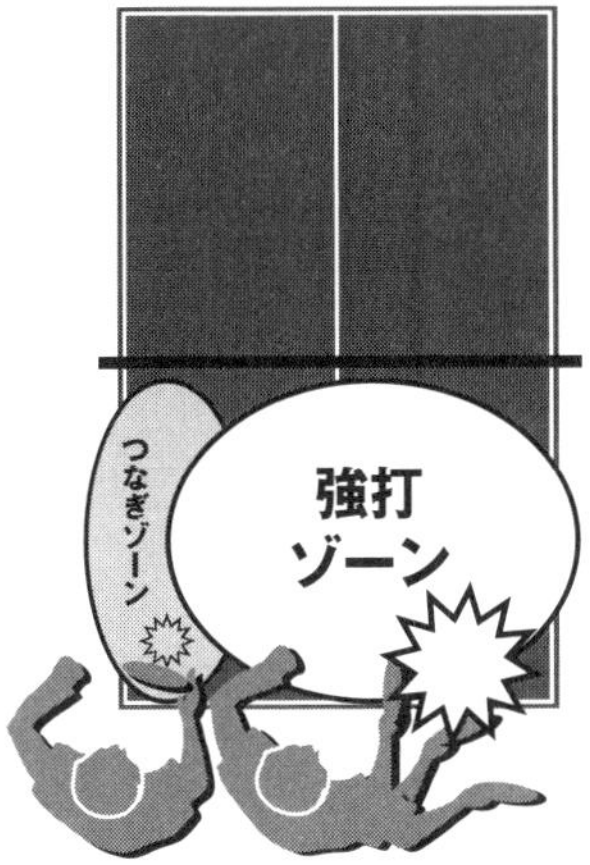

【図1】速攻型のラリーの待ち方
強打ゾーンに来たボールはミスを恐れず思い切り打ち、つなぎゾーンに来たボールはミスをせず確実に返球する。ラリー戦が苦手な選手には、そのようなメリハリが必要だ（ゾーンは一例）

れば、技術が崩れることによってメンタルまで崩れるというパターンはなくなるだろう。

いずれにしても、ラリー戦を苦手にしている選手は、どこかで自分の長所である思い切りの良さを発揮して強打していかなければいけない。しかし、それは時として理解の浅い指導者などからは「なんであんなボールを打ちにいくんだ」などと批判されることもある。しかし、これは命中率の問題だ。11―5で勝たなくても、11―9で勝てばいいんだと考えられるかどうか。確かに、1ゲームに3、4本は不本意なミスが出るだろう。しかし、速攻型が11―5で勝ちにいっては負ける。それは、安全を求めていくことであり、速攻型は安全を第一に求める卓球ではないからだ。

命中率が低い分だけ入る確率も低いのだが、入ればポイントになるのだから、ここ1本取れば勝てるというところで打っていくのは当然だ。ところが、そこで理解の浅い指導者は、「そんなめちゃくちゃ打たずにつないでいけ」と言ってしまう。そうすると、その選手の特長が消えてしまい、相手にとっては打ちやすいボールが来ることになる。それでは、当然相手はミスしてくれず、防戦一方の苦しい展開になってしまうのだ。

ラリー戦に勝つには、速攻型に限らず、それぞれの戦型において、自分の特長をどこで発揮するかをラリーの中で読み取れる能力、そしてそれを実行する勇気が重要である。

37 相手のミスを誘う戦い方

リスクを背負って相手にプレッシャーをかける

日本では、練習でミスをすると「ミスをするな」「もっと安全に、安定したボールを打て」という指導をする場合が多い。これは間違いではないのだが、実戦では常に、自ら積極的に1ポイントを取りにいくという考え方が重要である。中国やヨーロッパでは、小さい頃から「自分の力でポイントを取る」ことが徹底的に指導されている。日本選手ももっと強いボールを打ったり、タイミングの早さを追求したり、非常に鋭いボールを厳しいコースに決めるなど、自分の力で得点する訓練が必要なのだ。

それには当然リスクが伴う。例えば、「あのボールは誰が見ても打つ」というような易《やさ》しいボールを強打するのは当たり前だ。しかし、「このボールは打てるかどうか……」というような微妙なボールが来た場合、迷った時には必ず強打する習慣を身につけておかなければいけない。そのようなリスクを背負って攻撃的なプレーをするためには、ふだんの練習から変えていく必要がある。

ミスが多い選手に対して、コーチがミスをするなと言う。そうすると選手はリスクを回避して強いボールを打たず、安定したボールを入れる習慣が身につく。それでは、自分の力で1ポイントを取るというスタイルにはならない。とりわけ、競れば競るほど攻められない選手になってしまう。結果、相手のミスを誘うどころか、逆に相手の攻撃をモロに受けるプレースタイルになるのだ。相手のミスを誘う戦術というのは、安全に入れていくプレーでは成り立たない。いかにして相手にプレッシャーをかけるようなボールを打っていくか、そこが肝心だ。

ミスをしても、「あのボールが一発入ったら恐ろ

前陣でのハイリスク、ハイリターンなプレースタイルを貫く日本の丹羽孝希

しいな」という恐怖感を相手に与えられるようなボールが打てるかどうか。それが前提にないと、相手はミスをしてくれない。相手のミスを誘う戦術というのは、相手に無理をさせることにほかならない。相手が無理をしてくる展開にするためには、「ゆっくりつないでいたらどんどん攻められてしまう」という印象を相手に与えることだ。すると相手は無理をしてくる。無理をしてくることによってミスが出る。

間違っても、自分が安定したボールを正確に返すことによって相手のミスを誘うということは、考えてはいけない。相手のミスを誘う戦術では、非常に積極的なプレーが要求されるのだ。

自らの積極的な攻めで点数的に相手を追い込む

自分より強い選手に対しては積極的にガンガン攻めるのに、少し格下の選手相手では受けて立つ選手は多い。そうすると、格下の選手にどんどん攻撃されて自分のペースを崩し、挙句の果てに負けるというパターンが出てくる。これを防ぐためには、相手が格下であろうが格上であろうが、自分から積極的にリスクを背負って攻撃的な卓球をすることが大事だ。そうでないと、相手のミスを誘う戦術にはつながっていかない。

かつての21点制では、1ゲームのうちに2、3回流れが変わることが珍しくなかったが、現行の11点制では、ネットインやエッジボールがあると、それを補えるだけのポイント的な余裕はない。それどころか、ネットインやエッジボールだけで負けてしまうこともある。そこを計算に入れたうえで、試合を進めなければいけない。

とりわけ、自分がサービスを持ったら必ず2ポイントをとるのが基本原則になる。そして、レシーブに替わった時の1本目をポイントする。それができれば、2本目のレシーブは思い切り打ってミスをしてもいい。そして、今度はサービスに戻った時に、1本目で必ず得点する。サービス・レシーブの替わり目の1本を、いかにプレッシャーをかけて取るか。それが、相手のペースに持ち込ませないための戦術だ。

サービスが2本交替だと、どうしても、1本取ると気が抜けて、次の1本を取られるというパターンになりやすい。だから、1ポイントを取ったら、その3倍くらいまで集中力を高めて連続ポイントを狙うことだ。そのように点数でプレッシャーをかけていく戦術が、相手のミスを誘うために必要なのである。

つまり、相手のミスを誘う戦術とは、難しいボールを入れることではなく、相手に卓球をさせず、どんどん自分のペースに巻き込んでいくことなのだ。

ただし、自分より圧倒的に攻めが速い選手に対しては、自分から攻めることができない場合もある。

そういう選手に対しては、ただ守るのではなく、カウンター系で応戦することが必要だ。相手に打たせながらも、後《ご》の先《せん》の戦術を用いて、トップスピンやサイドスピン系のカウンターで狙っていく。そういう戦い方・心構えが重要だ。

相手の最高のボールを返球し、心理を揺さぶる

例えば、カットマンは相手の最高のボールを返すように待ち構えるのが基本である。相手が打ってくるボールの中で、一番強いボールに距離やタイミングを合わせる。私の場合、対戦したことのない選手に対しては、少しあまいボールを上げて、相手がどの程度の強いボールを打てるのか確認をしていた。最高のボールを打たせておいて、そのボールを中心に動きを設定するのである。そのうえで、常にそのボールが来ることに対して準備をする。だから、強いボールが来なければ、それだけ余裕を持って返せることになる。ところが、過って相手の粘ってくるボールに対して基本のタイミングを合わせてしまうと、急に強いボール・速いボールが来た時にタイミングが遅れたり、ミスをする原因となる。

攻撃選手でも同じように、相手のエースボールにどれくらいの威力があるのかをゲーム中に確かめ

る必要がある。そのボールにタイミングやリズム・動きを合わせて、さらにそのボールを打たせないような戦術を組み立てる。それができれば、戦術的にも技術的にも磐石《ばんじゃく》だ。

カットマンに対して、自分のエースボールを打ち込んでいるのに返されると、それ以上のボールは打てないのだから「これは勝てないいな」というプレッシャーがかかる。攻撃選手にエースボールをカウンターされた場合も、同様のショックを受けることになる。そういう心理効果が、相手のミスを誘う戦術につながるのである。

だから、ふだんから相手の最高に強いボールを守備的に受ける練習、それをカウンターで打ち返す練習、また相手の単純なボールを力一杯打つ練習……というように、段階を経た打法を訓練しておくと良い。易しいボールは、誰にでも強く打てる。相手が強く打ったボールに対して、どれだけのブロック力が身についているか。どれだけカウンターで応戦できるか。そういう部分を練習で鍛えることによって、より実戦的な技術が磨かれていき、相手にプレッシャーを与えることができるようになっていくのだ。

38 ダブルスのペアとタイプ別の戦い方

5つのタイプ別に特徴や戦い方を把握しよう

ダブルスでは戦術を考える際に、ペアを組む両選手の戦型の組み合わせを考慮しなければいけない。まずは、組み合わせを大きく5つに分けて、その基本的な戦い方を解説していこう。

①速攻型同士のペア……以前の中国選手に多かったペン表ソフトの速攻型のように、常に先手先手で、2人とも攻めまくるタイプ。その中でも、ショート多用型の選手と、フォアハンド主戦型の組み合わせによるペアは、ダブルスとして特長を発揮しやすい。ショート多用型の選手はショート系で厳しいコースを突き、パートナーのフォアハンド主戦型の選手のアタックに結びつけていく。

レシーブではストップ系のレシーブを多用し、ダブルスであってもロング戦に持ち込ませない意識が必要だ。速攻型同士である以上、シングルスと同じようにサービス・レシーブ・3球目・4球目までにポイントを取るのが理想的である。

②速攻型とドライブ型のペア……速攻型には表ソフトのほか、裏ソフトと異質ラバーを組み合わせた速攻型も含まれる。これに、オーソドックスなドライブ型をミックスしたタイプ。この場合は、いわゆる「時間差攻撃」が有効に働く。

例えば、速攻型が早いタイミングでショートやアタックを仕掛け、さらには異質ラバーで時間を稼ぐ。もう一方のドライブ型はそこからテンポをずらし、打球点をある程度落としてあわてずにドライブで返球すると、相手のリズムを崩すことができる。時間的な変化とドライブの球質の変化を組み合わせてプレーする戦術だ。一方は早く、一方は粘るというコンビネーション、ナックル系とスピン系という球質の変化で相手を惑わせよう。

③ドライブ型同士のペア……現代卓球では最も多いタイプと言える。これは、両選手が同じオールラウンド系であるため、ミスをせず、ラリー戦でがっちりと粘り抜く戦術が基本となる。スピード系・ループ系・サイドスピン系などドライブの種類を多用して戦うことが重要だ。

また、同じドライブ系同士の中でも、フォアハンド主戦型とバックハンド系が得意な選手の組み合わせがある。そのようなペアは、両選手で得点源となる技術・ツボが違ってくるのが特徴だ。さらに、カウンター系のドライブが得意な選手と、非常にインパクトの強いパワー系のドライブを武器とする

【図1】ダブルスのタイプ別戦術一覧表
ペアのタイプには大きく分けて5つあるが、それぞれに基本戦術が異なる。さらに高いレベルで戦うためのヒントも参考にしてほしい
※速＝速攻型／Dr＝ドライブ型／C＝カット型／攻＝攻撃型

	組み合わせ	基本戦術	レベルアップのヒント
①	速＋速	先手先手で攻めまくる	ショート多用型とフォアハンド主戦型の組み合わせで役割分担する
②	速＋Dr	時間差＆変化で攻撃	速さと粘り、ナックル系とスピン系の時間差・回転差をうまく利用
③	Dr＋Dr	ラリー戦で粘り抜く	両ハンドとフォア主戦、ループと強打などタイプごとの利点で勝負
④	C＋C	守備に攻撃を織り交ぜる	少なくとも片方の選手は台上やレシーブから攻撃を積極的に仕掛ける
⑤	攻＋C	球質の変化で相手を惑わす	カット型がラリーのピッチに遅れず打球点の早さと積極攻撃を追求

97年に世界選手権で銅メダルを獲得した渋谷浩（奥）・松下浩二のダブルスはカットマンペア

選手の組み合わせなどもある。こうなると、相手としては非常に的が絞りにくい。

つまり、単にドライブ型のペアと言っても、組み合わせによってかなり特徴が違ってくるということだ。ドライブの種類やフォアハンド・バックハンドの使い分けによって、ペアの性格は様々に変化する。その特徴をよく理解したうえで、フットワークを使ったラリー戦に持ち込むのが常套戦術である。
④カット型同士のペア……これは、長年日本でも活躍した松下浩二・渋谷浩の名コンビが記憶に新しい。世界選手権でもメダルを取ったが、彼らは完成されたカットマンであるがゆえに、守備型でも戦えて、しかも攻撃ができるというように、穴が少なかった。守備でも攻撃でも戦える——カット系のペアがそういうレベルに達するには時間がかかるのだが、逆に言えばそこまで高めないとカット系のペアで上位をうかがうのは難しい。
その中で、守備に徹する選手とアタック多用型のペアが考えられる。シングルスではカットを多用するタイプでも、ダブルスになると攻撃を多くする選手は少なくない。変化を利用して打たせて取るタイプの選手と、台上から積極的に変化をつけたりアタックを織りまぜて変幻自在に戦う選手のペアは、カット型同士のダブルスとして機能しやすい。

特に、攻撃的なプレーをするカット型の選手がペアに絡むと、相手としては落ち着かない。単なる守備的なカットペアではなく、レシーブから積極的にアタックを仕掛けるなど、攻撃的なカットペアを目指すと良いだろう。

⑤攻撃型＋カット型のペア……最も変則的なタイプ。相手から見ると、カット打ちとロング打ちを両方行わなければならず、ゲームごとに球質がまるっきり違うボールに対処しなければいけないので、プレーを崩される可能性がある。

ただ、攻撃型と組むカットマンとしては、シングルスに比べるとラリーのピッチが非常に早くなるので、シングルスと同じようなタイミングでボールを待っていると遅れてしまう。この場合のカットマンはゆっくりカットするのではなく、前陣での攻撃的なカットを多用し、さらには自分が攻撃型になったような気持ちでアタックを多用することが重要だ。そういったプレーでないと、相手にじっくりカットを見られて強打されてしまい、ブロックをする攻撃型が非常に難しくなる。弱点は抱えているものの、カット型の攻撃力が高い場合には、この組み合わせも十分に特長を発揮することが可能だ。

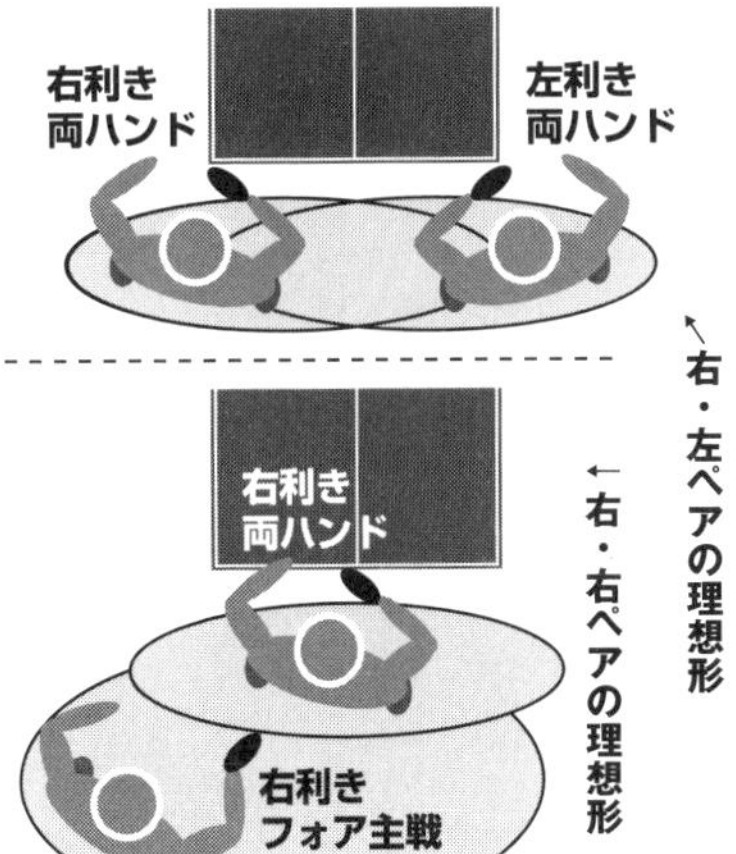

【図2】利き腕別ペアの理想形
右・左ペアでは、両選手が両ハンドで戦えると最強コンビになる。打球点の早さを追求しよう。右・右ペアでは両ハンド型とフォア主戦型の組み合わせだと動きが重なりにくくベストだ

右・左と右・右ペア、それぞれの理想形を知る

ダブルスで特に有利なのが、右利きと左利きのペアである。あまり動きがクロスしない右・左のペアは、両選手がフォアハンド主戦を保った状態で互いの特長を発揮できる。さらには、バック系の技術も少しゆとりを持ってできるし、利き腕が同じペアよりもフットワークがスムーズに使える。しかも左利きの場合はレシーブがかなり有利なので、右利きと左利きの組み合わせは一番オーソドックスで勝ちやすいペアであると言える。また、右・左のペアは、難しいボールに対する判断が比較的余裕を持って行えるために、相手をよく観察することができるという利点もある。

ただ、右・左のペアにも弱点はある。それは、相手にコースを1本ずつ変えられるとかなり大きく動かなければならず、動きがクロスしてしまうという構造だ。しかし、そういう攻め方をされても、バック系の技術がすぐれている選手同士であれば、右・左ペアは十分に威力を発揮する。両選手ともバック系が得意であれば、無用なフォアハンド主戦で後ろに下がる必要がなく、早い打球点での攻撃が可能となって、カウンターもやりやすくなる。それが、一番有利なダブルスのペアである。

一方、右利きと右利きのペアは、ひとことで言うとフットワークが要求される組み合わせだ。ダブルスの場合は特に、フォアハンドで先に攻めると有利になりやすいので、バックサイドを回り込んで

攻めるケースが多い。そうすると、両選手ががら空きになったコートの左サイドに寄るためにフォアサイドががら空きになり、2人ともがフォアに飛びついて攻める形になる。フットワークが重要なのは必然と言えるだろう。

しかも、両選手が激しいフットワークを使うと、動きが盛んにクロスして展開がどうしても遅くなる。できれば、片方の選手は前陣で速く動き、もう一方の選手は両ハンドで広角に対応するという組み合わせが望ましい。右・右のペアが特長を発揮するには、ふたりともフォアハンドだけで動くのではなく、フォアハンド主戦型と両ハンド型の組み合わせを作り、なおかつ一方がつないでもう一方が攻めるという役割分担をするのがベストな方法だ。

09年世界選手権で3位に入賞した水谷隼（左）と岸川聖也のダブルスは左・右ペア

39 ダブルスを強くする必勝、不敗戦術

パートナーの打球を気にしすぎないことが重要

ダブルスでは、攻める役割の選手とつなぐ役割の選手の信頼関係が大事だ。互いが互いを気遣ってプレーするダブルスのゲームでは、パートナーのミスが目立って多いという場合、そのミスをカバーするために「自分がポイントを取りにいかなければ」と無理をして焦り、自分もミスをするというパターンに陥りやすい。

自分がミスをするとパートナーもミスをする——そのような1本1本交互のミスになってしまうと、試合の流れが悪くなるのは必然だ。これを防ぐには、ミスをした時の信頼関係、コミュニケーションが非常に重要である。

ダブルスの場合は、ミスが少ないほうが断然有利なのだが、それでも先手を取ることは間違いなく大事だ。そこで、パートナーとの間に強固な信頼関係があれば、ミスをしても焦って取り返そうとせずに、互いが自分のやるべきラリー・技術をやり通すことができる。つまり、ダブルスでは、その時の調子が悪くても、基本的にはその場その場で作戦を変更したり技術の使い方を変えたりせず、一人ひとりが自分の特長をしっかりと発揮することが大事なのである。

例えばパートナーの調子を見て、「ああこの子、今日は調子が悪いな」と思ったとする。そこで自分が決めなければいけないと思ってミスをすると、責任を余計に感じてしまい、「ミスをしないようにつなごう」という気持ちが先行しがちだ。挙句にはチャンスボールさえも思い切り振らないでつなぎにいってしまい、それを相手に待たれて打ち抜かれる。そういう悪循環に陥らないためにも、ダブルスの場合はどちらがミスをしても、互いに自分の特長を忘れずに押し通すということが重要なのだ。

そのためには、ミスをした時のコンビネーションの確認が不可欠になる。ダブルスで気をつけなければいけないのは、ペアを組むふたりの選手が双方ともに調子が良いことは、なかなか少ないという点だ。どちらかが調子が良ければどちらかが調子が悪いというパターンが圧倒的に多い。だから、パートナーが崩れることによって自分も崩れてしまう。その原因は明らかに、パートナーの調子の悪さを自分でカバーしようと思いすぎてミスをすることにある。それは、事前に心の準備があれば防げる敗戦パターンなのだ。

なぜどちらかの調子が良くて、もう一方の調子が悪いということになるのか。それは、シングルスと違ってダブルスの場合、自分が打ったボールを自分が打つのではなく、パートナーの打った、ふだんとは球質の違うボールが返球されてくるために、いつもリターンされてくるはずのボールと球質が変わり、それで技術が狂ってしまうからだ。そこで対応しきれずにミスをして、調子が悪くなる選手は非常に多い。

そのような対応の遅れによるミスを回避するには、互いが独立して自分のやるべき仕事＝自分は誰のボールを受けるのかという部分に徹して相手を見ていればいい。ところが、多くの選手は相手に目をやる前に、どうしても自分のパートナーの打つボールを見てしまう。パートナーが「打った」ということを確認してから自分の次の対応をしている選手が多すぎるのだ（左ページ図1参照）。

パートナーはパートナーの仕事をするわけだから、それには神経を使ってはいけない。それが「信頼する」ということだ。それよりも、自分がボールを打ち返すべき相手の動きやスイングを100％見るべきである。パートナーの動きが気になって、そのプレーを見てしまったために対応が遅れるパターンは驚くほど多い。しかも、パートナーのミスが多く、調子が悪ければ悪いほど気にかかるのだから、なおさら勝てない。入るかな、どうかな……と見てしまって、自分のプレーが遅れてミスをするという罠《わな》に陥りやすい。ここは、ダブルスでもっとも注意しなければいけない部分だ。

【図1】パートナーではなく相手を見る

ダブルスでは、パートナーの打ったボールが入るかどうかに注目していてはいけない。あくまで視線の先には、自分がボールを打ち返すべき相手の動きやラケット角度をとらえておく必要がある

■ 選手Aが仲間Bを見ていた場合

パートナーであるBの動きに注目したために、相手Xの位置が確認できず、次球への対応が遅れてしまった

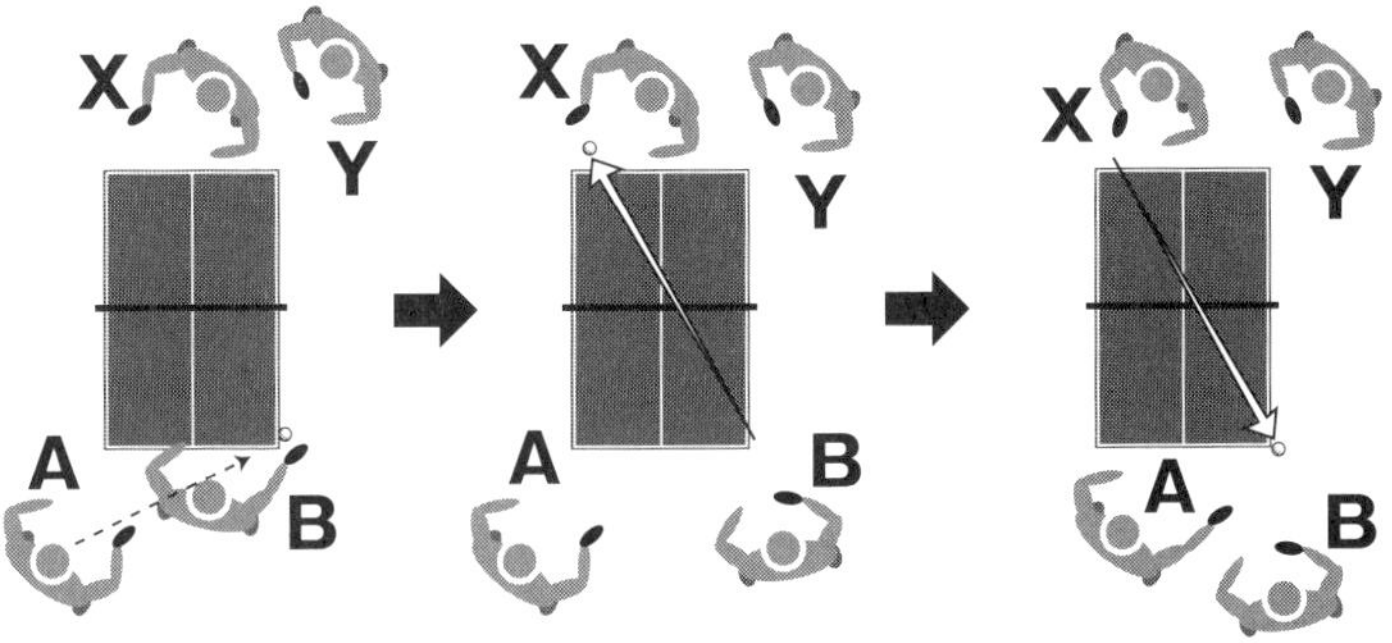

■ 選手Aが相手Xを見ていた場合

パートナーの動きには目もくれず、相手Xを注視していた結果、スムーズな動き出しで対応できている

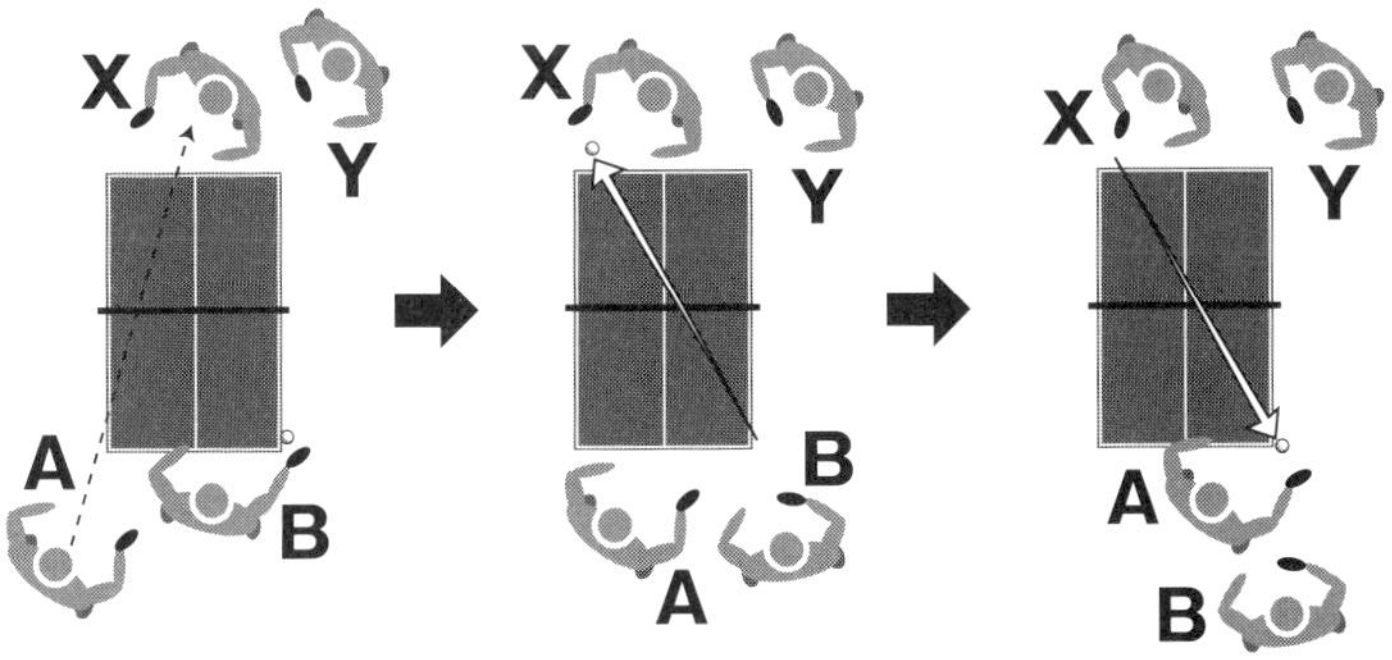

シングルスよりも速く動き、さらに不測の事態に備える

ダブルスでは、シングルスの時より速く動かないといけない。それは、ダブルスではより、自らの戦型をフォアハンド主戦型にシフトしないといけないからだ。一回間が空くからシングルスの時よりもゆっくりで良い、という考え方でいると逆効果である。ダブルスの場合は、シングルスよりずっと大きく動かなければいけない。その分、動きが遅くなることは攻めの遅さに直結してしまう。だから、シングルスの時よりも速く動くという意識が大事なのである。

さらに、パートナーが打ったコースによって、次はどのコースにどういうボールが来るかという予測をたてる能力も要求される。パートナーが打ったコースについて、その的確な判断ができるかどうか。これも一種の信頼関係である。組み慣れたペアであれば、両選手が互いの球質を知っているために、どういうボールが返ってくるかという予測がたてやすく、コンビネーションが洗練されてくる。ここが、名コンビは1＋1で3ほどの力が出ると言われる所以《ゆえん》だ。

ところで、ダブルスではサービス・レシーブでサインを出すが、そこでは「サインを出したらサイン通りやらなければいけない」と思い込みすぎてはいけない。例えば、短いサービスを出し、相手にツッツキをさせてそのボールを打とうというサインを出した時、間違って長いサービスになってしまい、打たれたとする。そういう場合にうまく対応できないペアは多い。また、「レシーブから払うよ」

というサインを出した時に、何が何でも払わなければいけないと思っていたら、払えないサービスが来てしまい、払うことによってミスをする場合もある。ダブルスのコンビネーションには、そのような緊急時の対応力も含まれる。サインは出すのだが、それがすべてではなく、そのサインの中に技術の柔軟性を入れておかなければいけない。いざという時にはサイン通りでなくても、「2番目のサインに自動的に切り替わった」と思えるくらいの柔軟性が必要なのだ。サイン通りにこだわりすぎると、どんどんミスをして自滅するというパターンに陥ってしまうから気をつけたい。

もうひとつダブルスで陥りやすいのは、レシーブが弱気になることだ。レシーブが弱気になると、パートナーから強気にいけと言われ、逆に無理打ちをしてしまって自滅するパターンになりやすい。だから、そういう場合にはサインを出さず、互いにノーサインでできる範囲のプレーをすることが重要だ。そのような非常事態の時は、あえてセオリーを破り、パートナーがレシーブするコースや球質を見てから次に備える、というくらいの柔軟性が求められる。

ともかく、ダブルスでは、サインやパートナーがやることにこだわりすぎると、ふたりともどんどん調子が落ちていったり、自分たちのペースに持ち込めなかったりする。ダブルスではシングルスの時より、さらに柔軟に技術・戦術を考えておかないといけない。互いの選手のその時々による好不調というものまで組み合わせて、コンビネーションを考えていく。それが、ダブルスに要求される特有の戦術である。

40 対戦相手の弱点を見抜く方法

対戦相手の情報を事前に収集しておこう

対戦相手の弱点を探す際に最も注意して見るべきポイントは、サービスである。試合は必ずサービス・レシーブで始まる。特に、サービスのコースに注目することは重要だ。選手は誰でも自分のサービスパターンを持っているため、コースの使い方には必ずクセがある。これをまず見抜くことだ。同様に、相手がどんなレシーブを得意にしているのかを知ることも重要。台上のストップレシーブが得意なのか、あるいは台上を払ってくるのが得意なのか、はたまた長いサービスを打ってくるのが得意なのか。そのように、相手のレシーブの得意な部分を考慮に入れることが必要である。

サービス・レシーブの分析ができたら、続いてはラリーにおける相手の主戦武器が何なのかに注目しよう。例えば、「フォアハンドのドライブは威力も安定性もすぐれている」とか「フォアハンドはそれほどでもないが、バックハンドのブロック力が高い」というように、大きなラリー展開で使用する技術について、得意・不得意を見抜くことが第二段階である。

さらには、相手の全体的な特徴として「ボールの威力はないが、ミスが少ない」というタイプなのか、「ミスを気にせず、非常に荒々しく攻めてくる」というタイプなのかを見抜くことや、メンタル的な要素を推測することも必要になる。メンタルは表面上はわかりにくいが、ゲームの流れの中で「競った時に弱気になる選手」「競った時にすごく積極的に攻めてくる選手」という見極めは可能だ。そのような洞察力も、ぎりぎりの勝負で勝つためには要求される。

対戦相手の分析と研究を重ねることで定評のある水谷隼

それから、相手の両ハンドの使用比率を「フォアハンド70％・バックハンド30％」というように、大まかなパーセンテージとして頭に入れておくと良い。それによって自分が送るボールのコースを考え、試合を優位に進めることができるからだ。また、ラリー戦を好むか好まないかも把握しておきたい。「長いラリーに持っていくと不安げにプレーする」「ラリーになっても焦りを見せず、表情を変えずにプレーする」「ラリーになると自信を持ってイキイキとプレーする」など、選手それぞれのラリー戦に対する自信の度合いは、見ていてわかりやすい部分だ。

このような情報は、対戦相手がほかの選手と戦っている様子を観察して事前に収集しておくと良い。自分が見られない時は、監督やチームメイトに見てきてもらうと良いだろう。前述のポイントを逃さずに観察し、それらを情報として完璧に仕入れておけば、試合開始前に相手の弱点を握ったも同然なのだ。

負けゲームで最後まで抵抗してヒントをつかむ

次に、試合が始まってから相手の弱点を見抜くにはどうすれば良いかを考えてみよう。例えば1ゲーム目、1−10というスコアでリードされて、相手にゲームポイントを取られたとする。そこから逆転できるとは、ベンチコーチはおろかプレーしている本人も99％思わないだろう。「今から頑張ってもこのゲームは無理だ。次のゲームで頑張ろう」という考え方をするのが一般的だ。

しかし、そのゲームは、そのまま1本や2本で負けてはいけない。その状況から、何ポイント取れるかというチャレンジをしなければいけないのである。例えばそこから5本連続で取って、6―11で負けたとしよう。その頑張りは次のゲームに必ず生かされてくる。相手の弱点が少しでも見えているなら、スコアにかかわらずそこを徹底的に突くべきだ。

「落とすゲームで弱点を突いたら、次のゲームで相手は対策を講じてくる。そのくらいなら、そのまま1本で落としたほうが得策では」と思う気持ちもわかる。しかし、絶対にゲームを捨てずに最後の最後まで抵抗すると、それは相手にとって目に見えないプレッシャーとなり得る。「こいつ、しつこいなあ」「さっさと負けてくれないかな」という印象を与えることによって、1ゲームを取ったはずなのに、相手は嫌な思いをするだろう。

また、自分にとっても、負けゲームの最後の何ポイントかをしっかり取りにいって「よし、ここを突けばポイントできるんだ」という確認をすることは非常に有益だ。例えば1―10から、ポーンと浮いたボールを相手が凡ミスしたとする。「あれっ？　あんなのをミスしたぞ」「いけるんじゃないか」と思ってそこから4本5本取れれば、その後の試合の流れをつかむことができるかもしれない。

とりわけ、最終ゲームまでの戦術を組み立てていくうえでは、負けている時に必死で抵抗して、いかに1ポイントでも多く取るかがカギだ。最後まで抵抗して勝つためのヒントを何か探しにいく。それが、試合中に相手の弱点を見抜くひとつの方法なのだ。勝っている時には、相手の弱点は気にならないし、見えてこない。だが、負けている時には、勝つためにどうしたら良いかを必死で考えるから、相手の弱点を見つけやすい。「負けゲームで相手の弱点を知る」こと。それを習慣にすることが大切である。

技術・戦術の幅が広い選手であることが重要

あらゆる大会で勝ち上がっていくには、対戦相手が自分の一番嫌なタイプである場合や、実力差がハッキリしていてまともに戦っては全く勝負にならないという場合でも、どうすれば勝利に近づけるかを考えなければいけない。

例えば、相手のサービスの変化が全くわからない時でも、レシーブを何とか返すだけ返して、4球目のカウンター攻撃に賭けるという戦い方は可能だ。レシーブ自体で良い展開に持っていけなくても、その後を工夫すれば勝負になる。同じように、「ドライブ戦に持ち込まれるとどうにもならない」という相手に対しては、ドライブを打たれたら一歩前に出て、前陣で打ち返す作戦で戦えば良い。

そのように、自分が苦手とする展開や失点しやすいパターンをしっかり把握しておけば、そこを何とかしのいだり回避したりすることで、得点チャンスはいくらでも生まれてくる。相手の弱点を探すことも重要だが、試合中に自分の弱点を修正できるような戦術と技術の柔軟性・弾力性というものが、もっと重要なのである。

卓球には「誰と戦っても完勝する」などというパーフェクトなスタイルは存在しない。逆に言えば、どんな戦型にもチャンスはあるのだ。その中で大切なのは、戦術・技術の幅の広さである。トランプで例えるなら「自分の持っているカードが多いか少ないか」ということだ。

対戦相手や試合の局面によって、エースを出せる時もあれば、弱いカードを出さなければいけない場合もある。しかし、カードの枚数が極端に少なければ、それ以上戦うことはできない。ひとつの技術・戦術を徹底して鍛え上げることも必要だが、いざと言う時の緊急手段をいくつも用意しておかなければ、卓球では戦えない。手持ちのカードをいかにうまくやりくりして、自分の有利な展開を作っていくか。そこが勝負の醍醐味《だいごみ》なのである。

41 初心者のためのプレー設計

最新のビデオを見せてイメージを作らせる

私はあまり初心者や子どもを教えたことはないのだが、まず初心者に卓球を楽しく教えるためには、はじめのうちからイメージを作らせることが大切だと思っている。初心者には、自分の卓球をどうしたらいいのかというイメージがない。だから、世の中の多くの指導者はただ形を作ってスイングさせたり、クセのあるフォームを矯正したりする。確かにそれも大事なのだが、頭の中に自分がどういうふうに振っているかというイメージがない状態では、効果は上がらない。

一番良いのは、初心者に世界最先端のビデオを見せることだ。まずは世界トップレベルの試合のビデオを見せ、「卓球とはこういう競技なんだ」というイメージを植え付ける。しかも、いろいろな戦型の選手のビデオを見せることが重要だ。それから、個別のパターンとしてフォアハンドの打ち方とか、シェークハンドの打法、ペンホルダーの打法、カット打法……それらひとつひとつの技術の打ち方をオーソドックスな練習形式で見せ、それで初心者に自らのフォームをイメージさせる。ボールを打たせるのはそれからである。

最初は、まったくうまく打てなくてもいい。卓球というものの導入の方法として、遊ばせてみる。その中で、体の使い方や打つ方向、グリップなどのアドバイスをしていく。指導者は、その子が遊んでいるのを見ている中で、その子の良さを生かしながら枝葉となる技術を少しずつつけ加え、粘土細工のように徐々に形を作っていくのだ。そういう方法が、一番上達が早い。

ただがむしゃらに「こう打て」「ああ打て」とか、昔のように素振り100回などやらせるのは、もっとあとからで良い。まずはイメージ作り。これは小学生でも大人でも、初めて卓球する人にとっては優先順位の第一である。

これはたまたまなのだが、私の息子は、卓球のビデオが家に山ほどあるという環境で育っていた。彼は自然と、それを毎日のように見ていたのだが、私は彼に卓球を全く教えていなかった。その中で、息子が小学校5年生くらいの時に初めてラケットを持たせて、卓球場に行った時のことである。私は彼に「(何も教えないで)本当にできるのか」と聞いたら「できるよ」と言うので、試しにやらせてみた。すると彼は、何といきなり投げ上げサービスを出してバックハンドドライブをブーンと振り回し

子どもの頃から卓球台と距離をとってロビングを上げるのが大好きだったワルドナー（五輪金メダリスト・スウェーデン）。そうした「遊び」を無理に矯正されなかったことが、彼の才能が開花した要因でもある

たのである。

もちろんボールが入るわけはないのだが、卓球の形になっているのだ。私は何も教えていない。通常はスイングを教える際、まずバックスイングをとって、インパクトのラケット角度を45度くらいにして、腰はこう使って……などいちいち言うところだが、そういうことを一切言わないのに、そういう形がほぼできていた。さらに、私はその時用事があってその場を離れなければいけなかったので、小野誠治選手に息子の相手を頼んだところ、小野選手は「そんなに無茶苦茶打たずに、ぼくがショートするからここへ打ってこい」と言って、息子とラリーをしてみたそうだ。そこでいきなり200本続いたという。

これは子どもの素質云々という話ではない。息子に素質があったらずっと卓球をやっていただろうが、ごくふつうだった。この例が示すように、やはり卓球を導入の部分から教える際、子どもの将来性を考えたら、イメージ作りというものが非常に大切であることがわかる。その中で、子どもが「こういう卓球がしたい」「○○さんの卓球が好きだ」と言えば、それからその選手の特長を真似させたりする。そこがすごく大事な部分だ。

だから、まずイメージを作ること。その先は、フォームにこだわらずにタイミングやリズムを重視して打たせ、それから体の使い方や筋肉の動かし方を教えていく。そして、動いた時の打ち方などを手ほどきしていくのだが、そのためにはまず、本人の持っているイメージでスイングさせるのが一番の早道である。しかも、最新のプレーをビデオで見れば、時代遅れの卓球にならない。進んだ卓球が自然と身につくうえに、楽しく覚えていけるのだ。

目先の勝利より幅広い技術を優先

今、日本の卓球指導者のほとんどは、初心者に対する最初の導入の時点から、勝負というものを必ず結びつけて教える。卓球をやるんだったら、まず勝たなければいけないという要求をしてしまうので、子どもが勝負のことばかり考えてしまう。そこでは、楽しい卓球というものが後回しにされて、大人のエゴでその子の卓球が作られてしまうのだ。

求められるのは、勝負第一主義による、勝つことばかりの卓球。例えば、子どもに強烈な変化サービスを覚えさせれば、相手がサービスを取れないし、取れても高く浮くからポンと打てば勝てる。そういうやり方が蔓延《まんえん》しているのだ。それは勝つためには一番早道かもしれないが、私の考えではもっと長い目で子どもを見て、イメージ優先でプレーを設計していくほうが良いと思う。

目先の勝利ばかりにこだわると、ひとつひとつのパーツに力が入ってしまう。「今はお前はこれを徹底的にやるべきだ」「そんな教えもしていないことをするな」というふうに、子どもが遊びで覚える技術を「ふざけるな」「遊ぶな」「ちゃんと打て」と言う指導者が数多くいる。例えば、攻撃選手がカットをしてみたり、利き手と逆で打ってみたり、シェークの選手がペンで打ったりすることに対して良い顔をしない指導者は多い。「お前はカットマンか！　攻撃型のクセにそんなことするな」などと、逆に技術を狭くしてしまうような指導が多いのだ。そこはどんどん改良していかなければいけない。

卓球は感覚が非常に大事なスポーツであり、それがまだ完成されていないうちから「あれはやってはダメ」「これをしなきゃいけない」と決めつけるのは良くない。ヨーロッパの選手が成長とともに伸びてくるのは、卓球を楽しんで、ゲームの中でも小さい頃からいろいろなことをやっているからだ。日本の指導者から見たらふざけて遊んでいるように見えることが、イマジネーションを拡げるうえでは重要なのである。日本の指導者も、そういう視点を持たなければいけない。

結論として、やはり初心者には、幅広い技術を浅く教えるほうが良いのだ。その中で、その子が持っている「これはすごく良いんじゃないか」というものを重点的に磨き、その子の主戦武器にしていくのが望ましい。しかし、日本の場合には頭ごなしに、まずフォアハンドから、次はバックショート、フットワーク、サービス、レシーブ……という順番で教えるケースが多い。そうではなく、それらを同時に教えることが重要だ。常識では、同時になど教えられないと思うかもしれないが、最初に「卓球のゲームというものはこういうものだ」というイメージが頭の中にできていたら、選手は同時にやることができる。そして、そのほうが最終的に良いまとまり方をするのである。

すべてのプレーゾーンをカバーさせることが重要

初心者を教える指導者は、形にこだわってはいけない。小さい子どもに「お前の打ち方はおかしい。もっとこうしろ」と言う指導者は多いが、その子にとっては、それが一番打ちやすい打ち方なのだから、そういう打法もアリだと許容するべきだ。しばらく経ってから徐々に打法を改造するのはいいが、まだすべてが未熟なうちから「こうでなければいけない」という形を押しつけるのは良くない。

大人が子どもの才能の芽を摘んでしまうケースはごまんとある。指導者の視点で、子どもが少しでも変なことをしたら「そんなプレーをするべきじゃない」と言って強制的に変えさせる例が多い。中でも、中後陣に下がってプレーしたがる子どもに対して、「なんですぐに下がるんだ。前でやらなきゃダメだろう」という指導者がいるが、実際には前でも後ろでもプレーできなければいけないのだ。

前陣型のプレーヤーでも、対戦相手がそれ以上に速いプレーをする時には、前陣で応戦できないことがある。そういう時には下がって打ち合うほうが賢明だ。下がるというプレーひとつにしても、いろいろ原因があるのだから「なぜこの子は下がるのか」ということをもう少し冷静に考えなければいけない。下がらないと受けられないようなタイミングでボールが来ているのかもしれないし、メンタルが弱くて下がっているのかもしれない。それをただ「下がるな。前でやれ」と言うのは、その子の個性や意思をないがしろにするものだ。

ちなみにヨーロッパでは、そのような強制はほとんど存在しない。指導者は、子どもが前で打とうが後ろに下がろうが「それでいい」と言う。そういう環境なら子どもがのびのびとプレーできるし、才能のある子がどんどん伸びていくのもうなずける。

そもそも卓球には、台上（極前陣）、前陣、前中陣、中陣、中後陣、後陣というプレーゾーン（図1参照）があるが、すべてのエリアをカバーできる技術の幅がなければ、世界レベルで戦えない。その中で、練習を重ねるうちに自分の得意なプレーゾーンを見つけ、戦型を確立していくのだ。ふだんは中陣でプレーするが、いざとなったら前陣に出る。あるいは、前陣から後陣まで幅広く動いてボールを拾う。そのような複雑な動きは、初心者の時にいろいろな経験を積んでいないと不可能だ。前陣ではプレーできる

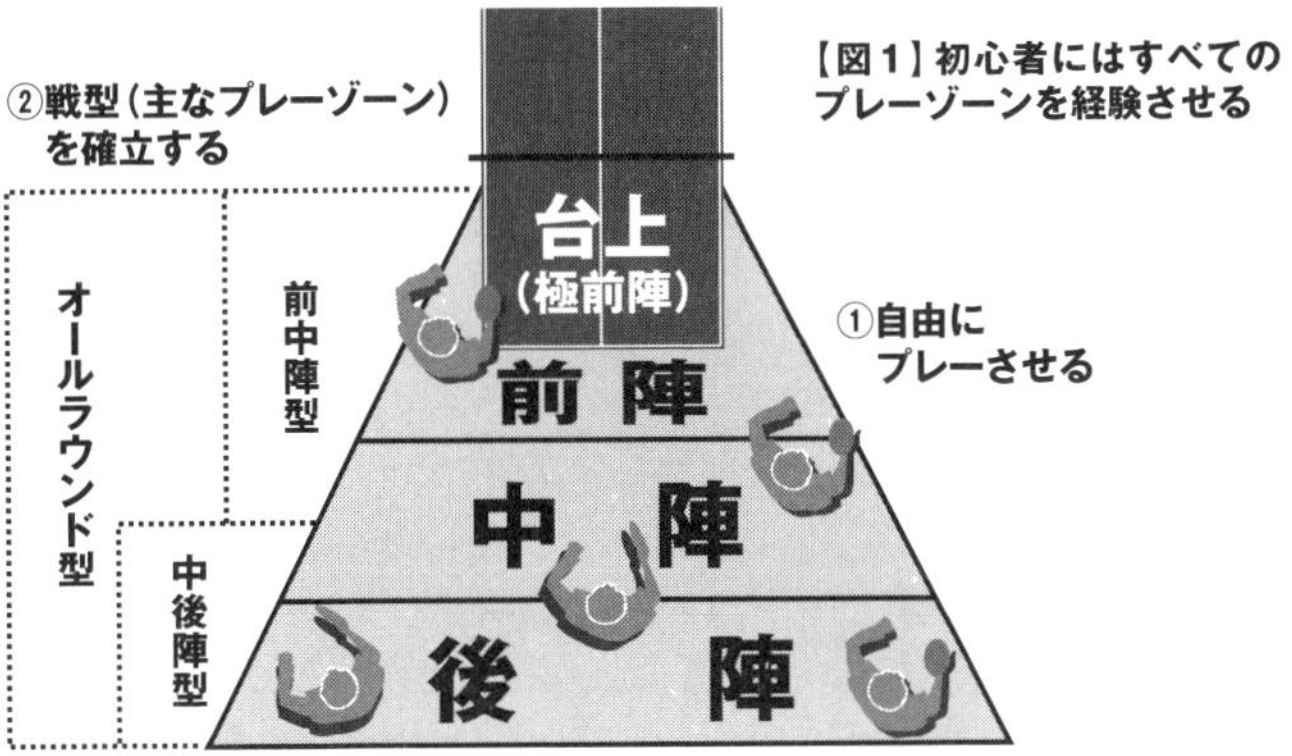

【図1】初心者にはすべてのプレーゾーンを経験させる

トップレベルで戦うには、戦型に関わらず、台上・前陣から後陣に至るまで、すべてのゾーンでプレーできなければいけない。そのためには、初心者の段階ではプレーゾーンを限定せず、自由に打たせることが大切だ。のびのび打たせれば、それだけ可能性が広がる。その後、それぞれの選手の個性・特長に合わせて主なプレーゾーンを決め、戦型を確立させていくと良い

ものの後陣ではプレーできない、ということではいけない。ひとつのゾーンでのプレーに固執してそれだけで終わっていては、それ以上のボールが来た場合や、それ以上のフットワークが要求された時にポイントが取れない選手になってしまう。

ミスを減らすにはボールの見方を意識せよ

卓球で技術以上に大事なのが、ボールの見方である。試合中、飛んでくるボールを見るのはもちろんだが、同時に相手がどこにいて、自分の打つべきコースはどこかが見えていないといけない。

また、初心者に限らず、「ボールを見ろ」と言われると、ボールが自分のコートにバウンドするあたりを一生懸命見る人が多いが、それではいけない。例えば、日本製のラバーと中国製のラバーでは、バウンドしてからのボールの伸びが違う。相手の打法によっても、ボールが速く来たり遅く来たり、あるいはバウンドしてから沈んだり曲がったりする。それを計算に入れていないとタイミングが遅れる。初心者は特に、これらをきちんと理解する必要がある。

つまり、ボールを見て的確な返球をするためには、相手が打つ瞬間（インパクト）からボールがネットを越すまでの間を見ていないといけない（左ページ図2参照）。そうすればタイミングが合う。

これは、車の運転を引き合いに出せば話がわかりやすい。運転が下手な人は目の前の車しか見ていないから、その車が急ブレーキを踏むとボーンとぶつかってしまうことがある。その際、ぶつかったのは自分の運転技術が未熟だったからと思っている場合がほとんどだが、それは技術の問題ではなく、予測や読みが浅いせいなのだ。ある程度のベテランドライバーなら、3台4台先の車がブレーキを踏んだら前の車もブレーキを踏むだろうということで、自分もブレーキに足をかけて準備している。

卓球でも自分の技術が下手だからミスをしていると思っている選手は多いが、そうではなく、相手が打つ瞬間からボールがネットを越すまでの情報を元にした読みができていないからミスが出るのだ。

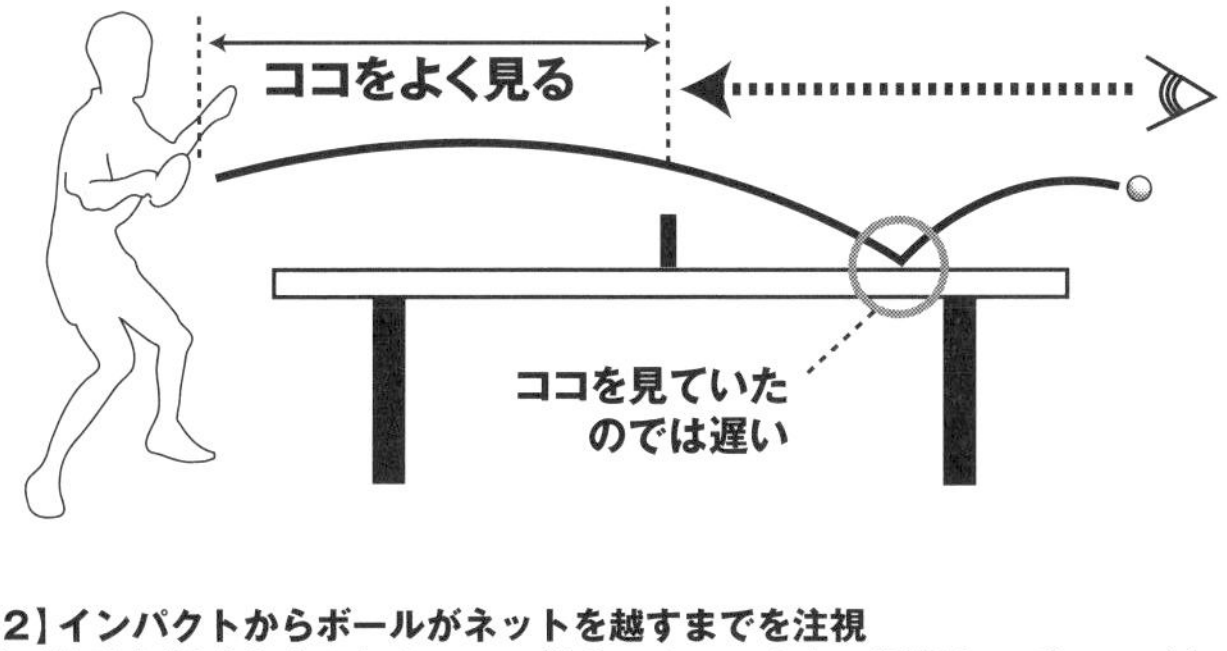

【図2】インパクトからボールがネットを越すまでを注視
自分が的確な返球をするためには、相手のインパクトの瞬間と、ボールがネットを越すまでの間をしっかり見ることが重要。手元に気を取られてはいけない

試合の全体を「観る」目を初心者のうちから養う

かの剣豪・宮本武蔵は「見るな、観よ」という言葉を残している。相手の刀が怖いからといって、刀だけ「見て」いたのではいけない。相手の動き全体を「観て」いないと真剣勝負に敗れてしまう。卓球でも、「相手のサービスに注意しろ」と言われれば、サービスばかり気になるし、「あいつのフォアハンドのドライブはすごいから、あのコースはダメだ」と言われれば、そればかり気になる。そうすると、試合の全体像が描けなくなる。一カ所にこだわらず、常に全体を観る視点を持つこと。そういう訓練をしていないと、なかなかうまくいかない。

これは、卓球だけではなく、いろいろな事象で同じことが言える。例えば、学校のテストに取り掛かる際にも、用紙を開いていきなり1問目から解き始めるのは、あまり成績の良くないタイプだ。できる生徒は、テストが始まってからしばらくの間は、何も書かない。出題された問題をざっと見渡して、効率良く解くための優先順位をつける。「コレとコレからやっつけていこう」「ここはちょっと難しい。気分転換に違うところを解いて、最後にここに戻ってこよう」というやり方だ。

また、心臓手術の名医に話を聞いたところ、手術には平均して6～8時間かかるそうだが、やはりまずやさしい箇所に取り掛かるそうだ。最初に難しい箇所へいくと、そこで集中力を使い果たして失敗する恐れがあるという。難しいところに取り掛かって行き詰まったら、またやさしいところに目標を変えて取り組む。それからまた難しいところにチャレンジしていく……という繰り返しなのだそうだ。ここから始めてこれで終わる、という順番などない。

卓球もまさに同じで、「ここにサービスを出してもうまくいかない」という場所にどんどんサービスを出してしまって失敗するというケースはたくさんある。それならば、パッと気分を変えてほかのところへサービスを出して、それからまた最初のサービスにチャレンジしてみる。そういうやり方のほうが賢い。最後の11点を取るまでの過程が、まずこれで取って、次はこれで取って……という順番通りにいくはずがない。

そのような戦術と技術は同時に教えるものである。初心者であろうがトップ選手であろうが、指導というのはそういうものだ。初心者だからと言って、技術的なことばかりにこだわってはいけないのである。

42 勝つための戦術イメージ

技術配分を数値化して具体的なイメージを作る

卓球にはサービス、レシーブをはじめ、ツッツキ、ドライブ、スマッシュ、ショート、カットなどいろいろな技術があるが、まずは自分の手持ちの技術について、これらを試合の中でどのくらいの比率で使っていくかを事前に考える必要がある。対戦相手のタイプによって、このサービスを何%使う、このレシーブを何%使う、3球目ではフォアハンド攻撃を何%……という技術配分を計算して100%を使い切るようにするのだ。それが、勝つための戦術イメージである(左ページ図1参照)。

そして、実際の試合になった時には、計画に基づいたパーセンテージで自分の技術を使っていく。その試合のビデオを撮っておいて、自分でイメージした技術のパーセンテージと、実際に戦った時の技術のパーセンテージを比べたら、どれだけの誤差があるかを確認すると面白い。また、計画通り3球目でバックハンドドライブを30％使っているものの、その命中率が10％くらいであったために勝てなかった、というようなことも起こりうる。そのように自分の戦術イメージと実際のプレーを分析していくと、卓球のアイデアがどんどん広がっていく。

このような戦術イメージを作っていくのは、選手とコーチによる共同作業が望ましい。自分が作り上げている技術と戦術のレベルを分析し、対戦する選手のタイプやレベルによってどういう戦い方になるかを考える。特にコーチは、頭の中で何試合もシミュレーションをしてどういう試合展開になるかを考えながら、選手にそれを具体的な数字として提示しなければいけない。メンタル的な部分で「大丈夫だよ」などと言っても、試合前の選手の不安は拭えな

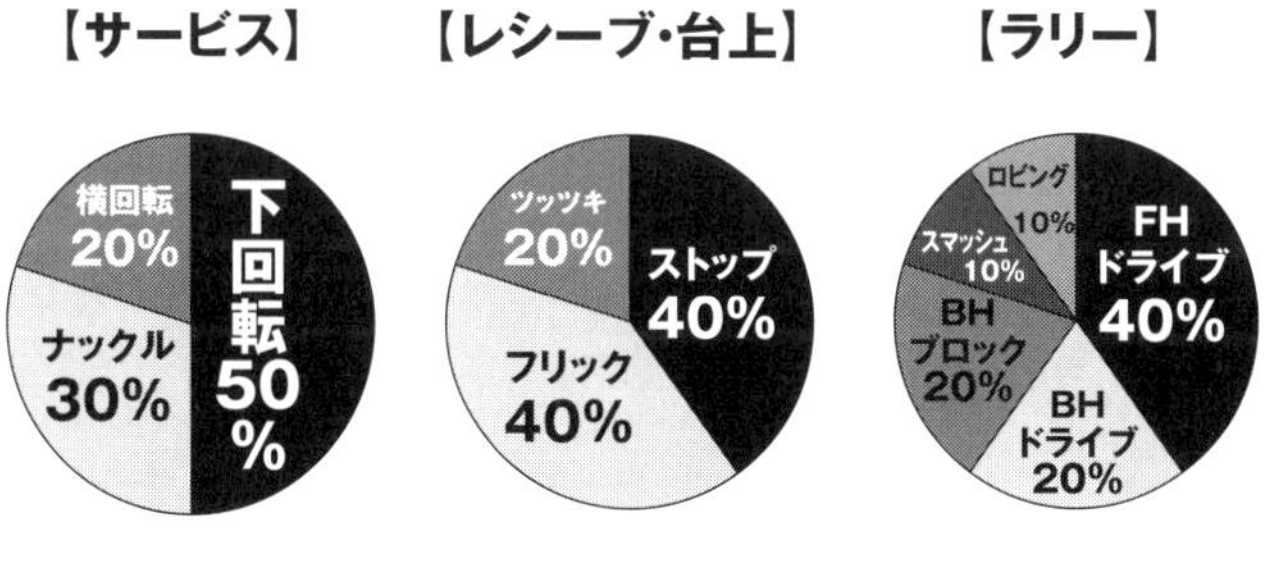

【図1】戦術イメージを確立するための技術配分表（例）
勝つための戦術イメージを組み立てるには、自分がどういう技術を中心に戦うのかを具体的に数値化することが重要。どういう回転のサービスをどのくらい出すのか、レシーブや台上ではどういう技術を中心に使うのか、ラリーになったらどういう技術で勝負するのか……など、コーチと選手の話し合いの中で、パーセンテージを弾き出していくと良い。なお、対戦相手の戦型や主戦武器によって、この配分は毎試合アレンジしなければいけない。実際の試合の流れが悪ければ、途中で配分を変更することも重要だ

い。数字に出して具体的に説明できる戦術イメージが必要なのだ。

　また、選手にとって気になるのが過去の対戦成績だ。特に、負けた試合の印象は選手の頭の中に強い記憶として残っている場合が多い。過去に対戦したことがなくても、トーナメント戦の次の対戦相手のプレーを見ることによって、「強いな」「うまいな」という印象がインプットされてしまう場合もある。「あんな強い人とやったら負けるのではないか」などと思うとすごくネガティブになって、なかなか勝つための戦術イメージが湧かない。

　そのような時にコーチが選手を助けるためには、「今の君にはこういう技術と戦術がある。あの選手の戦術はこうだ。こことここをぶつければ必ず勝てる。心配はいらない」というように、戦術イメージのパーセンテージを提示することだ。数字で示すこ

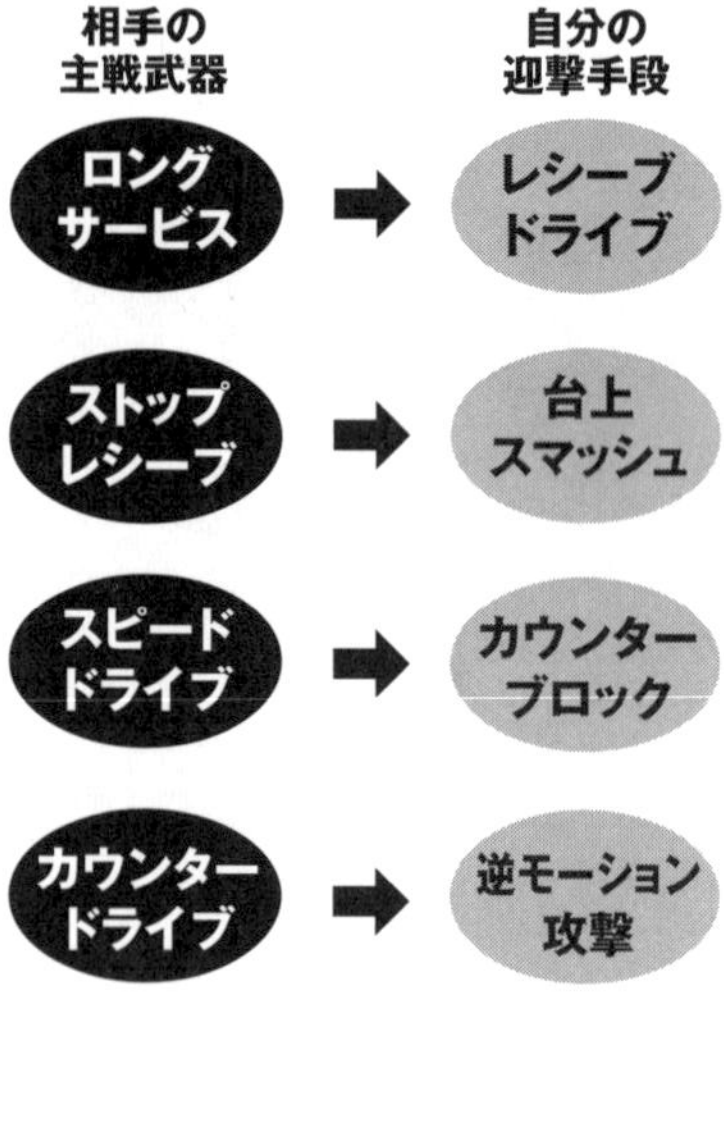

【図2】迎撃手段を考える
迎撃手段を完璧に用意しておけば、相手の主戦武器もそれほど怖くない。前ページの技術配分とミックスさせて考えれば、よりスキのない戦術イメージを作ることができる

とで戦術を理解させ、こうすれば100％勝てるという部分まで説明すれば、選手に安心感を与えることができる（右ページ図2参照）。

ただし、いくら戦術イメージを完璧に作っていても、イメージと現実がずれる時はある。そのズレをどこで修正するかが重要だ。ゲーム間やタイムアウトの時には、最終ゲームに至るまでのイメージの修正を行わなければいけない。それは、ベンチコーチの能力や選手自身のゲームマネジメント能力にかかっている。

最終ゲームのジュースで勝てばいい

戦術イメージの前に、もっと重要なのは試合に臨む姿勢である。いかにして1ポイントを取るのか。いかにして1ゲームを取るのか。最終的に試合をものにするためには、どういう視点が必要か。それが、勝つための戦術イメージの前提だ。

まず大切なのは、ゲームカウント3－0や4－0で勝とうと思わないことである。7ゲームスマッチなら第7ゲームの最後のジュースで勝てばいいんだと思っておく。そうすれば、1ゲームや2ゲームを落とした場合にも動揺しないですむ。

例えば、得点が2―2から8―2になった時、そこで6ポイントを連続で取ったこの選手は、どういう心理状態になるか。多くのケースでは、「もう勝ったな」「このままいけるだろう」と思うはずだ。そこに油断が生じる。そこから1ポイントずつ追い上げられて8―8になった途端に「どうすればいいですか」という顔でベンチを振り返ることがある。

連続ポイントを取っている間は気持ち良くなっていて、ベンチなど一度も振り返らずにプレーしていたのに、同点に追いつかれた途端に自信をなくしてしまうというのは最悪のパターンだ。このように、リードを詰められてからピンチに気づいても遅い。むしろ8―2でリードした時にこそ、どうすればいいかじっくり考える選手でないといけない。「自分が6本連続で取ったら、今度は相手が6本連続で取る番だ。きっと8―8になる」というように、自分自身を戒める気持ちが必要なのだ。

そもそも「この試合は必ずゲームオールジュースになる」と最初から思って試合に入っていれば、8―2という得点状況でも「勝てるだろう」とは思わないはずだ。実際、8―2から8―8になっても、あらかじめ「今度は自分が6本連続取られる番だ」と思っていれば「これでいいんだ」と思える。そして、「今度は自分が取る番だ」という気持ちで前向きに戦うことができるだろう。

また、ゲームの出足から得点の推移を強く意識することも重要だ。通常、選手というものは出足で1ポイントを取ったら、自分では気が抜けているつもりはなくてもどこかで気が抜けており、1―1になるケースが多い。しかし、勝負の怖さを知っている選手であれば、1ポイントを取った次のプレーに際して、3倍の集中力でもう1ポイントを取りにいく。そして、2−0になれば、そのゲームをかなり有利な展開にもっていくことができる。先行逃げ切りの意識が非常に重要なのだ。

なぜ2ポイントをリードしていかなければいけないのか。それは、終盤のネットインやエッジボールが怖いからである。とりわけ11点制が導入されてからというもの、私がベンチコーチに入った試合で8−8や9−9になったら、相手のネットインやエッジボールが入らないでくれ、とひたすら祈っている。

そのようにタイスコアで終盤を迎えると、選手の実力や戦術に関係なく、ネットインやエッジボールで試合が終わってしまう危険性があるが、そこで2ポイントのリードがあれば何とか同点で切り抜けられる。そういう時のためにも、序盤に1ポイント取った後の1ポイントは、3倍の集中力で臨むという意識が大切なのだ。そういう心づもりがあれば、不幸にして9−9からエッジボールで1ポイントを取られた時にも、「ここで3倍の集中力を出せばいいんだ」と思って気丈にプレーできる。

1ポイント1ポイントを取り合う時の視点、ゲームを取るための視点、トータルで勝つか負けるかという視点。それらを全部頭の中に入れておかないと勝負はうまくいかない。逆に、これらを肝に銘じたうえで戦術イメージを作っていけば、たいていの試合は乗り切れるはずだ。

43 ここ一番のとっておき戦術

あっと驚く技術を徹底的に練習しておく

試合の終盤、大事な局面で最高のプレーを発揮するためには、日頃の練習が重要である。例えば、ある選手が1日に5時間練習をするにあたり、2時間は主戦技術のフォアハンドを軸に練習し、1時間はバックハンドの技術練習、さらに1時間はサービスの練習をするとしよう。そこで、残りの1時間はどういう練習をするべきか。そこでは、1試合に1ポイントか2ポイントしかないかもしれない「ミラクルショット」の訓練をするのだ。そこに時間を費やすことで、対戦相手があっと驚くような技術が磨かれていく。

もちろん初心者の場合には、ごく基本的な技術練習が主となる。これが中級者になると、ゲームで勝つための全体的な練習になってくる。そして、さらに上を目指す選手の場合には、試合終盤での1ポイントあるいは2ポイントをスーパープレーで取るための練習が主になるのだ。

カットマンであれば、基本的なバックカットやフォアカットの練習は10分や15分ですませて構わない。そして、練習の多くの時間をスーパープレーに割くのだ。例えば、バックの深いところを攻められたあとフォア前にストップされるというよくあるパターンにおいて、フォアハンドでアタックするのは平凡なプレーだ。しかし、練習ではこれをあえて回り込み、バックハンドでアタックする(図1参照)。

わざわざそんなことをするのはバカげているし、ふつうのカットマンはまず取り組まない練習だ。実際、フォアハンドで打ったほうが安全だろう。しかし、それは相手にしてみれば「フォアハンド強打が

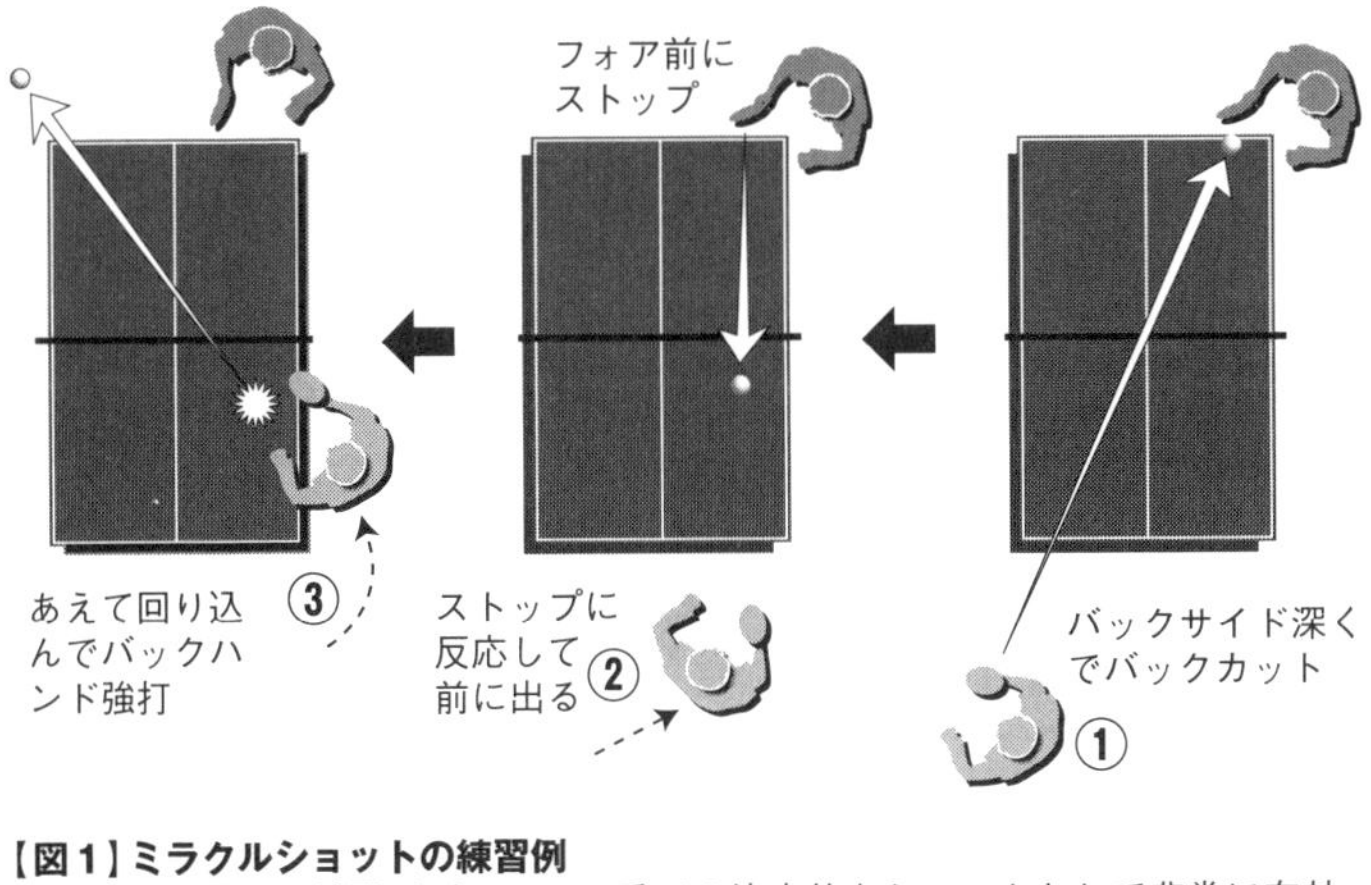

【図1】ミラクルショットの練習例
一見ムダに思える練習だが、ここ一番での決定的なショットとして非常に有効。他の戦型でも、様々なミラクルショットを想定して練習をやり込んでおけば、いざという時に必ず役立つ

来る」という予測が十分できるプレーだ。トップ選手相手に、試合終盤でそんな常識の範囲内のプレーをしていては通用しない。ところが、そこを回り込んでバックハンドで打っていくことができれば、どんな相手でもあっと驚く。だから、練習時間の大部分をこの練習に費やすことには大きな意味があるのだ。とりわけ、トップを目指す選手の練習は、そういう形で行わなければいけない。

それは、相手の裏をかく、1ゲーム中に1度しか使用しない技と戦術である。だが、それは徹底的な練習によってしか身につかない。単なる出合い頭《がしら》では、そのようなボールは入らないのだ。ここ一番の絶対的な決定打を、隠し球として身につけておくことは、トップレベルで勝ち抜くために間違いなく必要である。

常に新しいプレーにチャレンジしていこう

世界選手権やオリンピックのようなビッグゲームは、1ポイント1ポイントが言わば「あり得ないプレー」の連続である。特にゲームの終盤は、起死回生のミラクルショットが炸裂することが多い。それは偶然出るものではなく、そういう場面を想定して練習を積んでいるからこそできることなのだ。一般人が見るとまぐれのように見えるプレーでも、練習と計算のたまものなのである。

そのように、相手の予想を超えた戦術や、あっと言わせる技術がないと、一発逆転の試合展開にはならない。ところが、ある程度のレベルに達してしまった選手は、練習方法もマンネリになりがちで「これ以上何をやったら良いのだろう」と行き詰まってしまうことがよくある。特に日本では、せっかくベース（基礎）ができている選手なのに、同じ練習を繰り返しやってしまうケースが多すぎる。それでは、一定以上のレベルが望めなくなってしまうのも当然である。だが、これは当たり前の練習をしているから行き詰まるのであって、通常ではあり得ないプレーで点数を取ることを考えれば、無限にアイデアは出てくるはずだ。

例えば、長年にわたって世界のトップレベルで戦ったスウェーデンのワルドナーは、世界選手権が終わったあとの数カ月間で1球も打たなくても、1週

世界の卓球の流れを変えたワルドナー（スウェーデン）。固定観念にとらわれないオールラウンドなプレースタイルを作り上げた

間ほど集中して練習すれば、世界選手権で戦ったレベルに感覚を戻してプレーすることが容易にできる。それから彼は何をするかといえば、次の大会を戦うためのアイデアを練り、様々なプレーにチャレンジしていくのだ。新しい大会に、以前と同じスタイルで臨むわけにはいかないし、ベースはできているのだから、同じ練習をする必要はないのである。一時的に調子を崩すことはあるが、それは次のステップに進むために必要な過程だと言えよう。

日本の指導者は、選手が既成のスタイルを崩して練習しているのを見ると、「何を遊んでるんだ」「余計なことをするな」などと注意してしまう場合が多いが、それではいけない。新しいプレーにチャレンジすることで選手は成長するものなのだから、それをサポートするのが良い指導者である。

見たことのない個性的な技術を磨くことが大切

とっておきの戦術とは、試合の中で1ポイントしか使わない技術を、最も重要な局面で使うことである。そしてそれは、常に「新しい」技術でなければいけない。ここ一番という時に、自分が昔から身につけている技術で勝負していては、相手の想定の範囲内に収まってしまい、とっておきの戦術にならないのだ。そこでは、相手にとって未知の「そんな技があったのか」というものを出していくことが重要である。

例えばサービスであれば、対戦相手に「この選手にこんなサービスがあったのか」と思わせるサービスを出す。「あそこで出していたな」と思われるようなサービスではダメだ。また、試合の最終盤まで全部ドライブで攻めておいて、最後のウイニングショットだけスマッシュを放って試合を終わらせるというのも、とっておきの戦術と言える。

そういう戦術を使うためには、同じ練習ばかりを繰り返すのではなく、常に新しい技術を開発するための努力が必要だ。思いつきの技術・戦術ではなく、「この大事な場面で出すために1年間猛練習してきた」というくらいの裏づけがなければ、最後の1ポイントは取れないのである。

また、とっておきの技術に不可欠なのが個性だ。例えば79年世界チャンピオン・小野誠治のスマッシ

ドライブが主流になりつつあった70年代に横なぐりのスマッシュで世界の頂点に立った小野誠治

ュは、最初の頃、私の目には横なぐりの変な打ち方にしか見えなかった。ふつうの指導者であればフォームを矯正していたかもしれないが、当時師事していた熱海の樋口俊一氏（故人）は「これが小野の打ち方だ」と言って、その土台を変えずに強化していった。それが後にカミソリと言われる強烈なスマッシュとなったのだが、これは威力もさることながら個性的な打法であったために、勝負どころでは必ずポイントになっていた。

最近で言えば、いわゆる「王子サービス」なども一例に挙げられるが、いかに他人が取り組んでいない技術に磨きをかけ、それを勝負どころで出せるかというのが、トップ選手として世界で戦うための絶対条件なのである。そして、それは体に染みつくまで繰り返し練習することによって、その威力が高められるのだ。

44 練習に必要な戦術的視点

前陣での無駄な動きが日本卓球の弱点

戦術というものは試合の時だけに組み立てるものではない。練習にも戦術的要素を取り入れていないと、間違ったスタイルが作られてしまう。

たとえば、相手のバックハンドに対して両ハンドの切り替えを行う場合（文中はすべて右利き同士の場合で説明）。バックコーナーに来るボールをバックハンドで打ったあと、フォア側に来たボールに対して、左足、右足を順に運んで移動するのが日本式の練習方法だ。フォア側に来たボールに対して、必ず両足ともスタンスを踏み替えてしまう。つまり、切り替え練習で二歩動のフットワークを使ってしまうのである（次ページ図1－A参照）。

もし、そこでバックサイドにボールが来たら、この練習者は全く対応できない。フォア、バックに1本ずつ来ることがわかっているから、足の踏み替えができるのだ。全く実戦的ではない練習と言える。実戦では、ラケットが届く範囲にボールが来るならスタンスを変えずに上体の動きでフォア・バックを切り替えて対応すれば良いし、もう少しフォア側へ来るボールに対しても、右足を1歩踏み出すだけで良い。

さらにまずいのがミドルのボールへの対処だ。ふつうに打てるボールとわずかな距離の違いしかないのに、日本の選手は小さい時からスタンスを踏み替え、体を完全に入れ替えてフォアハンドを打つことを教えられる(図1-B参照)。ボディーワークを使えばあまり動く必要のない前陣で、無駄なフットワークを教えてしまうのだ。これが日本選手が伸び

【図1】日本の練習の誤り

A：バックハンド→フォア側でのフォアハンドの切り替えで両足を踏み替えてしまう。B：ミドルのボールに対してボディーワークを使わず、スタンスを変えて打ってしまう。C：バックコーナーに正対するように構えてバックハンドを打つ。D：バックサイドへの回り込みが大きすぎる。詰まって打つ練習をするべき

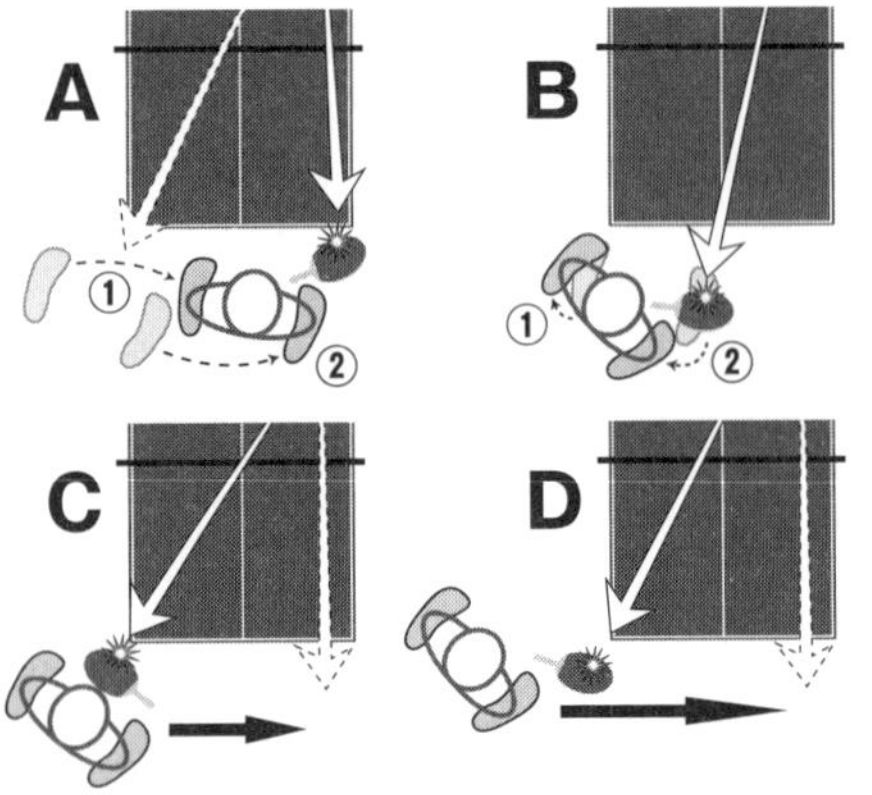

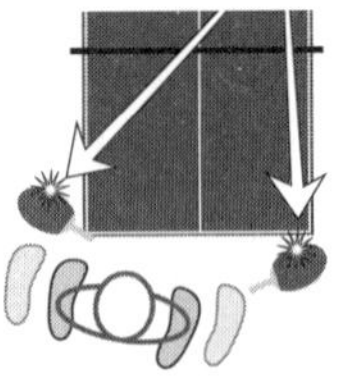

上図のように卓球台の内側に基本の位置をセットしておけば、前陣をキープしながら両ハンドでどこに来たボールにもボディーワークか一歩動で対応できる

悩む原因となっている。

コースを決めた前陣での練習では、足を動かさなくても構わない。むしろ足の位置をしっかり決めて打つことが重要だ。基本練習で最も重点を置くべきなのは「タイミングに遅れないこと」である。次にどこにボールが来るかわかっている練習では、どんなに速いボールが来ても絶対それに遅れないという意識で臨む。足の動きを伴うと前陣での早いピッチのラリーに絶対遅れてしまうから、足を極力動かしてはいけない。そのほうがはるかに実戦的・戦術的な練習になる。

実際、台の中央付近に構えていれば、子どもですら右足を半歩動かすだけでフォアサイドを切るコースにもラケットが届く。それを日本の指導者は「動いていない」とか「楽をしている」などと言って、形の修正に腐心《ふしん》してしまう。「足をもっと動かせ」「回り込む時はもっと大きく」などのアドバイスは、選手が前陣でプレーしている限り見当違いなのである。

基本の位置は卓球台の内側にセットするべき

日本の卓球を見ていて一番気になるのは、シェークハンドの選手がバック側でバックハンドを使う時に、スタンスがコーナーに正対してしまうことだ（右ページ図1‐C参照）。そうすると、フォア側に来たボールに対して、一歩では到底追いつかない。二歩動、場合によっては三歩動が必要になる。つまり、前陣にいながら三歩動でしか対応できないような構えをしていることになる。

「バックハンドは体の真ん中で受ける」という基本を頑《かたく》なに守ろうとするからそうなるのだが、もう少し卓球台の内側に立って、コーナーからサイドに来たボールは左腰から刀を抜く要領で打つ「居合抜き打法」でカバーするほうがスマートだ。体の真ん中、へその前でインパクトするという打ち方は間違いではないが、それはコーナーに来たボールに対処する際の打法ではなく、バックミドルへ来たボールに対するさばき方である。

また、バックコーナーに合わせてスタンスを作り、バックハンドをすべて体の正面で打とうとすると、さらにバックサイドを切って来たボールに対して弱くなる。日本のシェークの選手の多くは、バックサイドを切ったボールに対して右肩・右ひじが下がった状態でラケットヘッドを上げて、ペンホルダーのショートのような打ち方をしてしまう。卓球台の内側に構えているヨーロッパの選手は、バックサイドにボールが来た時、腕を横に伸ばして居合い抜きで対処するため、絶対に日本選手のような形にならない。それはすべて、構える位置に起因しているのだ。

また、これはフットワークではなくボディーワークの問題とも言える。中国やヨーロッパの選手は様々なボールに対応するスイングの弾力性（＝ボディーワーク）があるため、無駄なフットワークを省くことができているのに、日本にはボディーワークを教えず、フットワークしか教えない指導者が多い。これが日本卓球の弱点を作っているのだ。前陣では足の動きやスタンスの形はほとんど打球に影響しないのだから、できるだけ足を動かさずに打たせることを心掛けるべきである。

そして、日本の選手はバックサイドを回り込んだ状態でフォアハンドを打つ際の立ち位置も、練習では卓球台から大きく離れ過ぎていることが多い（290ページ図1 - D参照）。そこからフォア側に回されたらどうするのか。そもそも実戦でそんなに大きく回り込んで打てるケースなどほとんどない。世界のトップレベルでも回り込んだ時には詰まって打つことのほうが多いのに、日本の選手は詰まった状態で打つ練習をしていない。

何のための練習なのか。練習ではボールが来る場所がわかっているから大きく回り込んだ位置で打っても大丈夫だが、それでは実戦とかけ離れてしまう。実際、中国の練習を見ると、そんな位置で打っている選手はいない。

極力動かずに打つのが現代卓球の鉄則

現代卓球で一番必要になるフットワークは一歩動である。二歩動になるとラリーのピッチに遅れる。三歩動になると後陣での戦いを余儀なくされる。スタイルにもよるが、できるだけ前陣で戦うことが、現代卓球で最も有利に戦うための戦術である。だから中国選手は前陣でスタンスを広くとり、足がクロスしないようにしている。バックの回り込みも、そのあとの飛びつきが三歩動にならないように、左側へ一歩でサイドステップするだけだ。このようなシステムを身につけるには、下半身の強化が不可欠となる。

二歩動、三歩動が不要だと言うのではない。卓球の場合はいくら自分が前陣で戦おうと思っていても、より速い相手と対戦した場合には中・後陣に下げられることがある。そういう場合の対抗手段として、三歩動などを駆使した軽快なフットワークで中陣戦に持ち込み、チャンスを見つけ前陣に踏み込んでフィニッシュ……という展開に持っていけるだけのフットワーク力は、戦術的にも必要である。

日本ではこれまで三歩動のフットワークから教えることが多かったが、現代卓球の優先順位としては第一に無駄に動かないこと、次に一歩動ということになる。二歩動、三歩動の重要度は三番目以降だ。まずは前陣で、できるだけ広いスタンスを崩さないように練習することが勝つためのスタイル作りの基本である。

45 試合中の態度と間の取り方

心理戦においてはポーカーフェイスが有利

プレーヤーの試合中の態度は、自分の調子を上げるためにどんどん声を出すタイプと、闘志を内に秘めて一切声を出さないというタイプに二分される。その中で大切なのは、自分が一番心地良く戦える試合態度を、経験を通して見つけていくことだ。

私自身は選手時代、どうやって自分のエネルギーを最小に抑えつつ、相手には最大のエネルギーを使わせて戦うか、ということばかり考えていた。つまり相手にはワーワー声を出させてプレーさせ、私は全く何も言わず黙ってプレーするのだ。そのほうが長丁場になれば絶対有利だと思ったからである。

現役時代の筆者。常に冷静沈着を心がけ、相手に心理を読ませないように努めた

やはり卓球は心理戦という側面が強いため、ポーカーフェイスで戦うのが最高の戦術だ。故意の無表情で心理を相手に読まれないようにし、試合をやっている間は常に冷静沈着で通す。得点時にはワーッと騒いで、失点時にはシュンとするのが最も良くないパターンだ。

むしろポイントを失った時に声を出して気合いを入れ直したり、ポイントを取った時は黙って、知らん顔をしておくのが上手い作戦と言える。良いボールを打った時に大喜びしている選手は、相手に「あんなに喜ぶんだから今のはまぐれだろう。あんなボールは二度と来ない」と読まれてしまう。ところが、すばらしいミラクルショットを打ったのに知らん顔をされたら、相手としては「あんなボールをふつうに打ってくるのか」「この人はどこまで強いんだろう」という類《たぐ》いのプレッシャーを感じる。達人ワルドナーなどはどんなにすごいボールを打っても、ほとんどの場合は涼しい顔をしている。これは相手にとってプレッシャーが大きい。これが一番良い戦い方の態度である。

とは言え、「ワーッと大きい声を出してプレーをしないと気分が盛り上がらない」「ふつうにプレーしているとどんどん沈んでいくネガティブな性格である」などの場合は、自分自身を鼓舞して励ますためのパフォーマンスが必要だ。肉体的・精神的には非常に疲れるが、それもひとつのスタイルと言える。性格的な問題はなかなか変えられないから、作戦よりも性格を優先させることが重要だ。

ポーカーフェイスで戦う場合も、もちろん最初から最後まで、単純に黙ってやれば良いと言うわけではない。窮地でのファインプレーなどの時には、自分へのごほうびとして思い切り声を出すのも作戦のうちだ。それは試合の流れを判断して使い分けなければいけない。

サービス・レシーブなどでは間合いの工夫が重要

卓球選手として最も嫌なのは、相手のペースで試合が進むことだ。逆に、試合中ずっと自分のペースでプレーしているような雰囲気を相手に感じさせるためには、「間」の取り方に工夫をすると良い。その際、やはりサービス・レシーブでの間合いが、最も利用しやすい。

サービス・レシーブの鉄則は、必ず相手よりも早く構えること。どんな相手と対戦する時でも、相手より先に構えに入るのだ。自分がサービスの時には、相手がレシーブの構えに入る前にトスの準備をし、自分がレシーブの時には、相手がサービスの準備を終えるより早くレシーブの構えを作る。相手によってはそれを嫌がって、レシーブの構えになかなか入らなかったり、サービスの構えに入ってから「読まれているのではないか」などと思ってもう一度仕切り直したりする場合がある。サービス・レシーブの構えを相手に先んじることは、そういうプレッシャーをかけるために有効なのだ。

私の経験では、長谷川信彦さん（67年世界チャンピオン）の間の取り方が強烈な印象として残っている。こちらがサービスを持っている時、早く構えれば長谷川さんはゆっくりと動作していて、ゆっ

くり入ろうとするともう構えられていたりした。レシーブの時にも、こちらは早く構えているのにな
かなかサービスを出してくれず、「いつ来るんだ……」と思っていると、いきなりパンと出される。要
するに長谷川さんは相手を見て意識的に間の取り方を変えていたのだ。そのようにして私は常に長谷川さんのペースでプレーさせられていた。

最近はそういう間の使い方が上手な選手が少ないように感じられる。たとえば若い選手が往年の長谷川さんのビデオを見たら「バッドマナーじゃないか」と言うかもしれない。しかし、それは当時のルールのギリギリのところで行われているテクニックで、高度な駆け引きなのである。現代卓球にも十分応用できるだろう。

大切なのは、まず自分の間合いで試合ができるかどうかだ。それを実行するためには、練習の時から訓練を始めなければいけない。最近の選手は練習の時、相手のペースに合わせて打つのが当たり前だが、昔の日本選手はいきなりスマッシュを打ってくることが多かった。こちらの間合いも何もあったものではない。全部自分の好き勝手に打つのだ。

とりわけ私は長谷川さんと練習する時、いつも球拾いのような状態だった。何しろこちらのカットに合わせてくれず、第一球からフルスイングなのだ。それは練習の時から、実戦での自分の間合いを作ることを想定していたからだった。そういう練習もひとつの方法として有効なのだ。試合の時だけ間合いのことを考えてプレーしていても、本当に自分に適したパフォーマンスは身につかない。

戦術を考えるのは練習中。試合には無心で臨め

最近、国内の女子選手の試合中によく見かけるのが、「やる気があるのか」と思うくらいダラダラとした動作でボールを拾いに行く光景だ。まわりからすると「もう少し早く取りに行ったらどうなんだ」という気持ちになるが、それは彼女たちにとって大切な間合いなのだ。ボールをゆっくり拾いに行きながら一生懸命考えているのだから、一概に悪い行為とは言えない。

ところが、調子が良くてどんどんプレーを進めていったほうが有利になるような状況でも、間合いが長いままプレーしている場合が見受けられる。ダブルスなどは特に顕著で、プレーの合間に話し合ってなかなかサービスを出さなかったりする。1球1球考えることが良いと思っているのだ。

結論から言えば、今の選手は試合中に考え過ぎである。戦術というのは、試合をする前に熟考するものであって、試合のコートに入ったら集中力を高め、余計なことは何も考えてはいけない。前の晩、一週間前、あるいは1カ月前や1年前から、対戦するであろう選手との試合の作戦を考え、「対○○選手」と想定した課題を作って練習をする。それを全部体に染み込ませ、頭の中に入れて試合をするのだ。コートに入ってから考えているようでは話にならない。試合では頭の中を全くの「無」にして戦い、体で覚えたもの、練習で培ったものが自然に出ていく。そういうポイントの取り方が最も理想

的である。

つまり、練習の時には考えてプレーする。試合になったら考えてはいけない。それが大原則なのである。作戦・戦術面の思考は、試合の前に完了させておかなければいけない。それは練習中の組み立てとしてできていなければいけない部分であり、試合ではどんどんプレーを進めることに集中するべきだ。

世界レベルで見れば、強い選手になればなるほど間合いが早い。「何も考えていないのでは」と思うくらい早いことがある。ワルドナーの良い時などはものすごく早いし、しかも早ければ早い時ほど強いという傾向がある。それだけ練習や試合前のシミュレーションで戦術ができあがっているのだ。並の選手は、やることがわからないから試合中に考える。それは戦術ではなく、迷いである。

46 良い粘り方 悪い粘り方

粘る戦術は心理戦。最後はメンタルの勝負

卓球には粘りが必要である。しかし、いくら粘りを身上とする選手でも、最初からラリー戦に持ち込んで粘ろうという考え方で試合に臨んではいけない。できればサービス・レシーブで得点する。台上攻撃でポイントする。ファーストチャンスボールを逃さない。そのように速攻で1ポイントを取るという考え方が現代卓球の基礎である。

それでも対戦相手との実力差がない時は、互いに決定的な戦術を見い出せなかったり、一方が攻撃しても、もう一方が頑張ってしのぐなどして、結局ラリー戦になってしまうことが多い。そういった場合の粘りは非常に重要だ。

粘り合いとはひとことで言えば「心理戦」である。メンタル面での意地の張り合いで集中力を持続し、最後の最後まであきらめないこと。相手のプレーに粘り強い気持ちでくじけずについていくこと。そういう心理状態であれば、粘るプレーの効果は高い。一方、メンタル面の緊張が続かない、相手の気持ちに押されてしまうという時には、プレーは粘っていてもなかなかポイントにつながらない。このあたりは紙一重なのだが、最終的にはメンタルの勝負ということだ。

相手の焦りを誘い、自分のペースに持ち込むべし

粘ることに対して「嫌だな」という気持ちでラリー戦になってしまうのは良くない。かと言って、最初からラリー戦しか想定せず、チャンスボールさえも見逃してつないでしまうのも悪い粘り方だ。自分の得点パターンよりもミスを避けることを優先し、ボールを置きにいくようなプレーをしても得点にはつながらない。また、楽をしてポイントしたいと思うのもダメなパターンだ。「我慢して苦しんで1ポイントを取るんだ」という、強い覚悟のもとでラリー戦になる時は良いが、楽をしてポイントを取りたいという意識が念頭にあってラリーが続くと、気持ちがついていかずに粘り負けてしまう。

逆に良い粘り方とは、サービス・レシーブから積極的に速攻を仕掛けるのを基本にしながら、それ

ができない場合は相手にも攻撃をさせない、という意識に基づいたラリー戦術である。ボールの緩急を駆使し、精神的にも余裕を持ってつなぐことが要求される。そして、粘ったボールで相手の焦りを誘うことを意識すること。こちらはあまり無理をせず、攻撃的なボールは入れないのだが、コースやバウンドの高さなどを絶妙にコントロールして、相手が思わず無理をしてしまうようなつなぎ方をするのだ。スピードや回転量はそれほどなくても、相手の焦りを誘うような返球ができれば、粘る戦術としては成功だ（図1参照）。

　また、ラリー戦で粘ることによって自分の調子を上げていくこともできる。たとえば相手に大量リードを許し、このゲームはどうしても挽回できないという場合でも、無駄なミスをしないで粘ってプレーすることだ。最後まであきらめず、粘って粘って1

【図１】良い粘り・悪い粘りの対照表

良い粘り方	悪い粘り方
サービス・レシーブからの速攻が基本	最初からラリー戦を想定してしまう
相手の焦りを誘う返球	ラリー戦を嫌がる
無駄なミスをせず最後まであきらめない	楽をしてポイントしようと考える

ポイントを稼いでいくことで、次のゲームから自分の調子を上げていくことができる。

現代卓球は短期決戦だが、その中でしっかりとラリーに時間をかけて、自分のペースに持ち込むまで焦らないで粘る。自分の卓球ができない時は、相手のペースに合わせてでもラリーを長引かせることが必要だ。そして最終的には自分のペースに持ち込んでいく。粘る戦術にはこのようなビジョンが不可欠である。

戦型や技術に幅を持たせ、勝負に執念を燃やすべし

特にカットマンの場合は、粘ることを嫌がってはいけない。簡単に1ポイントを取りたいという気持ちになってはいけないのだ。どんな選手と対戦しても、頑張って粘らないと1ポイント取れないんだと最初に自分に言い聞かせておく必要がある。そういう心構えがないと、格下の選手にものすごく粘られた時などに「こんなはずじゃない」という焦りが生じ、無駄なポイントを失うことになる。

これは何もカットマンに限った話ではない。ラリー戦になることを覚悟しておくという基本的な考え方は、戦型を問わず重要なことだ。ただやみくもにラリー戦に持ち込むのは良くないが、楽をしてポイントしたいという気持ちが先行するとそれが裏目に出て、相手に粘られた時に焦ってしまうこと

がある。粘る覚悟がベースにないと、相手の気持ちに張り合っていけず、我慢もできずにラリー戦で失点を重ね、相手の粘りに屈してしまう。粘り合いになった時には不本意でも我慢をし、ラリーを長くして食らいつく意識が必要である。

例えば前陣速攻型の選手がカット主戦型と対戦する際、カット打ちがうまくできずにバンバン打ってミスを続け、それで仕方なしにツッツキ戦に入るというパターンがある。対するカットマンとしては相手が打ってきてくれたら楽なのだが、打ってこない。すると、粘るのが身上のカットマンなのに、速攻選手のツッツキに対してミスを連発することがある。粘る意識を忘れ、焦っているとそういうことも起きるのだ。

どんな戦型でも、粘る行為を避けて通ることはできない。実力差が僅かであれば、必ず粘らないとい

【図2】粘りのピラミッド

実力差が大きく、試合を優勢に進められる時は速攻戦略でポイントすれば良いが、実力差が拮抗(きっこう)している時は粘りが重要。いつ苦しい場面が訪れても大丈夫なように、ベース(土台)には何としても粘る気持ちを据えておこう

けない場面は出てくる。そこでいかに辛抱できるか。そういう心構えが最初からセットされているか（右ページ図2参照）。そこが欠けているとメンタルの部分で追い込まれ、焦りが表面化して、打てないボールまで打ってしまうというように崩れていく。逆に言えば、内面的・精神的に強くなければ、しっかり粘ってラリー戦に持ち込むという戦術は立てられないのだ。

実戦では、自分が練習時に思い描いているような理想的なプレーなど、ほとんどできないものだ。そういう時に簡単に負けてしまうようではいけない。理想のスタイルを放棄してでも粘ることができるような、幅の広い考え方で練習を組み立てておかないと、試合の途中で一気に崩れてしまうことがある。特に中高生には、自分の卓球ができないと勝負をあきらめてしまい、無理に自分の卓球を押し通して簡単に負けるというパターンが多い。

勝負に執念を燃やし、勝ちたいという負けず嫌いの気持ちが強い選手は、試合の中で自分の戦型を変えていける。本来は速攻型であるはずの選手が、粘り強いドライブ型に変化したり、格下相手にはオールアタックで打ち抜くタイプの選手が、格上相手にはひたすら連続ブロックでで止めまくって勝ち抜いていく……という方法もアリなのだ。

勝負の世界では、最後まであきらめずに粘り抜いた選手が勝利する。その時のために普段から、戦型や技術に幅を持たせておくことが重要なのだ。

あとがき

ボールの直径が38㎜から40㎜に変わって約10年。卓球のスタイル・戦術は劇的に変わった。プレースタイルはより速く、より攻撃的に進化し、それに合わせて戦術もより高度なものが求められるようになっている。試合では、サービス・レシーブに入るほんの10秒ほどの時間に、できるだけ多くの情報を仕入れ、整理をし、偶然ではなく必然的にワンポイントを取るための〝戦術〟に昇華させなければならない。この非常に高いレベルでのサービス・レシーブの連続が、卓球という競技である。そういう面では、培った経験が重要なのだが、「こうやればほぼ間違いなくワンポイントが取れる」というような〝定石〟をパターン化して自分の体に染み込ませる、ということが、初歩の段階では特に大事になってくる。そのような「勝利の定石」を提供することが本書の大きな目的のひとつだ。

卓球に大きな変化が見られた10年ではあるが、世界の流れを見ると、相変わらず中国が独走的に突っ走っており、〝中国卓球〟が世界の最先端にあるのが現状だ。その中国卓球をしのぐために、他国はどのような努力をしていくのか。日本の卓球は、伝統的なものをなくさずにどのように進化させていくべきなのか。そこが大きな課題となってくる。

日本の場合、幼少期から卓球を始めた選手たちが12～13歳くらいから日本のトップで活躍をし始めるなど、天才的な子どもたちも多く出てきている。その選手たちが将来的に世界選手権やオリンピックでメダルを獲得するための準備として、何が必要なのか。そのひとつは、様々な〝出会い〟を見極める力だ。強くなるために技術・戦術はもちろん重要だが、練習環境や指導者のレベルなどによっても選手は大きく変わってくる。特に日本の場合は、そういった環境や指導者との〝出会い〟を選手自身がしっかりと見極める必要がある。良い環境、良い先輩やコーチに恵まれるために、そして自分自身の卓球を最先端のものに近づけるために、様々な材料、情報を仕入れ、選別しないといけない。

また、日本の選手がこれから飛躍的に伸びるために避けて通れないのは、フィジカルトレーニング、すなわち筋力アップだ。日本の選手の中にも能力的には非常に優れた選手がいるので、フィジカルトレーニングを積極的に行い、中学・高校の時期からしっかり体を作っていくことが重要だ。さらに栄養面など新しい要素も取り入れて、時代に遅れないように努力をするべきだろう。

多くの情報を仕入れ、それを生かしていくという過程は、試合においても、練習や指導においても重要なことである。我々としては、選手をサポートできるような「試合に勝つコツ」や「試合にどう向き合っていくのか」という情報を今後も提供したいと考えており、本書が選手や指導者にとって役立つものになれれば幸いである。

最後に、卓球王国の今野昇氏をはじめ、編集スタッフの方々のご協力に深謝いたします。

平成24年7月

高島規郎

著者紹介

高島規郎（たかしまのりお）

1951年7月17日、大阪市生まれ。近畿大学3年の時に、全日本選手権で初優勝。トータル3度の優勝を飾る。71年から83年まで7回連続で世界選手権に日本代表として出場し、75年世界選手権では3位に入賞。「ミスター・カットマン」として、華麗な守備を見せ、世界で活躍した。現役引退後は、93、95年世界選手権で全日本監督を務めるなど、指導者として活躍。卓球理論家としても、技術、戦術、メンタルを総合的に考えた卓球理論を展開している。現在、近畿大学教授。

続 卓球 戦術ノート

2012年 7 月27日　初版発行
2017年12月 7 日　第五刷発行

著者　高島規郎
発行者　今野　昇
発行所　株式会社卓球王国
〒151-0072　東京都渋谷区幡ヶ谷1-1-1
電話　03-5365-1771
http://world-tt.com
印刷所　シナノ書籍印刷株式会社

 ISBN978-4-901638-36-4